叢 書 主 編：蕭 新 煌　教 授

本書為客家委員會 108 年度客家知識體系發展獎勵補助整合型研究計畫「建構以族群為基礎的網絡治理架構：人、組織與社區」研究成果，並由科技部領袖學者助攻方案—沙克爾頓計畫（輔導規劃型）（MOST 108 － 2638 － H － 008 － 002 － MY2）提供出版經費。

北美客家社團
網絡與社群

張翰璧　主編

張翰璧、蔡芬芳、張陳基、張維安、戴國焜　著

巨流圖書公司印行

國家圖書館出版品預行編目（CIP）資料

北美客家社團網絡與社群 / 張翰璧 主編；張翰璧、蔡
芬芳、張陳基、張維安、戴國焜著 .-- 初版 .-- 高雄市：
巨流圖書股份有限公司 , 2022.08
　　面；　　公分

ISBN 978-957-732-663-8（平裝）

1.CST: 客家　　2.CST: 機關團體　　3.CST: 移民史
4.CST: 北美洲

536.211　　　　　　　　　　　　　　111006564

北美客家社團網絡
與社群

主　　　編	張翰璧
作　　　者	張翰璧、蔡芬芳、張陳基、張維安、戴國焜
編　　　輯	沈志翰
封 面 設 計	毛湘萍
發 行 人	楊曉華
總 編 輯	蔡國彬
出 版 者	巨流圖書股份有限公司
	802019 高雄市苓雅區五福一路 57 號 2 樓之 2
	電話：07-2265267
	傳真：07-2233073
	e-mail: chuliu@liwen.com.tw
	網址：http://www.liwen.com.tw
編 輯 部	100003 臺北市中正區重慶南路一段 57 號 10 樓之 12
	電話：02-29222396
	傳真：02-29220464
劃 撥 帳 號	01002323　巨流圖書股份有限公司
購 書 專 線	07-2265267 轉 236
法 律 顧 問	林廷隆律師
	電話：02-29658212

ISBN／978-957-732-663-8
初版一刷 · 2022 年 8 月

定價：450 元

目錄

第 6 章　加拿大客家社團歷史、發展與網絡分析　181

張陳基

第 7 章　夏威夷客家移民今昔之社群與家庭生活　235

蔡芬芳

圖目錄

表目錄

第 1 章

北美客家移民史

張翰璧　蔡芬芳

一、中國與美國的通商以及客家勞工移動的經濟脈絡

美國和中國通商始於 18 世紀，Major Samuel Shaw 於 1784 年 1 月 15 日，首次由紐約前往廣州經商，經營絲、茶、香料等產品貿易，共計有三次遠航。之後，還有其他如中國皇后（Empress of China）號，於 1784 年 2 月 22 日，由紐約載運西維吉尼亞山區出產的人參駛赴廣州，於同年 8 月 23 日抵達澳門，數日後至黃埔卸貨及接運，逗留四個月。此為中美間由大西洋港口往廣州最早通商的紀錄（劉伯驥 1976：21）。而中國移民美國的第一次高潮與加州地區的開發密不可分，特別是 1850 年代前後，加州的淘金地和 1860 年代的建設橫貫北美大陸的太平洋鐵路建設工地，是中國勞工前往加州的主要集聚地（黃安年 2014：10）。

根據美國官方的移民紀錄，從 1820 年至 1840 年間，來自中國的移民一共只有 11 人，其中 1820 年來了 1 人；1841 至 1850 年的十年間，也只有 35 人。只有 1848 年在加州亞美利加（America）河畔發現黃金的消息傳到廣東後，中國去美國的人數才開始激增。1852 年 3 月 27 日廣州美

國使館官員在致美國國務卿 Webster 函中說：「自 1851 年 1 月 1 日以來移往加利福尼亞的華人不下 14,000 名，其中從 1852 年 1 月 1 日以後移去的約占半數。從事此項運輸的船隻已有 50-60 隻商船，而來年移民高潮大有湧向美國之勢，因此事與中、美兩國有關，對未來展望，構成一新的因素。」1854 年 3 月 20 日，美國駐華使館官員 Robert Milligan McLane 自香港致美國國務卿馬西 Massie 的信件說：「從中國去香港去加利福尼亞的移民有增無已。……在廣州，旅客經紀已約定大量移民，將在本年不同時期運往加州，我被告知，這個數字不下一萬名，而且今年年內還將大大增加。」

　　據統計，1857 年由香港殖民官員頒發證件的移民出口船隻，自 1857 年 1 月 17 日至 12 月 15 日共有 20 條船駛向舊金山，共成年男子 5,273 人，成年女子 513 人，男童 11 人。而 1858 年 1 月 1 日至 6 月 30 日半年中，由香港開往舊金山的船隻共 15 條，合成年男子 4,634 人，成年女子 186 人。對此，美國學者認為：「中國苦力大有淹沒太平洋沿岸之勢。1849 年發現黃金以及隨之而來的對廉價勞動力的需求，使中國人初次湧入加利福尼亞，1850 年的太平天國大叛亂更促進了這一運動。到 1852 年，太平洋沿岸已有大約 25,000 東方人，隨後便以每年 4,000 人之數源源而來，60 年代由於修築中央太平洋鐵路需要勞工，他們的人數有增無已。」（黃安年 2014：11-13）

　　中國人為淘金大量入美，始於 1854 年，計有 16,084 人，翌年突降至 3,329 人，此後 10 年，每年平均徘徊於 2,000 與 8,500 人之間。1860 年，建築鐵路及加州各方面發展，中國移民入境，由 3,000 多人復增至 8,000 多人（劉伯驥 1976：49）。1855 年時，四邑人有 16,107，占總數百分之 41.6；香山人 14,000，占百分之 36.3；三邑人 6,800，占百分之 17.6；客家人 1,780，百分之 4.6。以職業而言，三邑人多經商，香山人則多從事技藝。直到 1866 年，因建築鐵路招工，四邑人的人數突增至 32,500，超

過香山人，客家人則有 3,800，占百分之 6.5（劉伯驥 1976：53）。

　　初期移民，多從事於美西的開發，因此加州成為中國人最大的集聚地。1850 至 1881 年間，中國人很少居住於加州之外。1860 年，在美的 34,933 名華人，絕大多數散居於加州，三藩市內華埠的核心只有 2,719 人。其中，許多人居住在產金區，如 El Dorado 與 Calaveras，三藩市僅占第三位。其他各地中國居民超過一千人者，計有 Amador、Placer、Sierra、Butte、Tuolumne、Mariposa、Yuba、Sacramento、Trinity。早期來美的中國人，許多是由其經紀在中國徵招而來，居住於鐵路、木場、農場與礦公司所設置的居留所，三藩市華埠是主要糧食與衣著的供應商（劉伯驥 1976：67）。儘管許多關於勞工的數字有所不同，但是，中國勞工當時迅速湧入加利福尼亞州和橫貫北美大陸的興建，毫無疑問與迫切需要廉價而堅韌的中國勞動力密切相關。

　　1850 與 1860 年代，加州的中國人究竟有多少，歷史學家說法不一。但他們是最早到來的一批亞洲人，占加州人口相當大的比例。在早期赴美的華人中，既有被招募的華工，也有被拐騙的「賣豬仔」（粵語，指迫於生計簽訂賣身契約遠渡重洋做苦力的勞工，其境遇猶如賣出待人宰殺的「豬仔」）還包括一部分商人、工匠、僕役、農民和漁民等。他們大多數來自廣東省珠江三角洲的台山、新會、開平、恩平等地，主要是男性。抵達美國後首先落腳在西海岸的舊金山和北加州其他城，這些華工成了中國第一波移民潮湧入美國的先驅。在舊金山和薩克拉門托，由於語言和生活習俗的不同，華人往往集聚在一起，逐漸形成了美國歷史上最早的唐人街。他們在美國從事開礦、築路、煙草、製鞋、呢絨、服裝、紡紗、墾荒、興修水利、葡萄種植、捕魚、零售、餐飲等行業，為美國西部，特別是新興的加州建設作出了巨大的貢獻（黃安年 2014：45-46）。然而，華工在加州的生活相當艱苦。即使在白人已經開挖遺棄的礦坑裡淘「金」，

同樣要繳納採礦稅。住在「中國營」的礦工們住房簡陋、環境惡劣，衛生條件很差。除了採礦、築路和務農以外，裁縫洗衣業、中餐館業和理髮業為代表的「三把刀」（剪刀、菜刀、理髮刀）式經濟加上雜貨業，是 19 世紀中後期旅居海外的中國人重要的謀生手段（黃安年 2014：46-47）。

（一）淘金

「金山」其實就是加州。1848 年在加州發現金礦後，當地某個華人居民寫信給一位住在廣州地區的朋友分享消息。很快的許多廣州人就開始躍躍欲試，「金山」成為他們茶餘飯後唯一的話題。在他們看來，去一趟金山必能解決自己所有的問題。華人間之所以會出現淘金熱，是因為無論在中國或其他地方都有很多人生活困苦，極度絕望，他們放手一搏或有機會能改變宿命，擺脫毫無尊嚴的日常生活，甚至能夠躋身權貴階級（Chang 2018：48）。對於那些年輕人，每個家庭可說都寄予厚望，充分反映在當時廣東台山地區一首簡簡單單的童謠小調裡：「燕雀喜，賀新年，爹爹去金山賺錢，賺得金銀成萬千，返來起屋兼買田。」（Chang 2018：49）

1850 年代初期，加州的華人居民裡大概有百分之 85 都投入了河邊礦場的淘金工作。接下來的許多歲月裡，他們在西部荒野四處奔走，有時候聽到幾百英里外有人發現了金礦，就會步行前往。他們原本帶著絲質瓜皮帽或草帽，沒多久就會換上牛仔帽，腳上的手工棉布鞋也會換成比較堅固的美式靴子。但除了藍色棉襖與寬大長褲以外，他們身上還保留著某種清朝子民的傳統特色：「總是有一條烏溜溜的長辮在背後晃啊晃的。」（Chang 2018：77）華工們的勤奮也是遠近皆知的。「他們沉默寡言，溫馴有禮，不會酗酒。」Mark Twain 早年在美國西部當記者時，曾以讚嘆的筆觸寫道：「我們很少看到中國佬有騷亂的時候，至於偷懶的，更是沒人

目睹過。」（Chang 2018：78）

　　少數華人移民的確實現了他們的「金山夢」，但更多人的美夢以心碎與失敗收場，下場淒涼寂寥。有人到了美國後就一直當礦工，多年後身故時只留下足以支付葬禮費用的金子。在報上屢見不鮮的是某些華工的失敗案例、他們並未衣錦還鄉。絕大多數華人移工沒有發大財，他們意識到淘金夢實在過於虛無縹緲，所以務實地把目光轉向他們當年抵達美國時上岸的地點：舊金山。愈來愈多人決定不當礦工，前往舊金山尋找自己得以安身立命的角落（Chang 2018：85）。

　　在舊金山居留的華人開始聚集在 Sacramento Street 與 Dupont Street，而且這個區域很快就逐漸擴充為十個街區，區域的最外圍包括加州街、傑克森街（Jackson street）、史塔克頓街（Stockton Streeet）、卡尼街（Kearney）與太平洋街（Pacific street）。這個一度被稱為「小中國」、「小廣州」或「中國區」（Chinese quarter）的華人區最後演變成我們現在所謂的舊金山中國城（China town）。到了 1856 年，在一本名為《東方》（Oriental）的工商名錄裡列出了 33 家商店、15 家藥行、5 家草藥店、5 家餐館、5 家理髮廳、5 家肉鋪、3 家民宿、3 家木料行、3 家裁縫店、2 個銀匠、2 個烘焙師、1 個雕匠、1 個刻字工、1 位口譯員，還有 1 個幫美國商人拉生意的捐客（Chang 2018：90）。

　　1850 年代後期，在美國加州的淘金華工向加拿大 Cariboo 地區發展，1863 年這裏的華工約有 4,000 人。1858 年，加拿大 Fraser River 與 Thompson River 沿岸發現黃金的消息傳到加利福尼亞，華工還從舊金山前往維多利亞到達英屬哥倫比亞（British Columbia）的採礦，他們成為中國人移民加拿大的先驅（黃安年 2014：56）。

（二）鐵路工

1864 年 7 月 4 日林肯總統正式簽署了《鼓勵外來移民法》。為了加快推動中國華工進入加利福尼亞州建設，1865 年 2 月 18 日，國會還正式通過並由總統簽署的參議院第 407 號文件，授權建立美國和中國之間的海郵汽船服務事宜（黃安年 2014：17）。1868 年 7 月 22 日，美國駐華公使 Anson Burlingame 代表清政府在華盛頓與美國政府簽訂了《中美續增條約》。該條約的第五條規定「大清國與大美切念民人前往各國，或願常住入籍，或隨時來往，總聽其自便，不得禁阻。為是現在兩國人民互相來往，或遊歷、或貿易、或久居，得以自由，方有利益。」第六條規定「中國人至美國，或經歷各處、或常行居住，美國亦必按照相待最優之國所得經歷與常住之利益，俾中國人一體均霑。」這一規定適應了美國對華工日益增長的需要，為中美兩國人民的平等交往提供了法律依據，推動了大批華工去美國修築鐵路和開發西部。由於這一條約的簽訂，前往美國的華僑人數激增，據統計 1868-1870 年間前往美國的華僑人數如下：1868 年 5,157 人；1869 年 12,874 人；1870 年 15,825 人；1868-1870 年 33,856 人（黃安年 2014：68-69）。

華工對太平洋鐵路建成的歷史貢獻一直為學術界所稱道。有論著稱，中央太平洋鐵路的完成「全為華人之功」，華工是「美國開路先鋒」，「如果沒有炸藥知識並重視炸藥的使用，如果沒有中國人在令人目眩的高空貼在幾乎垂直的懸崖上幹活，如果沒有中國人用生命闖過了白人難以忍受的艱苦難關，中央太平洋鐵路公司負責的路段決不會建成。即使建成，時間上也要拖得很久。」「修築這條鐵路所要克服的障礙幾乎是難以逾越的」，要「同山中的暴風雪和沙漠的酷熱作經常性的鬥

爭」,「這些困難的克服」,要歸功於包括華工在內的數千勞工的「勇敢獻身精神」,施工中「最沉重的部分都落在他們強壯的肩膀上」,「中央太平洋鐵路公司發覺中國勞工比加利福尼亞本地勞工更為得力,更能使公司獲得巨大利潤。這使後來承包美國西部地區鐵路工程的資本家競相仿效,引入更多的中國勞工。」華工修築中央太平洋鐵路中最艱難的一段被稱作「19 世紀世界最偉大的建築」,連 Jules Verne 的小說《環遊世界八十天》(*Le tour du monde en quatre-vingt jours*) 也說,正是有了這條鐵路,八十天環遊地球的夢想才得以實現,「過去即便在最順利的情況下,從紐約到舊金山也要走六個月,而現在只需要七天。」(黃安年 2014:81)

中央太平洋鐵路公司在 1864-1869 年間雇用了 12,000 名到 15,000 名華工參加太平洋鐵路線的平整路基、開通隧道、爆破山腰等工作,並在 1869 年最終完成了第一條太平洋鐵路的通車(黃安年 2014:124)。但是,為了太平洋鐵路建成作出傑出貢獻的華工,不僅金山夢難圓,而且還備受歧視。早在 1850 年加州的《外籍礦工執照稅法》就規定每名華工每月繳納 20 美元稅金。這項稅金收入在 1870 年之前占加州稅收總數的一半。1850 與 1860 年代又有華人子弟不得就讀公立學校、華人不得擁有房地產,也不向華人發商業執照等歧視性規定;在反華團體煽動下,1876 年和 1877 年兩次發生白人種族主義武裝攻打舊金山唐人街的動亂。到 19 世紀 70 年代末期,「中國佬必須滾開」的叫囂已經充斥了整個加州,並向全國擴展(黃安年 2014:83)。

1881 年 1 月至 1884 年 6 月,共有 15,701 名華人進入加拿大,在鐵路建設的四年間則達 17,000 多人,其中一萬多人是直接從中國來的。根據紀錄,1880 年 6 月至 1887 年 7 月間,有 25,000 名中國人來到加拿

大，占當時總人口的五分之一。太平洋鐵路修建中最艱巨的工程是在
Revelstoke 至 Vancouver 的 400 公里路段，特別是弗雷澤（Fraser River）
與湯普森河（Thompson）河兩岸峭壁懸崖、重岩叠嶂、古木遮天蔽日，
腳下無一寸平地。華工於 1882 年至 1883 年間，花了一年多的時間，在
這一地區建築涵洞一百多個、橋樑數十座，開鑿隧道幾十公里。在築路過
程中，華工有死於工程事故的，如岩石爆破、隧道塌方、架橋落水，有死
於積勞成疾和疫病流行的，甚至有受人為折磨虐殺的。僅 1882 年一次塌
方，就有數十名華工被活埋。華工常在洛磯山中的密林荒野工作，居住
條件非常原始簡陋。英屬哥倫比亞[1]的作家 William 在他寫的《不列顛哥
倫比亞建設者》一書中敘述說：「他們全月的糧食供應是一袋米（50 磅），
僅足以維持他們所從事的體力勞動消耗的一半。……1884 年，有 2,000
華工名為死於壞血病，實際上是饑餓而死的。」在築路的五年間，華工究
竟死了多少人，難以精確統計。有人說整個弗雷澤河谷每一英尺鐵路下
面都有中國人的屍骨，稱得上是「死亡河谷」。據《華人在 B.C.》一書估
計，有 1,500 名華工死於鐵路建設中，正是「千岩萬壑創新路，鐵路華工
淚斑斑」。1891 年，維多利亞中華會館從弗雷澤河谷收集到 300 具華工屍
骨，運回中國安葬。

　　1881 至 1884 年之間，約有一萬七千多名華工為修築加拿大太平洋鐵
路來到英屬哥倫比亞地區。他們住在工棚、帳篷、貨車裏，住宿相當擁
擠。在露天燒飯，主要吃米飯和大馬哈魚乾，由於收入極少，他們不吃蔬
菜和水果，許多人都病了。鐵軌越舖越多，工人不得不移到另外的工棚
去。搬遷時，華工常常帶著帳棚、生活用品等徒步 40 多公里去下一個工

1　英屬哥倫比亞省為台灣慣用翻譯，中國為不列顛哥倫比亞省，該省又稱卑
　　詩省，為求全書統一，皆以英屬哥倫比亞省稱之。

棚。華工一天的工資是 1 美元，以購買食品、日常用品等來維持生計。而白人一天的工資是 1.5 到 2.5 美元，且不需要支付日常開銷的費用。華工做的是最累、最危險的工作（比如清掃路基、用火藥開山等），工資卻是最低。在工作中常常遇到山體崩塌、爆炸等意外死亡的事故，一旦生病又得不到合適的治療，許多華工只能依靠草藥來醫治疾病（黃安年 2014：166）。在加拿大修築橫貫北美大陸最長的鐵路中，有一萬七千名築路華工，其中四千多人獻出生命（黃安年 2014：172）。

　　1885 年太平洋鐵路竣工後，加拿大政府通過了《華人入境條例》。從那時起至 1923 年，中國移民每人入境必須繳納「人頭稅」50 加元一直漲到 500 加元。儘管如此，懷著發財致富夢的華工廉價勞力還是不斷湧進加拿大。加拿大白人種族主義份子經常騷擾華工。1907 年，溫哥華發生了大規模的搗毀華人商店、搶劫華人財物、毆打華人事件，滋事者聲稱「要白人的加拿大，不要廉價的亞洲勞工。」1923 年 6 月 30 日，加拿大政府正式通過了禁止華人入境的排華法案，規定除了商人、外交官員、留學生和個案以外，禁止華人進入加拿大境內（黃安年 2014：155-157）。

二、會館組織與客家聚落

（一）客家會館組織

　　隨著華人經濟發展，中國城也開始出現層級分明的財富與社會地位階級，而且很快有個非正式但影響力無遠弗屆的權力結構建立起來。在北美這結構的底層是由所謂的宗族（clans）所構成，每個宗族都會照應所屬華工的基本日常需求，像是幫他們找地方住下來。中間那一層由同一個

僑鄉的不同宗族組成會館（civic associations）。至於頂層，則由勢力最龐大的六個會館（岡州、合和、肇慶、三邑、陽和、人和）共同署理，這些會館原來被稱為「六大公司」（Chinese Six Companies），後來更名為中華公所（Chinese Consolidated Benevolent Association of America）。「六大公司」以中國城的最高權力機關自居，表面上以排解紛爭、保護成員與捍衛整體僑社福利為宗旨，也會借錢給華人、生病時幫忙照顧、排解紛爭、建立華語學校、協助會員把錢匯回鄉下老家、捐錢給佛堂或宮廟、舉辦喪禮、協助運屍骨等。「六大公司」在 1870 年代第一間駐舊金山中國領事館出現以前，它們可說扮演著非正式領事館的角色（Chang 2018：132）。

舊金山華人商界自組會館的歷史最早或許可以回溯到 1849 年，但可以確定的是，到了 1850 年有一群廣東移民創立岡州會館（Kong Chow Association，岡州是珠江三角洲新會地區的古稱），是全美最早成立的華人組織。但岡州會館內部其實包含了廣東境內不同地區不同方言的各路人馬，時有齟齬發生，之後三邑會館從岡州會館獨立出去，而兩者就是「六大公司」裡面最早的兩個組織。後來在 1850 年代又成立人和、陽和、寧陽、合和等四個會館，各館辦公室都設在舊金山市區（Chang 2018：131）。與東南亞會館相似，六大會館在舊金山郊區有一塊四十英畝（近五萬坪）的「六山墓園」，作為安葬與所屬人和會館的客家人士（李毓中、關恆安 2018：167）。

1853 年出現首個以語言區分的會館，即客家人為主的「新安會館」（後改稱人和會館），反映出客家人在當時的華埠中具有獨立性，促使他們組織會館自保，聚集來自新安、梅縣、惠陽與赤溪四大縣份的客家移民（Him 1987：15-17）。除了人和會館外，六大會館以下還有各會館的善堂（如今改稱同鄉會），例如人和會館以下有惠陽同鄉會、赤溪同鄉會、梅縣應福堂（後改稱嘉應同鄉會）、安平公所與寶安東路同鄉會，各盡其功

能照顧在異地生活的同鄉會員（李毓中、關恆安 2018：176-177）。而在加拿大維多利亞的是人和會館與譚公廟，則是紀錄上目前最早出現在北美洲的客家會館與信仰（李毓中、關恆安 2018：165）。

（二）農業與客家聚落（樂居鎮）（Locke）

橫貫大陸鐵路開通後，從加州運送新鮮農產品到美國其他地區已經變得有利可圖，所以該州居民將許多沼地與谷地開墾成農田，也因此需要大量農工。某些比較有生意頭腦的華人乘勢做起了人力仲介的生意。因為他們會說粵語，所以可以招募、管理大批華人移工，而且由於他們已經融入美國社會，也能與持有農地、農場的白人談出比較好的條件。在 1870 年，只有十分之一加州農工是華人；到了 1884 年，比例已提高到二分之一；在 1886 年，比例已逼近十分之九。華人農工的投入，使得加州成為美國的「小麥穀倉」（Chang 2018：121）。到了 1870 年代，舊金山市四大產業（包括製鞋製靴、羊毛、雪茄與菸草、縫紉）的勞工幾乎有一半是華人。羊毛工廠大約有 80% 的工人是華人，雪茄工廠的華工比例更是高達 90%（Chang 2018：128）。

客家人除了群聚在城市的中國城共同生活，也在沙加緬度三角洲（Sacramento Delta）地帶建立農業村鎮：樂居鎮（陳靜瑜 2020：55）。樂居鎮距離舊金山 75 英哩，鎮上的客家居民，是在排華期間進入美國的最後一批移民（陳靜瑜 2020：IX）。在美國排華期間，沙加緬度三角洲農業區是少數幾個在美國西岸，華人可以尋求平安庇護的地方。在樂居鎮，居民全是來自中山線的客家村落，例如大良、東村、濠頭、東濠、石嶺、小引、小欖、大環、大嶺、隆都、窈窕村、庫充、甫山、龍穴、南塘、西椏、張家邊等村，他們從事經商、理髮、洗衣、餐館及包工等工作，絕大多數是

圖 1-1　樂居鎮街景

資料來源：https://www.locketown.com/chinese.htm，https://www.locketown.com/
direction.htm（取用日期：2021年8月12日）

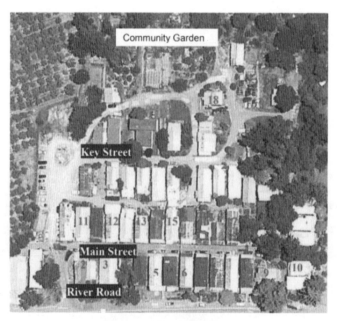

圖 1-2　樂居鎮全圖

資料來源：https://www.locketown.com/Points%20of%20interest%20in%20Locke2.
pdf（取用日期：2021年8月12日）

農工和佃農（陳靜瑜 2020：91、103）。1920 到 1930 年的繁榮時期，居民有五、六百人，全屬中山縣的客家人，鎮上有電影院、中藥店、雜貨舖、肉舖、多間餐館及宿舍，還有數間賭館、鴉片煙館及娼妓館（陳靜瑜 2020：96）。據統計，1930 年代小鎮人數最多時達一千餘人（陳靜瑜 2020：94）。1990 年美國政府確認樂居鎮的歷史價值，將其列為國家歷史古蹟（陳靜瑜 2020：XII）。

三、北美台灣移民史

台灣移民北美的主要時期始自 1965 年到 1967 年，一方面是因為台灣政府於 1964 年，教育部修訂「留學規程」，符合政府所規定的條件者，得申請免予參加自費留學考試，出國留學。另一方面是美國於 1965 年鬆綁移民政策，加拿大則於 1966 年至 1967 年開始轉為寬鬆並歡迎移民的態度。許維德（2013）將台灣移民美國的歷史分為四個階段，林瑞麟（2003）將台灣移民加拿大的歷史則分為七個階段，雖然兩者區分的階段不同，但基本上是重疊的，因為與台灣人移民的原因與所處的國內環境、社會發展與國際情勢有關。兩者差別在於林瑞麟（2003）較清楚地說明日治至終戰時期（1945 以前）的情形；此外，許維德（2013）將戰後赴美人數區分為三種型態[2]，而林瑞麟（2003）所區分的是留學生大量移民時期（1966-1970），值得注意的是，他提到除了留學生、因為加拿大改採新的計分方式而產生的獨立移民者，尚有留日移民者，係因在當時許多留日的台灣學生因學成之後無法取得日本之居留權，但又不想回國，因此再度

2　參考下文。

移民北美，選擇加拿大作為二次移民之地。到了 2000 年之後的階段，許
維德（2013）認為隨著時間拉長，已出現移民第二代或第三代，強調台
灣移民在地化的發展，而林瑞麟（2003）則較強調的是台灣內部政局的
變化以及台僑與台灣的關係與連結。

（一）美國

陳祥水的著作《不再是華埠：當代紐約的台灣移民》（*Chinatown No
More: Taiwan Immigrants in Contemporary New York*）（1992）[3] 清楚點出
當代台灣移民與傳統住在華埠的移民差異之處，主要有以下三點：首先，
居住在族群複雜、與外界互動頻繁的社區之中，不再是與主流社會有區
隔的唐人街；其次，就社會結構而言，台灣移民的階級異質且分化，而
中國移民所處社會封閉；再次，台灣移民成立各式各樣志願性社團，沒
有層化特徵，社團各自運作，不似中國移民有中華公所、堂口、宗親會。
此外，台灣移民的特色還包括移民規模可觀以及移民的高社經地位（陳
柏甫 2019）。移往美國的台灣移民之所以有上述特性，與移民所處的巨
觀結構有關，特別是一方面是美國移民政策於 1965 年鬆綁導致開始產生
大規模移民，以及當時台灣所面臨的國際環境。許維德（2013：350）將

3　該著作原是陳祥水於 1990 年畢業自紐約市立大學（City University of New
York）人類學研究所所完成的博士論文《不再是華埠：紐約市皇后區之
華人組織的變遷模式》（*Chinatown No More: Changing Patterns of Chinese
Organizations in Queens, New York City*），1991 年則由中央研究院民族學研究
所出版中文版《紐約皇后區新華僑的社會結構》，1992 年由康乃爾大學出版
社出版英文版《不再是華埠：當代紐約的台灣移民》（*Chinatown No More:
Taiwan Immigrants in Contemporary New York*）（許維德 2013：322）。

美國台灣移民的歷史分為四個階段，分別是（1）台灣戰後初期（1945-1964）（2）美國移民政策鬆綁時期（1965-1979）（3）台灣移民多元化時期（1980-1999）（4）台灣移民在地化時期（2000-）。[4]

表 1-1　從台灣移居美國的移民和留學生人數與每年平均人數
依階段區分 （1950-2011）

年份		移民		留學生	
		總數	平均每年人數	總數	平均每年人數
台灣日治時期	1895-1945	2	0.0	60	1.2
台灣戰後初期	1946-1964	12,186	812.4	10,302	686.8
美國移民政策鬆綁時期	1965-1979	98,753	6,583.5	38,675	2,578.3
台灣移民多元化時期	1980-1999	270,621	13,531.1	186,895	9,344.8
台灣移民在地化時期	2000-2011	105,746	8,812.2	182,371	15,197.6
總數	**1895-2011**	**487,308**	**4,312.5**	**418,303**	**3,701.8**
最後總數	**1946-2011**	**487,306**	**7,859.8**	**418,243**	**6,745.9**

資料來源：許維德（2013：351；表 8-1）。

1. 台灣戰後初期（1945-1964）

二戰之前（1895-1945），有 2 人移民，以及 60 位留學生（參閱表 1-1）。二戰結束後，在冷戰時期 1950 到 1970 年代因為台美結盟，已有移民前往美國，因為當時台灣嚴格的邊界管制，這首批的移民並未正式被標示為移民，他們當中大部分到美國就讀大學，並帶著家屬同行，且一去

4　本小節主要以許維德（2013）為主，然依行文脈絡而加入其他資料來源，如 Chen（2008）與 Tseng and Lin（2014）。

不回（Hsieh 1989，轉引自 Tseng and Lin 2014：17）。美國自 19 世紀末起推動了超過半世紀的反亞洲移民政策。這些政策一直到二戰時，美國與中國結盟並反對納粹的種族主義後才逐漸鬆綁。隨後冷戰成形，美國國會通過一系列難民援助的法案，其中保留了一定簽證名額給受中國內戰影響的難民。在 1950 和 1960 年代，這些政策幫助了數萬人從中國或香港輾轉經台灣到美國，也為中華民國政府統治下的台灣人開啟移民美國的制度先例（陳柏甫 2019）。這個時期的移民人數為 12,186 人，留學生人數為 10,302 人（Tseng and Lin 2014：18）。在美國住了數十年之後，有些移民無法適應美國，生活上較不與其他人來往。有些人則是成功地適應美國社會（Tseng 1995；Chee 2005，轉引自 Tseng and Lin 2014：17）。有些人甚至回到台灣，影響台灣的政治經濟發展。許維德（2013：350）指出，在戰後，赴美人數增加，主要有三種型態：一為「留學生」，二為美國駐台人員之配偶，以女性為主，三為以跳船方式到美國擔任勞工，他們在美國與所謂的「華美人」（Chinese American）甚少來往，一方面語言（台灣移民多使用閩南語，亦有華語）不同，另一方面則是文化習慣相異。

2. 美國移民政策鬆綁時期（1965-1979）

　　美國國會於 1965 年通過《哈特－賽勒法案》（Hart-Celler Act），亦稱之為《1965 年移民和國籍法》（Immigration and Nationality Act of 1965）。美國放寬原來對包括「中國」在內某些國家的嚴苛移民限制，大幅釋放移民名額（許維德 2013：351）。美國移民政策巨大轉變的目的在於防堵全球共黨發展，由於 1960 年代的美國處在身為全球自由世界的老大哥形象的壓力下，但是國內卻有反對種族主義且日益升高的民權運動，在如此情形下，美國必須重新思考之前所施行的阻礙非白人後裔之移民政策（Chen 2008）。此外，因為冷戰所引發的焦慮促使美國針對專業科技

與技術人才採取優惠移民措施，目的在於強化自身科技發展，以便對抗蘇聯。美國在這個時期政治與經濟上的考量恰巧符合台灣在戰後時期渴望政治上安定與經濟發展的需求，因此台灣自 1965 年之後將近十萬人移民美國，近三萬九千人前往美國留學，總共約十四萬人（Chen 2008）。

由於 1965 年法案針對某些具有重要專要技能人士給予優先移民權利，因此台灣移民多為來自中產階級家庭且具有學士學位的菁英，這構成了美國台灣移民的重要特色。當然，1965 年法案的需求在於希望引進技術勞工與專業人才以填補某些產業的人力，例如廚師，也在移民之列（許維德 2013：352）。雖然這些法案並不是特別針對台灣人，但的確幫助了台灣人在美國完成學業之後留下就業並且將台灣的家人接到美國團聚（Tseng and Lin 2014：18）。

美國移民政策鬆綁促成了大規模的台灣人移民美國，然而台灣當時所處的國際環境亦是原因之一（Tseng and Lin 2014：18）。在這個時期，國民黨統治台灣，因為有美國支持，台灣政府（中華民國）在聯合國擁有代表中國的席位，且宣稱自己為唯一合法的中國政府。但是從 1960 年代開始，台灣在聯合國的席次遭受中華人民共和國政府嚴重的挑戰，1971 年中國成了聯合國的代表。美國在 1979 年與中國正式建交且與台灣斷交。這些事件引起了台灣嚴重的政治不安，因此人民擔心如果台灣被中國併吞，移民或至少擁有其他國家的護照是可以盡快離開台灣的方法（Hsieh 1989；Chee 2005，轉引自 Tseng and Lin 2014：18；Chen 2008）。簡言之，1950 年代到 1970 年代，台灣人最喜愛的移民國家是美國，一方面是移民自身的動機，另一方面美國本身因為冷戰時期對於專業與技術人才的需求，嚴峻國際情勢下台灣的戰略安全更是促成了台灣人大規模移往美國的原因（Tseng and Lin 2014：18）。

3. 台灣移民多元化時期（1980-1999）

　　由於美國於 1979 年與中國建交，與台灣斷交。身為美國未能承認的「不存在國家」（"nonexistent" nation）的台灣人民要移民美國，是有技術上的困難（許維德 2013：352-353）。因此美國從 1982 年開始，決定給予台灣獨立於「中國」之外的另外兩萬名移民配額，此時開展了台灣人移民美國的新頁。這個時期，不論是移民或留學人數，皆是自台灣人移民美國有史以來最高峰，移民人數多達二十七萬，留學人數則逼近十九萬。在前一個階段，台灣人多為留學前往美國，然到了這個階段，許多台灣移民是為了經濟機會，甚至可能是為了逃避兵役而前往美國。

4. 台灣移民在地化時期（2000-）

　　在前面的幾個階段，可以明顯觀察到移民人數遠超過留學人數，然而，在 2000 年之後，呈現相反趨勢，留學人數與前一個階段相差不多，仍然超過十八萬人，但是移民人數卻大幅減少，上一個階段移民人數多達二十七萬人，到了這個階段卻降到十萬人。由於從戰後開始移民，到了 2000 年之後，在美移民因為已經到了第二代、第三代，已走向在地化的發展（許維德 2013：353）。

　　在 1970 年代之前，大部分來自台灣的移民是具有中產階級背景的大學畢業生。國民黨在統治台灣之後，擴大教育系統且大量進行現代化，特別注重基礎教育與技職教育，但卻讓想要進修或得到更高學位的學子到國外留學（Chen 2008）。由於美國提供較佳的發展機會，所以台灣學生在美國畢業後選擇留下來發展，這導致了台灣的「人才外流」。學生拿 F-1 學生簽證進入美國，後來依據職業偏好類別轉換為永久居留身分。自 1950 年代開始，將近八萬名台灣人在美國完成碩士學位，其中只有 20% 的人回台灣（Chang 1998；O'Neil 2003，轉引自 Chen 2008）。與其他國

家相比，因為職業偏好類別而移民的台灣人數是相當高的。除了菲律賓、印度、中國與伊朗之外，台灣在將專業人才送到美國的國家中算是名列前茅（Kanjanapan 1995，轉引自 Chen 2008）。例如在 1989 年，42% 台灣人以高專業人才類別移民美國，他們的家人依親。到 2004 年之前，比例降到 30%，但仍然相當顯著。自 1980 年代中期，人才外流速度減緩且部分翻轉。吸引海外高專業技術人才回台灣的原因有兩個──因為台灣經濟蓬勃發展，尤其是在高科技產業，還有新的國家政策鼓勵人才回國（Chen 1989，轉引自 Chen 2008）。

自 1970 年代中期開始，大部分的台灣移民已經因為職業偏好類別辦理家人依親前來美國團聚的情形下，已在美國永久居留。1960 年代與 1970 年代受過高等教育的台灣移民資助他們的家人，尤其是下一代，如此導致連鎖移民（chain migration）的模式，這些移民的階級與教育背景比之前的移民更多元（Chen 2008）。通常台灣人之中少有非法移民，但還是會有，通常發生的原因是因為學生簽證或旅遊簽證過期而逾留，與一般常見的偷渡邊界的非法移民不同。其中許多人是中產階級而且受過教育。尤其是在 1980 年代之前，有些沒有合法居留證件的台灣人之所以能夠在美國永久居留，是以避免國民黨迫害的政治庇護原因留下，其他沒有合法居留證件的台灣人，也能夠在後來取得永久居留權的原因，是符合美國於 1986 年施行的《移民改革與控制法案》（Immigration Reform and Control Act）以及當時現行移民與國籍法案的「登記」條款中的類別。台灣在政治上的不安導致自 1970 年代後許多台灣人移民，而移民的路徑，通常先到第二選擇的加拿大、紐澳或是到南美洲的巴西，或南非，這樣比較容易移民到美國（Chen 2008）。

除了因為台灣政治不安定以及尋求經濟機會之外，移民的原因還包括了國內惡化的生活條件以及為了讓孩子受到更良好的教育（Chee

2005；Ng 1998；Tseng 2001，轉引自 Chen 2008）。台灣的經濟發展是用破壞環境的高代價換來的，例如汙染、人口過剩、都市化皆讓台灣不宜人居。但是現在愈來愈少的移民抱怨環境，因為經過多年的環保運動台灣已有改善，但移民常常提到的移民美國原因是為了孩子的教育（Chen 2008）。因為台灣競爭激烈，學生需要補習，但在美國大學只要負擔的起，就可以就讀。父母認為小孩不需要過著悲慘的生活就可以上大學，因此將孩子送往美國，要孩子讀好學校。在此情形下，移民導致家庭型態發生變化，丈夫變成在台灣打拼而妻兒住在美國的「太空人」（Chang 2006；Chee 2005，轉引自 Chen 2008），有些是小孩單獨前來，成了所謂的「跳傘小孩」或是「小留學生」（Pih and Mao 2005，轉引自 Chen 2008）。

（二）加拿大[5]

「溫哥華台灣移民史工作小組」林瑞麟（2003）依據加拿大移民政策以及國際關係局勢，將台灣移民的歷程劃分為以下七個時期：(1) 日治至終戰時期（1945 以前）；(2) 篳路藍縷時期（1946-1965）；(3) 留學生大量移民時期（1966-1970）；(4) 外來因素影響移民時期（1971-1976）；(5)唱黃昏的故鄉時期（1977-1989）；(6)「愛拚才會贏」的時期（1990-2000）；(7) 正台灣人出頭天時期（2000 以後）（轉引自姜蘭紅、黃禮強 2009）。

1. 日治至終戰時期（1945以前）

台灣 1945 年以前屬日本殖民地，因此對外必須使用日本國護照，但

5　本小節資料來源為姜蘭紅、黃禮強（2009）。

到日本政府政策之影響，其辦理手續相當繁瑣且複雜，因此能獲准出國及留學者稀少。此外，二戰時期，日本與美、加為敵，尤其在 1941 年太平洋戰爭爆發之後，加拿大人亦效法美國人將日本人監禁於集中營，太平洋兩岸的交通完全中斷。直至 1945 年戰爭結束後，聯合國的成立，使得兩地之間的交流才趨於正常。因此，在二戰之前，因為日本政策及戰爭的影響，台灣人尚未前往加拿大移民。

2. 篳路藍縷時期（1946－1965）

受到戰後經濟蕭條的影響，以及國民政府撤退來台，採取軍事戒嚴的統治策略，使得當時人民出國意願極低。復受到中國的影響之下，台灣當時在旅遊業與海外經商皆未能有所發展，而當時前往加拿大留學之留學生，亦多由國民黨政府之政策所安排，因此移民人數亦不多。

3. 留學生大量移民時期（1966－1970）

移民溫哥華的台灣移民可分成三類，包括留學生，留日移民者與獨立移民者。受到國民黨政府開放公費與自費留學，使得留學人數遞增；另一方面，加拿大政府對於移民之政策亦轉為從寬且歡迎的態度，1967 年加拿大開始採行新的記分方式，自此之後開始有獨立移民（independent）的出現。 另一方面，當時亦有許多留日的台灣學生因學成之後無法取得日本之居留權，又不想返回台灣，故轉往北美發展，部分的留學生則選擇移民加拿大。

4. 外來因素影響移民時期（1971－1976）

1979 年台灣退出聯合國，造成台灣在國際之地位大受影響，遂掀起一波移民熱潮，加上許多留學美國的學生由於申請綠卡遭遇困難，因此這

個時期的移民多為獨立移民，以家庭團聚移民、留學轉移民居多，特別自美國轉來。另一方面，1970 年至 1991 年這段期間，加拿大與台灣並無官方聯繫管道，因此移民手續需透過加國駐香港公署，手續複雜且麻煩。

5. 唱黃昏的故鄉時期（1977－1989）

受到台灣島內黨內外活動的蓬勃，諸如中壢事件、美麗島事件等，台灣民主自由之思潮逐漸散開，要求政治改革之風漸起，加上蔣經國的逝世、解除戒嚴等因素，導致移民數量大增。而解嚴前的白色恐怖也使得許多海外移民無法返國，台僑僑社與政府之關係也因此降至冰點。而這個時期加拿大移民開始多元化，諸如退休移民、創業移民、技術移民亦紛紛加入，其來源也由美國、日本等增加了中南美洲及台灣的直接移民。

6. 「愛拚才會贏」的時期（1990－2000）

此時期以投資移民為主，並出現太空人家庭（astronaut family）；然而 1990 年代後期，投資移民逐漸減少並出現回流潮；移民的年齡層逐漸降低，台僑社團之數量也蓬勃成長與邁向多元化。1996 年台灣第一次民選總統之後，開始出現回流潮，而 2000 年政黨輪替促使更多移民回流。

7. 正台灣人出頭天時期（2001以後）

此時期移民減少、回流人數不斷增加、族群間較為融合、且社團活動愈趨多元化。此外，台僑亦始參加台灣政府的各項活動，如全球僑務會議、雙十節慶祝活動以及台灣文化節等。

四、以美國客家為議題的社團網絡分析

　　關於美國客家人的研究，學術界已經累積了一些成果，林祥任、羅煥瑜、馮啟瑞（2015：6）共同出版《美國客家》一書，指出 19 世紀華工參與興建美國中央太平洋鐵路，當年建築工人中 95％是華人，其中 15％左右是客家人（林祥任等 2015：6）。此外，還有一些舊金山客家會館與人物的照片，例如三藩市崇正會、舊金山中華會館、舊金山客家人社團最多的大板街（「人和會館」在這條街），還有駐舊金山總領事黃遵憲（林祥任等 2015：10-15）。這是舊金山客家意象，也是一般美國客家歷史常見的意象。

　　關於客家移居美國的歷史背景，過去都是放在整個華人移民的歷史中，客家人移民美國是整個華人移動的一部分，19 世紀以來大約經歷三次比較明顯的遷移現象，客家委員會海外風信子網站中，〈美國的客家人〉一文（行政院客家委員會 2007），做了這樣的說明：

　　　第一次從 1848 年至 1882 年。當時美國加州發現金礦並興起淘金熱，極需人力開採，客家人最密集的華南地區，正面臨鴉片戰爭失敗後一連串的飢荒和西方列強的侵擾，以及太平天國運動所帶來的社會動盪。於是，大批貧民為了謀生而成為契約華工流入美國西部，特別是加州地區和太平洋上的檀香山；第二次從二戰爆發後至 20 世紀七十年代。1941 年太平洋戰爭爆發後，美國正式加入二戰，排華政策有所鬆動，並於 1943 年撤消了《排華法案》。從此，包括客家人士的華人又開始接踵赴美；第三次從 20 世紀 80 年代初至 90 年代。這一時期除了承接上一時期的餘緒外，主要還有幾個原因和趨勢。一是隨著 1978 年中美建交和中國大陸開始實行改革開放，一方面台灣一些人士感到居台不

安而移居歐美日本，另一方面中國大陸國門大開，不少青年學子紛紛前往美國等地求學、深造並有的在當地謀職、定居；二是香港回歸前十年之間，先後有數十萬人移居美國、加拿大和澳洲。

如前文所言，「客家遷徙美國與華人移居美國的情形基本相同」，客家人數無可靠的統計，只見「客家人有相當的比例」的推測（行政院客家委員會 2007），21 世紀，中國學者周建新（2014）曾經綜合各方既有文獻，提出旅居美洲的客家人約 46 萬人，分布在 21 個國家和地區。其中美國約 28.4 萬人；行政院客家委員會（2012）出版的北美客家口述史專書《深耕躍動：北美洲 22 個客家精采人生》中提到：「保守估計已超過 30 萬人以上」（許維德 2019），這是目前所見到的最多人數的估計。如前文林祥任、羅煥瑜、馮啟瑞（2015：6）所指出 19 世紀華工參與興建美國中央太平洋鐵路，當年建築工人中 95％是華人，其中 15％左右是客家人，未估計客家人數。不過此處三位作者所指涉的美國客家都是指「所有」的客家，並不限於從台灣到美國的移民。無論是哪一個數字或比例，目前均未見詳盡的方法論基礎。在美國的華人究竟有多少已經是一個謎，從華人裡面再進一步確認裡面有多少是客家人，確實是一個相當大的難題。在這樣的情形下，要推測美國究竟有多少「台灣客家人」則是一個更大的挑戰。與其從美國客家人裡面區分出台灣的客家人，不如從在美國的台灣人之中估算台灣客家人數。

五、台美人與台灣美國客家人

關於台灣移民美國的人數，林祥任等（2015：83）提到：「1965 年之

後台灣每年移民美國的人數達到三萬人以上，台灣是客家人的重要與基地，尤其是桃園、新竹、苗栗和台灣南部高雄、屏東地區客家人占有很高的比例，所以台灣移美華人中的客家人比例很高。這其中大部分是台灣的大學畢業生，他們是台灣的菁英，這批早期台灣移民和舊移民及華埠沒有多大關聯，多數居住在洛杉磯、舊金山、紐約市、休士頓和達拉斯等地」。這個數字可能有一些高估，因為 1965 年美國所通過的《移民和國籍法修正案》規定每年移民單一國家移民人數上限兩萬。雖然此時移民美國的華人中，主要以台灣為主，特別是「從 1979 年以後正式申請移民出國的一般平民，必須和中共按人口比例分配配額，如此台灣的移民配額一再銳減，第四、第五優先幾乎全部被取消了。美國官方指出，因為台灣和中共都堅持『只有一個中國』，所以二萬名移民配額必須由兩地共享，美國則不分開予以辦理」（柯昌達 1981）。

在美國的移民法中，將台灣國籍配額從中國分別出來要到 1981 年才確定。自 1982 年 1 月起，每年接受台灣兩萬人次申請移民，增加了台灣客家移民美國的機會與人數（李毓中 2017：61）。即使「20 世紀七十年代後期起，由於美國對台政策轉變、中美建交、台灣內部因素，不少台灣中上階層家庭，積極向美國移民」（林祥任等 2015：83）的觀察屬實，台灣移民美國的人數應該還是在每年兩萬人之內。特別是 1979-1980 因為「只有一個中國」還有一些調整。因此，從 1965 年到 2020 年，如果每年以兩萬人計算，共有 110 萬。如果以 15% 估算，約有 16 萬 5 千台灣美國客家人（2020 年）。現在數字可以和林祥任等（2015：83）對於移民美國客家人整體數字的判斷放在一起思考：「1965 年以來，移民美國客家人總數達到 30 萬左右（包括台灣、廣東和越南等地的客家）」。

關於台灣美國客家人的分析，李毓中（2017）指出，以台灣主體性為考量，或許可以暫時以 1949 年來作為分界點來進行討論。1949 年以前

的客家移民是指從 19 世紀中葉起，最早自清代即從中國搭船來到北美洲的客家移民。在舊金山、紐約、檀香山、維多利亞等老華埠中聚集，並且在人數達到一定規模時成立客家組織，如舊金山人和會館、三藩市崇正會、三藩市應福堂（後改名嘉應同鄉會）、六山墓園、紐約崇正會、檀香山寧福會館、維多利亞人和會館、譚公廟等（李毓中 2017：7）。

1949 年以後的客家移民，包括中華民國政府遷台後移民至美國，以及從台灣以外地區移民至美國的客家鄉親，包括中國、香港、緬甸、印尼、越南等地（李毓中 2017：7）。「台灣美國客家」則是指 1949 年後從台灣移民至美國的本土公、自費留學生、留學後續留美國、美國公司聘雇專業技術人才、台灣公司外派、投資移民、船員等。這些人在美國的居住地不是過去相對封閉的華埠，而是族群複雜、互動頻繁的社區（李毓中 2017：8）。

關於台灣美國客家人數的估算，讓我們再回來看一下台灣美國人數的相關研究。許維德教授（2013）的〈從「台美人草根運動」到「台美人認同」的落實：美國 1980 年人口普查的個案研究〉，提及：「在 2010 年美國國會對居住在美國之台灣人提出估算數字的 50 萬人美國台灣移民之客觀居住人數中，主觀認同自己是台灣人者約略占所有人的 46%」（李毓中 2017：8）。通過詳細計算，推估 1950-2011 年從台灣移居美國的移民人數共 48 萬 7 千 306 人（許維德 2013）。在這裡我們得到兩個非常相近的數字，50 萬與 48 萬 7 千。以五十萬的 15％為基礎來推估台灣美國客家人數為 7 萬 5 千台灣美國客家人（2011 年）。

另外一種估算人口的方式是由各家組織提供相關資訊，1995 年洛杉磯客家文化協會提供的資料指出美國有 28.4 萬客家人（這個數字似乎是包括台灣以外的客家人，這數字與前文所提及的 30 萬非常接近）。另外一種是從客家組織的會員人數來推估，因為並不是所有的客家人都會參加客家組織，所以從客家組織會員人數所推估的客家人口數，應該低於實際

上的人口數。又因為許多組織沒有實質的人數統計，只能通過推估的方式來理解可能的客家人口數，將戶數轉換為人數。李毓中（2017：98）的統計方式為「將所有北美洲客家組織個別提供的會員人數、戶數紀錄，並再結合通訊錄確認大概人數。其中較為特別的是戶數，由於提供戶數的組織多為台灣客家，因此在參考 2010 年美國人口公布全美台灣客家人家庭後，得知平均戶內人數為 2.6 名來計算」（李毓中 2017：98）[6]。在這個基礎上得到全美客家社團的會員人數是 19,255（參考表 1-2）。目前還不知道要如何使用會員人數估算真正的客家人口。

表 1-2　台灣美國客家組織會員人數統計

地區	會員人數
美東	3,350
美中	1,448
美西	14,457
總計	19,255

資料來源：李毓中（2017：98-99）。

　　不管是否有正確的答案，人們總是想要知道在美國究竟有多少客家人？有多少台灣客家人，以上是我們目前所掌握到的台灣美國客家人的相關數字資訊，基本上只是一個初步的輪廓，等待更多的研究來充實。台灣客家人口數的估算固然不是這麼容易，但是台灣客家社團的統計還算清楚，個別的客家人也都很真實的存在，而且有許多真實的故事，就眼下來看，美國客家研究可以循著兩條線索來進行：一是針對具體的個人進

6　不包括台灣移民的華人平均戶內人數為 2.8 名（李毓中 2017：98）。

行訪談，訪問個人的生命歷程，在台灣的原鄉、移民的原因，移民的過程，還有在美國的工作、家庭和社區的關係、在美國的遷移史等。取得授權之後可針對訪談的逐字進行分析。因為不同的研究目的做個別的美國台灣客家人之訪問，數量應該不少，最有系統的口述訪談逐字搞，應該是李毓中所進行的 51 位客家人的訪談稿，李教授已經進行了一些分析，配合研究個案資料的累積，將再做分析。第二條研究的線索是針對客家社團進行分析。與具體的個體相同，個別的客家社團也有其成立的歷史與關懷，也都有個別的故事，這方面值得進行質化的分析，除了網路及紙本資料的收集之外，配合訪問一起進行。下文僅就客家社團的網絡資料進行分析。根據客家委員會的網站（「data.hakka.gov.tw 海外客家社團」的資料），在美國的客家社團數量相當多。2016 年即有 32 個台灣美國客家社團（客委會 2016；Chiu and Chang 2018）[7]，詳情如下：美洲台灣客家聯合會（Chicago, IL）、北加州台灣客家會（Saratoga, CA）、北加州台灣客家語文學校（Campbell, CA）、南加州台灣客家會（Arcadia, CA）、亞特蘭大客家同鄉會（Atlanta, GA）、美國中西部客家同鄉會（Lisle, IL）、大華府客家同鄉會（Ellicott City, MD）、北卡客家同鄉會（Holly Springs, NC）、大紐約客家會（Flushing, NY）、休士頓客家會（Houston, TX）、達拉斯台灣客家同鄉會（Dallas, TX）、聖路易台灣客家同鄉會（St. Louis, MO）、美國德州奧斯汀客家同鄉會（Austin, TX）、愛荷華客家同鄉會（Iowa City, IA）、印第安那州客家同鄉會（Fishers, IN）、大費城台灣客

7　該網站說明 2016 年之後，大部分資料未更新，要斟酌使用，這個部分可能和其他社會媒體的興起有關，例如許多網路上的社群，從所謂的網站轉移到 FB 或其他的社群媒體 LINE 群組等，似乎是目前的一個趨勢（Chiu and Chang 2018）。

家同鄉會（Philadelphia, PA）、科羅拉多台灣客家同鄉會（丹佛客家會）
（Denver, CO）、密西根台灣客家同鄉會（Troy, MI）、大波特蘭台灣客家
會（Portland, OR）、美國哥倫布客家會（Dublin, OH）、北美台灣客家公
共事務協會（Newtown, PA）、北加州客家同鄉會（Petaluma, CA）、北
加州六堆同鄉會（San Jose, CA）、大芝加哥台灣客家會（Chicago, IL）、
全美台灣客家文化基金會（Fairfax, VA）、世界客屬總會美西分（Los
Alamitos, CA）、紐英倫客家鄉親會（Newton, MA）、加州沙加緬度客家
文化會（Sacramento, CA）、美國客家聯合會（Chino, CA）、美國客屬商
會（Ontario, CA）、西雅圖台灣客家同鄉會（Seattle, WA）。

　　本書將在過去東南亞社團網絡研究（蕭新煌等 2019）的基礎上，進
行北美洲客家社團組織的網絡比較分析，採用社會網絡分析法進行客家社
團組織的橫斷面研究（cross sectional study），以瞭解客家社團組織當代
的發展脈絡，進一步探究全球客家社團的關係和結構，建構台灣作為世界
客家研究中心的基地以及成為全球客家社團連結和網絡的平台。

　　本書蒐集並整理北美客家相關社團清單，其中屬於美東有 14 個、美
西有 24 個、加拿大有 14 個、夏威夷有 20 個社團，共計 72 個客家會館
組織。使用 72 個客家會館名稱（包括其簡稱或是英文名稱）作為關鍵
詞，於 2020 年 3 月至 5 月，設計網頁自動索引程式（web crawler）在
Google 上蒐集資料，並將網頁資料取回，並進行網絡關係分析。除了社
團的網絡分析，還在美西和夏威夷進行田野訪談，瞭解台灣客家移民美國
的生命歷程。

參考文獻

Iris Chang 著，陳榮彬譯，2018，《美國華人史：十九世紀至二十一世紀初，一百五十年華人史詩》。台北：遠足文化。

行政院客家委員會，2012，《深耕躍動：北美洲 22 個客家精采人生》。台北：行政院客家委員會。

李毓中，2017，《北美洲客家研究報告一》。台灣客家文化館委託研究報告。

李毓中、關恆安，2018，〈北美客家移民史的重構和整理：田野考察紀要〉。《全球客家研究》11：163-186。

林祥任、羅煥瑜、馮啟瑞，2015，《美國客家》。廣西：廣西師範大學出版社。

姜蘭紅、黃禮強，2009，〈日久他鄉是故鄉加拿大台裔移民的心聲〉。《中國地理學會會刊》42：25-42。

許維德，2013，《族群與國族認同的形成：台灣客家、原住民與台美人的研究》。中壢：中央大學出版中心／台北：遠流出版公司。

許維德，2019，〈中原客家、台灣客家、還是……？從大洛杉磯第一代台灣客家移民的生命敘事探究其客家認同與國族認同的糾葛〉。未出版稿件。

張瓊惠、梁一萍，2018，《移動之民：海外華人研究的新視野》。台北：台灣師大出版社。

黃安年，2014，《道釘，不再沉默：建設北美鐵路的華工》。台北：華藝數位。

陳靜瑜，2000，《紐約曼哈頓華埠》。台北：稻香出版社。

陳靜瑜，2020，《物換星移樂居鎮：碩果僅存的美國客家華人農村華埠》。台北：稻香出版社。

楊遠薰，2006，《北美洲台灣人的故事：咱的故事 II》。台北：望春風文化有

限公司。

劉伯驥，1976，《美國華僑史》。台北：黎明文化事業有限公司。

譚婉英，2013，《北美華埠：昔日的風雲與當今的風華》。台北：文華圖書管理資訊有限公司。

蕭新煌、張翰璧、張維安編，2019，《東南亞客家組織的網絡》。中壢：中央大學出版中心／台北：遠流出版公司。

Burt, R. S., 1992, *Structural holes: the structure of social capital competition.* MA: Harvard University Press, Cambridge.

Chen, Carolyn, 2008, *Getting Saved in America: Taiwanese Immigration & Religious Experiences.* Princeton and Oxford: Princeton University Press.

Chiu, Ann Shu-ju and Chang Wei-An, 2018, "Hakka American Association and their Online Discourses: A Case Study of the Taiwan Council Global Website." *Chinese America History & Perspectives: The Journal of the Chinese Historical Society of America*: 81-90.

Him, Mark Lai, 1987, "Historical Development of the Chinese Consolidated Benevolent Association/ Huiguan System." *Chinese America: History and Perspectives* 1(1): 13-51.

Radicchi, F., Castellano, C., Cecconi, F., Loreto, V., & Parisi, D., 2004, "Defining and identifying communities in networks." *Proceedings of the national academy of sciences* 101(9): 2658-2663.

Wasserman, S., & Faust, K., 1994, *Social network analysis: Methods and applications Vol. 8.* Cambridge University Press.

Yen-fen Tseng and Lin Pin, 2014, "Through the looking glass: migration into and out of Taiwan." Pp.12-24 in *Migration to and from Taiwan*, edited by Chiu Kuei-fen, Dafydd Fell and Lin Ping. London and New York: Routledge.

網路資料

柯昌達，1981，〈台灣的移民於美國〉。《台灣公論報》26。http://
　　taiwaneseamericanhistory.org/blog/17immigrate-2/，取用日期：2020年9
　　月13日。

行政院客家委員會，2007，〈美國的客家人〉。《客家委員會》，5月28日。
　　https://global.hakka.gov.tw/109/News_Content.aspx?n=79A6BA21EC89B67
　　D&sms=A709A06A59B28F48&s=6039CF11B956EEF7 ，取用日期：2020
　　年9月12日。

陳柏甫，2019，〈來去美國：從大量高技術移民到穩定地多樣化交流〉，《巷
　　仔口社會學》。https://twstreetcorner.org/2019/04/，取用日期：2020年7
　　月1日。

第 2 章

研究方法

張陳基　張翰璧　張維安　蔡芬芳

一、應用大數據於客家社團網絡分析

　　過去進行社會研究的資料來源大多採用質性訪談或是量化統計的方式，隨著資訊社會的來臨，許多人類活動的足跡以及行為模式都被以數位化的形式紀錄。網路數據資料包括文本、圖像和連結，可用作分析科學、技術和社會政治相關活動的資料來源（Aguillo et al. 2010；Holmberg 2010；Lang et al. 2010）。因此，網際網路上的數據資料也可以提供社會研究者進行資料的探索跟分析，尤其是在過去十年，越來越多移民或少數族群透過社群媒體進行資訊交流，跨越了時間與空間的限制，將彼此連結在一起。而這些在社群媒體中所討論的議題以及發布的訊息，都以數位化的方式呈現，也很方便研究者透過程式來挖掘資料進行數據分析。本章將介紹如何透過程式搜集網路上的資料並且加以整理，最後以資訊視覺化的方式進行議題探討。

二、研究步驟

（一）資料搜集

　　首先，分散在各地的網路數據如何取得？當研究者決定要探討的議題後，便可以設定資料的母群體，本書將透過客家社團的網絡分析為範例，進行資料搜集以及分析的說明。首先，在網路上搜尋相關的資料，根據客家委員會目前收集的美國、加拿大、夏威夷等地區的客家社團名單為基礎，美國地區則將社團名單分為美東及美西。美國地區的客家社團名單需要先確定，這些社團清單對於整個社會網絡分析來說很重要，必須力求完整，也就是說，所有在美國西部與東部地區的客家社團都應列入分析範圍。因此，先以客家委員會目前收集到的海外客家社團名單為基礎，再以這些名單在網路上進行初步的人工搜尋，將社團名稱輸入後一頁一頁開啟網頁，以人工檢視的方式仔細閱讀相關網頁，淘汰重複、不相關的網站後，確定這些名單的有效性。經過不斷重複透過相關的關鍵字進行回饋式的檢索策略調整，搜尋幾次後加上前幾次收集到的相關資訊，再次進行網路搜尋。經過多回合的搜尋，就能確定目前在美國西部與東部地區的所有客家社團名單，接著就可以開始設計爬蟲程式進行資料的自動撈取。這類爬蟲程式可以使用不同的程式語言進行設計，例如 Python 或其他電腦程式語言。爬蟲程式可以依據使用者指定的關鍵字，在特定時間進行資料撈取，網路上客家社團的資料量相當大，我們在搜尋引擎，如：Google，進行資料搜尋時，建議採用精確搜尋，也就是前後加上雙引號，以避免撈取太多不相關的資料。以下表 2-1 是本書在進行夏威夷客家社團研究時所採用的檢索策略清單，其他地區檢索策略清單請參考各章節資料所示。

表 2-1　夏威夷客家社團檢索策略清單

NO	社團名稱	檢索關鍵字	筆數
1	夏威夷台灣客家協會	夏威夷台灣客家協會	103
		夏威夷客家協會桐花之友	8
		夏威夷客家協會桐花之友	18
		夏威夷桐花之友會	1
		夏威夷臺灣客家協會	13
		夏威夷客家協會	31
2	夏威夷中山同鄉會	夏威夷中山同鄉會	30
		檀香山中山同鄉會	42
3	夏威夷以義堂	夏威夷以義堂	40
		檀香山以義堂	52
4	台灣同鄉會夏威夷分會	台灣同鄉會夏威夷分會	53
		台灣同鄉會檀香山分會	50
5	夏威夷四邑會館	夏威夷四邑會館	61
		檀香山四邑會館	64
6	夏威夷甘氏宗親會	夏威夷甘氏宗親會	1
		檀香山甘氏宗親會	29
7	夏威夷林西河堂	夏威夷林西河堂	8
		檀香山林西河堂	50
8	夏威夷致公堂	夏威夷致公堂	15
		檀香山致公堂	234
9	夏威夷台灣商會	夏威夷台灣商會	165
		檀香山台灣商會	76

續表 2-1

NO	社團名稱	檢索關鍵字	筆數
10	夏威夷台灣基督長老教會	夏威夷台灣基督長老教會	142
		檀香山台灣基督長老教會	17
11	夏威夷崇正會	夏威夷崇正會	53
		檀香山崇正會	26
12	檀島華人宣道會	檀島華人宣道會	233
13	夏威夷蕭氏宗親會	夏威夷蕭氏宗親會	10
		檀香山蕭氏宗親會	32
14	夏威夷恭常都	夏威夷恭常都	97
		檀香山恭常都	13
15	國際佛光會夏威夷分會	國際佛光會夏威夷分會	10
		國際佛光會檀香山分會	21
16	夏威夷越棉寮華人聯誼會	夏威夷越棉寮華人聯誼會	120
		檀香山越棉寮華人聯誼會	50
17	夏威夷黃江夏堂	夏威夷黃江夏堂	37
		檀香山黃江夏堂	1
18	檀香山中華總商會	檀香山中華總商會	88
19	檀香山中華總會館	檀香山中華總會館	114
20	檀香山華人婦女會	檀香山華人婦女會	27

（二）資料整理

　　爬蟲程式在撈取網頁資料時，將結果網頁資的料逐一取回。取回的網頁資料需要進行初步整理，擷取原始網頁資料中的文字資料，形成大量

的文字檔案。這時候取得的資料必須依照每個客家社團來進行分類，用哪個客家社團的名稱來搜尋資料，就必須把取回的資料跟這個客家社團整理在一起。社團相關網頁進行人工過濾時，可能會遇到以下幾點困難：1.網頁無法開啟或是釣魚網站；2.社團相關活動的資料誤差：同樣的活動時間在不同篇報導中可能會有日期上的差異。3.社團別名的問題：這些客家社團可能會出現完整的客家社團名稱或簡稱，也可能會出現部分完整的客家社團名稱再加上部分採用簡稱的情況，或是該客家社團位在某個省份，而這些省份又有不同的簡稱，造成辦別上的困難；4.社團是否仍存在：網路搜尋的資料可以回溯多年，因此難以判斷社團是否仍存在，還是本身就不活躍。5.社團之間的聯繫程度難以人工辨別：某會會長出席其他社團活動，不能就此判斷兩社團間的聯繫度高，個人關係不代表團體之間的關係。6.客委會名單以外的社團，資料較不齊全，尤其親中客家社團的資料難以搜集。因此，在實務上進行關鍵字搜尋時，要先以客委會網站上的社團為主，相同的客家社團需要使用多個關鍵字做為客家社團名稱來進行搜尋，透過人工閱讀取回資料後，這些資料都要合併在一起，成為單一社團的分析資料，並將關鍵字擷取出來，如：社團人物（有來往的重要人物、政治領袖、商業人士等）；相關組織（包含政府的公部門、民間社團、國外的客家社團、企業或是商業組織）；節慶（春節、端午節、清明節、中秋節、天穿日等）；活動（包含合唱團、晚會、野餐等等）。能從不同社團接觸的不同人士、政府組織以及舉辦的相關活動判別此社團的運作情形，以及彼此的關聯，進而繪製不同類型的網絡圖。同時也必須將資料予以正規化，這些不一樣的客家社團名稱在取回資料加以整合後，必須統一採用單一的客家社團名稱，以避免在分析時出現相同的社團卻有不同社團名稱的情況。而客委會名單以外的客家社團，則透過田野訪談方式加以補充，確定社團的活躍度與重要性。在採用網路資料搜尋時必須適時記錄

使用的關鍵詞彙與搜尋到的網頁資料，整理成冊，而在搜尋網頁資料時也必須以實際取回的資料量為準，詳實記錄採用的關鍵詞彙與資料量，有助於後續研究者進行資料驗證。

（三）斷詞工作

　　資料取回後要進行斷詞工作。無論是中文資料或英文資料都需要進行資料斷詞。所謂的資料斷詞，是將一整篇的文章依據我們所設定的字典清單來擷取裡面的詞彙，讓一整篇文章轉換成一個一個單詞，這些單詞會成為社會網絡分析時的節點。因此，斷詞採用的辭庫相當的重要，通常不會採用一般的斷詞辭庫，也就是通用性的斷詞辭庫，因為這類詞辭庫主要是將日常生活遇到的單詞加以斷詞。所以，如果採用通用辭庫會斷出許多跟研究主題沒有相關的單詞。在此建議，可以依據研究目的或主題，自行設計及整理斷詞辭庫。斷詞辭庫設計以本章為例，在資料搜集完畢後，需要進行斷詞工作，而斷詞的主要目的是把網路上的文章或相關新聞報導中的客家社團、政府單位、民間組織名稱擷取出來，以利於分析它們之間的關係。因此，本章的斷詞辭庫包括台灣、大陸地區的政府單位、民間社團還有縣市政府等單位名稱，政府單位則以外交事務或是與族群政策相關的單位為主，同時也整理了全球客家相關的社團名稱，希望在進行斷詞工作時可以精確地把這些組織的名稱從文章中擷取出來。使用自訂斷詞辭庫的缺點，就是沒有列在斷詞辭庫裡的單位名稱，就會很難將資料從文章中擷取出來，需要不斷以人工方式更新辭庫資料。如果要提高資料分析的準確性，可以透過機器學習的方式，或採用程式自動判斷斷詞來擴大詞彙的範圍，結合詞頻統計技術將辭庫以外的單位名稱加到分析範圍裡。例如：可以在同鄉會和客家會等關鍵詞前面自動擷取二至六個字，接著再計算這些

詞彙的詞頻（出現次數），詞頻較高的詞彙可以自動納入分析範圍。以下是斷詞辭庫的範例。

表 2-2　斷詞辭庫

Segmentation	Type
僑委會	0
客委會	0
崇正會	0
人和會館	0
天穿日	1
中秋節	1
重陽節	1
農曆新年	1
端午節	1
孫中山	2
古柏生	2
何僑生	2
羅香林	2
碧山亭	3
關帝廟	3
義民廟	3
敬字亭	3

（四）控制詞彙

　　斷詞工作將專有詞彙從文章中擷取出來後，需要透過控制詞彙的方式進行組織名稱正規化，在這些辭庫裡的單位名稱中，把個別組織名稱卻有多個別名的，全部統一名稱。例如「客委會」跟「客家委員會」就必須統一名詞，「經文處」跟「經濟文化辦事處」也必須統一名詞，「台」與「臺」也必須採用單一用字。這些都必須經過仔細檢查，把所有的名稱都正規化為唯一且統一的組織名稱，避免進行網絡分析時，發現組織跟組織的關係出現了多個節點，卻代表相同組織，這樣會影響分析的正確性。

表 2-3　辭庫組織統一用字表

統一用字	原始用字
台	臺
經文處	台北經濟文化辦事處
	經文處
	經濟文化辦事處
	台北經文處
客委會	客委會
	客家委員會
	台灣客家委員會
僑委會	僑委會
	僑務委員會
	中華民國僑務委員會

續表2-3

統一用字	原始用字
客家電視台	客家電視台
	台灣客家電視台
人和崇正會	人和崇正會
	人和會館
	人和總會館
巴西崇正會	巴西客屬崇正總會
	巴西崇正會
	巴西崇正總會
大費城台灣客家同鄉會	大費城台灣客家同鄉會
	大費城臺灣客家同鄉會
	大費城台灣客家會
	大費城臺灣客家會
美東台灣客家同鄉會	美東台灣客家同鄉會
	美東臺灣客家同鄉會
	美東台灣客家會
	美東臺灣客家會
紐約惠州工商會	紐約惠州工商會
	客籍惠州工商會
	惠州工商聯合會

續表2-3

統一用字	原始用字
印第安那州客家同鄉會	印第安那州客家同鄉會
	印第安那客家會
	印州客家同鄉會
聖路易台灣客家同鄉會	聖路易台灣客家同鄉會
	聖路易臺灣客家同鄉會
密西根台灣客家同鄉會	密西根台灣客家同鄉會
	密西根臺灣客家同鄉會
	密西根客家同鄉會
	密西根客家會
	美國底特律台灣客家同鄉會
	美國底特律臺灣客家同鄉會
哥倫布客家會	哥倫布客家會
	哥城客家同鄉會
南加州台灣客家會	南加州台灣客家會
	南加州臺灣客家會
加州台灣客家同鄉會	加州台灣客家同鄉會
	加州臺灣客家同鄉會
南加州旅美客屬崇正會	南加州旅美客屬崇正會
	旅美崇正會

續表2-3

統一用字	原始用字
北加州台灣客家會	北加州台灣客家會
	北加州臺灣客家會
北加州客家同鄉會	北加州客家同鄉會
	北加州台灣客家同鄉會
	北加州臺灣客家同鄉會
北加州六堆同鄉會	北加州六堆同鄉會
	北加州六堆客家同鄉會
北加州台灣客家語文學校	北加州台灣客家語文學校
	北加州臺灣客家語文學校
三藩市嘉應同鄉會	三藩市嘉應同鄉會
	應福堂
德州奧斯汀客家同鄉會	德州奧斯汀客家同鄉會
	奧斯汀客家會
加州沙加緬度客家文化會	加州沙加緬度客家文化會
	沙加緬度客家文化會
	加州首府台灣客家文化協會
	加州首府臺灣客家文化協會
大波特蘭台灣客家會	大波特蘭台灣客家會
	大波特蘭臺灣客家會

續表2-3

統一用字	原始用字
科羅拉多台灣客家同鄉會	科羅拉多台灣客家同鄉會
	科羅拉多臺灣客家同鄉會
	丹佛客家會
大華府客家同鄉會	大華府客家同鄉會
	大華府區客家同鄉會
西雅圖台灣客家同鄉會	西雅圖台灣客家同鄉會
	西雅圖臺灣客家同鄉會
大芝加哥台灣客家會	大芝加哥台灣客家會
	大芝加哥臺灣客家會
達拉斯台灣客家同鄉會	達拉斯台灣客家同鄉會
	達拉斯臺灣客家同鄉會
溫哥華客屬崇正會	溫哥華客屬崇正會
	溫哥華崇正會
多倫多台灣客家同鄉會	多倫多台灣客家同鄉會
	多倫多台灣客家會
安大略省惠東安會館	安大略省惠東安會館
	安省惠東安會館
	加拿大惠東安會館
	多倫多惠東安會館
	安省穗東安會館

續表2-3

統一用字	原始用字
安大略省崇正總會	安大略省崇正總會
	安省崇正總會
	安省崇正會
	多倫多崇正總會
	多倫多崇正會
卡城客屬崇正會	卡爾加里客屬崇正會
	卡城客屬崇正會
愛城客屬崇正會	愛城客屬崇正會
	埃德蒙頓客屬崇正會
溫哥華台灣客家會	溫哥華台灣客家會
	溫哥華台灣客家同鄉會
魁北克客屬崇正會	魁北克客屬崇正會
	魁省客屬崇正會
溫哥華客屬商會	溫哥華客屬商會
	加拿大客屬商會

（五）屬性註記

　　將這些專有詞彙的相關屬性加以註記，也就是設計一個屬性對照表，將這些專有詞彙的相關屬性標示清楚，就如同之前說的，在進行社會網絡分析時，分析的對象可能是組織單位或是人物、活動。因此，必須要知道

這些詞彙的類型是什麼，要區分這些節點的類型是組織單位或人物、活動，也可以加入其他研究相關的屬性。例如這些組織單位所在的地區、國家。這些人物是政治人物還是商業人士，或是社會賢達。活動也可以區分為商業活動、宗教活動、節慶活動等相關類型。這些屬性可以在進行社會網絡分析時以節點的形狀大小或顏色加以區別，有助於進行資訊視覺化的辨識工作。

（六）匯入形式

整理完這些資料節點後，要將資料匯入網絡分析軟體中，本書採用的網絡分析軟體是 UCINET 6.0，匯入資料格式是採用節點清單（node list）形式，如下表 2-4 所示。

表 2-4　節點清單

ego	alter1	alter2	alter3	alter4	alter5	alter6	alter7	alter8	outdeg	indeg
A	A	A	A	B	B	C	D	E	5	1
B	B	B	C	D					2	3
C	C	D							1	2
D	D	E							1	3
E	A	B							2	2

ego 代表本身節點，例如溫哥華台灣客家會，alter1-n 則代表與溫哥華台灣客家會相關的節點（組織），在網頁搜尋中，以關鍵字「溫哥華台灣客家會」進行搜尋，撈回的所有網頁中出現的組織關鍵字，被視為相關

的節點。這些整理過的節點清單（node list），可以匯入網絡分析軟體進行運算。

（七）計算點度中心性

　　點度分析可以瞭解個別社團與社團之間的關係強度，可以具有方向性。首先，先定義以會館關鍵字查詢時得到的網頁資料，稱為「查詢結果網頁」。向內點度（in-degree）是指該會館出現在其他會館查詢結果網頁中的次數，向外點度（out-degree）則是以該會館作為關鍵詞查詢網頁時，查詢結果網頁中出現其他會館的次數。向外點度的高低也跟這個客家社團的網路聲量有關係，如果客家社團舉辦的活動，或是相關新聞出現的次數較多，則他們的向外點度也會相對較高，取得的網頁資料也較多。向內點度是指這些組織的名稱出現在其他組織查詢結果網頁的次數。因此，網絡節點資料並未侷限在組織名稱內，相反地，它們的資料比較多元化，而且不受限制，只要是查詢結果網頁出現過的組織關鍵字，都具有向內點度。透過向內點度分析可以清楚瞭解，哪些組織單位會出現在客家社團的社會網絡中，點度的高低也代表它們的重要程度。以點度中心性為分析依據，點度越高，代表該社團與其他會館的連結程度越高。

　　向外點度指除了本身節點之外，連結到其他節點的次數，可以採取累加方式，或是不累加，重複出現的連結視為單一次數。所以，向外點度是指在自身節點所查詢的網頁中，還會出現其他節點的次數，例如：在查詢的節點網頁資料中出現了 B 節點兩次還有 CDE 等節點，這時候會忽略 A 節點，然後將 B 節點加 2 次，再加上 CDE 等節點次數，共計 5 點。向內點度指其他節點連結到此節點的次數，指其他節點的網頁有提及到本身這個節點的次數，例如 A 節點出現在其他節點查詢網頁中的次數，如果

只有出現在查詢 E 節點時的網頁資料，而且只出現過一次，A 節點的向內點度點數即為 1。Node list 可以設定節點清單的匯入，可以設定重複的連結，或關係是否要累加次數，有時候在分析整體關係時會忽略重複的連結，只計算產生關係（是否具有連結關係），不會計算關係的強度 。

（八）計算結構洞

結構洞分析是社會網絡分析很重要的分析之一，透過結構洞的分析可以瞭解，不同的節點要聯絡到其他節點受到的限制性有多高，限制性很低代表可以很容易透過這個節點或這個組織來聯絡其他組織，可以自由連結不同的組織也象徵網絡關係的異質性很高。有些組織跟其他組織之間訊息共同出現的次數雖然不高，卻可能占據結構洞的位置，不同的組織連結都需要透過它。

（九）繪製網絡圖

將節點資料、點度資料、屬性資料匯入 NetDraw 軟體，利用這些資料繪製社會網絡圖，將節點依據點度高低與屬性標示成不同顏色及大小。可以依據不同的研究目的繪製全域（全範圍）網絡圖（whole network），也可以針對單一節點與其他相關的節點，繪製成自我網絡圖（ego network），節點與節點之間的距離遠近是根據關係的強弱而定。

三、網絡分析

（一）鑲嵌理論

　　社會網絡分析重要的理論基礎是 Granovetter 提出的「鑲嵌理論」，社會鑲嵌分為關係鑲嵌（relational embeddedness）與結構鑲嵌（structural embeddedness）。關係鑲嵌係指網絡中客家社團、組織單位、人物、事件節慶等，節點之間連結的質量強弱。結構鑲嵌則是指作者、期刊、關鍵詞、出版社、研究主題於網絡中的配置，亦即客家社團、組織單位、人物、事件節慶在網絡中的位置及其影響關係（Granovetter 1985）。社會網絡分析最早是社會學家根據圖論（graph theory）、矩陣、資料處理以及統計學知識等發展出來的分析方法，後續研究以關係論的思維方式來解釋圖書資訊學、經濟學、管理學、人類學、心理學、客家學等領域上的問題，利用中心性、結構洞等指標說明社會網絡的特性。社會網絡分析法主要可分為五個步驟：界定母體範圍，搜集行動者節點、建立連結關係、繪製社會網絡圖及進行網絡分析（張陳基 2021）。客家社團社會網絡分析的結合是利用網路文章中客家社團相互出現在網頁的關係，以社會網絡分析法瞭解這些社團的合作關係，以及社團與社團之間的相互參照關係，節點包括客家社團、組織單位、人物、事件節慶等。結合網際網路的大數據資料與社會網絡分析是非常重要的研究方法，可以找出關鍵的客家社團，期望在全球各地的客家社團中，找出關鍵的社團或具有影響力的在地以及國際組織，有助於推廣客家族群發展全球化。

（二）關係矩陣

　　社會網絡分析的主要內容是網絡結構的密度、中心性與次團體概念，並且採用資訊視覺化技術將研究結果呈現。因此，主要理論基礎是將圖論（graph theory）結合到社會生活中的關係結構裡，讓社會網絡學者可以透過關係圖來詮釋社會現象（王光旭 2015）。社會圖論（sociogram）由 Moreno 所創，利用社會計量法（sociometry）衡量社會網絡節點的距離關係並繪製成圖（Moreno 1953）。圖論透過關係連結分析整體社會結構，包括叢集或次團體的形成以及核心行動者的所在位置，並且把行動者之間的關係以圖像呈現（Krackhardt 1994）。首先，在分析的內容上可以相鄰矩陣來代表網絡關係，建立社團跟社團的關聯性，以及社團與事件節慶之間的關聯性，這些關係可分為有方向性或沒有方向性。社會網絡分析首先必須定義資料的類型，分為屬性資料（attribute data）與關係資料（relational data）（Scott 1988），透過網路爬蟲程式搜集客家社團相關新聞、網站資料及網路文章，發掘其相互引用關係。社會網絡分析特別注重的是行動者跟行動者之間的整體關係，但如果行動者在這個網絡間沒有搜集完全，這樣行動者與行動者之間的關係就無法全面建立，接下來的分析也會失去意義。例如社團 A 與社團 B 同時出現在某篇網路新聞中，社團 A 跟社團 B 的關聯，等於社團 B 跟社團 A 相互關聯，所以沒有方向性。

（三）網絡密度

　　其次，透過自我網絡、整體網絡密度（density）分析，瞭解網絡的密度是鬆散，還是比較緊密，也就是實際連線與最大可能連線的比值。整個社會網絡連結關係可區分為強連結（strong tie）、弱連結（weak

tie）以及不存在連結（absent tie）三種。Granovetter 採用資訊擴散模型
（information diffusion model）理論，說明網絡中的節點會將訊息傳遞給
直接連結的節點，再依序將訊息擴散給間接連結的節點，訊息傳遞的強弱
取決於節點的傳遞動機以及所處的戰略性位置（Granovetter 1974：52）。
在社會網絡中，強連結的重要性已被充分理解，但弱連結同樣扮演重要
的角色，因為關係緊密的客家社團、組織單位、人物、事件節慶等，彼
此之間有許多重疊的聯繫，不太可能成為來自遙遠網絡距離的新資訊來
源，所收到的資訊可能是同質性高或異質性小的資訊，反而透過較不頻繁
的接觸和不同社團組織中的領導者、理事、會員，可能會獲得新穎和多樣
的訊息（Granovetter 1973），在進行知識分享方面，最重要的可能是弱連
結，所以連結強弱的重要性，取決於要分析的網絡主題。就整個網絡中節
點與節點之間的關係，強連結通常具有較大的影響力，影響社團組織的各
項決策或資源分配，弱連結扮演整個網絡節點間的橋樑，可以有效促進來
自網絡其他區域的資訊交流。而與弱連結關係疏遠的個人將無法接收多
元化資訊，資訊來源也被限制在自身較親密的同事或組織團體中，無法
獲得完整社交圈的各項資訊。也就是說，缺乏弱連結的社會網絡系統將
是斷裂且不連貫的（Granovetter 1973）。連結強度強不一定好，同時弱也
不一定不好，有時還需要考慮到異質性知識交流的問題。根據接近理論
（propinquity theory）所述，持續出現在同一時間與同一機構的學者，有
更高機率可能建立聯繫關係或友誼，社會網絡距離較近的學者較容易成為
研究夥伴（Feld and Carter 1998；Godley 2008）。同質理論（homophily
theory）將同質性定義為具有一個或多個共同的社會屬性，例如相同的社
會階層，若是兩個節點的特徵比例大於平均比例，則可以說具有同質性，
同質性越高的兩個行動者，像是相同興趣的客家社團、組織單位、人物，
越有可能連結在一起，建立合作關係或成為夥伴（Verbrugge 1977）。

（四）網絡中心性

　　接下來是透過中心性（centrality）來找到關鍵社團、重要組織單位、人物、事件節慶。中心性分析是將節點鑲嵌於關係網絡中的現象做一描述，聚焦在距離、中心性所構成的侷限跟機會。與其他節點距離越近或位於網路的中心點，代表可與其他節點接觸交流的機會越多，而且受到他人的限制越少，也就是社會網絡結構位置越佳。社會網絡中心性分析可以瞭解節點社會關係結構位置的優劣以及影響力強弱，中心性分為點度中心性（degree centrality）、連結度中心性（betweenness centrality）以及緊密度中心性（closeness centrality）（Freeman et al. 1979）。點度（degree）代表在這個社會網絡中，節點或是節點擁有的機會跟選擇，也就是對於資源的取得，點度數值越高，表示有越多選擇從其他節點獲得交換的機會，此自主性也使社團在網路中免於依賴任何特定節點，以節點相互連結的數量作為代表值。點度越高代表網絡中跟比較多的社團互動，獲得的資訊就比較多。緊密度（closeness）是代表網路中的節點能夠接近其他節點，並據以產生影響力，可以直接協商或交換資源，以節點之間的路徑長度作為代表，較邊緣的節點便會處於劣勢。緊密度則代表平均聯繫距離，距離越短代表在越短的時間、距離傳遞給目標節點，也就是能越快找到合作的對象。連結度（betweenness）是節點具有仲介其他節點聯繫的能力，具有社會網絡居間聯繫的核心位置，處於節點與節點連結路徑中間的位置，具有較高的仲介性（陳世榮 2013：164）。連結度則代表子群體集合之間的連動性，越高代表可以連結更多不同的子群體（次團體），在推動跨領域交流與合作上，連結度顯得很重要。

（五）資訊視覺化

社會網絡視覺化的工具以 UCINET 的 NetDraw 和 Gephi 為主，是學術界常用的工具，從基本功能、資料處理分析、網絡圖繪製、專案管理等方面比較，UCINET 的 NetDraw 適用於處理多重關係複雜問題的中大型資料，綜合性較強、運算功能強大、相容性較強；Gephi 則適合用於觀測性分析的動態大型資料，視覺化功能強大、動態分析性較強。透過 NetDraw、Gephi 可以繪製組織與組織、組織與事件、個人與個人或個人與事件間的社會網絡圖（LinkSoft 2019）。

四、疫情時期海外客家調查法

疫情帶來許多社會行為的調整和改變，從《人文與社會科學研究》，出版〈後疫情時代的人文社會科學研究〉專輯[1] 來看，從公民參與、地方行政、族群歧視、遠距教學到動物倫理無一不受影響。楊昊（2021：55）提到：「疫情的持續擴散不僅直接威脅各國的公衛能量與醫療體系，同時也對各國的經濟發展與社會穩定造成嚴峻的挑戰，因此在各地紛紛出現了各種充斥著保護主義的封城政策、禁止多人聚會的限制、校園封閉與學校停課等措施」。

各種「因應」疫情的做法，彰顯了公部門公共治理的能力，反映出社會結構的特質，揭露非常時期人性的面貌，這些都是重要的議題。然而，不論疫情如何嚴峻，生活還是要繼續，手上原本的工作還是要進行，

1　《人文與社會科學研究》第 22 卷，第 2、3 期。110 年 3、6 月。

原來到校上課的日常，改為線上（遠距）教學，原來要召開的討論或工作會議，通通由「視訊會議」取代，國際會議或大會演講，原來實體的會議地點都改成會議的連線網址，最多再送個密碼。原來所要進行的業務「照常」進行，當然所付出的時間、費用與效率都有很大的變化。「此次疫情尤其對於學術界來說，所蒙受之衝擊更不容小覷[2]。現在遭遇到的挑戰，包括工作型態的調整、研究資金轉變或經費需求的彈性因應，以及交流及合作方式的改變等，在未來都很有可能變成常態」（楊昊 2021：55）。 此處所討論的「疫情時代海外客家調查法」，就是其中一項原本要進行的業務「照常」進行的變通方案，本書在疫情時期的工作型態、資料搜集的方式與分析技術、經費使用，甚至與被研究者的關係，都有很大的變化，這樣的研究有其特色，但也有許多限制。

北美客家社團研究，包括夏威夷、美西、美東與加拿大客家社團網絡的調查與整理。研究方法與步驟如表 2-5。

表 2-5　研究方法與步驟

1	文獻分析與整理
2	建立研究範圍與資料搜集
3	網路大數據資料分析
4	社團個案訪談
5	社團治理架構之比較

2　Colleen Flaherty. (Feb. 1, 2021). COVID-19's Impact on Academic Research. Inside Higher Ed. https://www. insidehighered.com/quicktakes/2021/02/01/covid-19s-impact-academic-research (accessed March 1, 2021).（楊昊原註腳）。

　　這幾個預定進行的研究方法中，各階段方法之進行，多少都受到疫情衍伸的情況影響，分別說明如下：表面上「1. 文獻分析與整理」部分，似乎比較不受影響，並且是在所有研究伊始就要完成，但文獻搜集與分析是一項從頭到尾的工作項目，疫情期間不能到現場進行田調，表面上好像只要有圖書館資料庫即可進行分析與整理，實際上卻有相當大的影響，關於文獻搜集，特別是有關在地社團的相關資料或當地出版的書籍，通常不容易依賴大學圖書館得到滿足，許多「有用的」資料必須要透過田野過程才能搜集到，疫情期間彌補的方法，只能邀請在地的友人或在地的學者幫忙搜集，甚至像到現場訪問一樣，請受訪者提供，受限於增加郵寄或掃描傳送的麻煩，其效果與現場詢問時搜集、借用的效果有相當大的差別，替代方案仍有許多不足。在訪談現場所營造的氣氛，所談論的內容，往往能觸動受訪者的靈感，想到相關的資訊或可以約訪的對象。

　　客家社團的相關資訊以及社團組織的日常活動網絡關係，可以在網路平台上發現相關資訊，就是以紙本發行的刊物，也通常可以在網路平台上閱讀。在網路流行初始，線上社群（online community）常被翻譯為虛擬社群（virtual community），以便和實體的真實世界進行區分。其實，從網際網路元年開始，虛擬社群就是構成真實生活世界的一部分。透過網際網路上各種平台資訊的搜集和瞭解，漸漸成為認識這個社會不可或缺的一種方法。

　　本書的研究方法規劃中，有一部分是針對所研究的客家社團與相關組織，蒐整與分析它們在網路上的各種資訊，本書作者先在網路上搜尋相關的資料，並且以客家委員會目前搜集到與美國相關的客家社團為基礎，找到各分析區域的客家社團。在確定了檢索關鍵字詞之後，開始進行網頁的爬蟲工作，透過 Google 的檢索引擎來搜集每個關鍵字查詢到的結果網頁，透過網頁爬蟲程式來將結果網頁搜集回來，轉成文字檔並加以斷

詞。由於本書分析的內容是以社團為主要對象，因此在網頁資料的斷詞方面，本書特別整理了客家社團相關的組織名稱作為斷詞辭庫，總共整理了2,340 個組織名稱。這些組織名稱包括了全球各地的客家社團名稱，以及台灣的相關民間社團、組織及政府單位名稱等，同時也加入了中國大陸的客家原鄉社團與相關政府組織。

　　針對彼此的活動連結關係，本書採用的中心性是點度中心性（degree centrality）。例如以洛杉磯客家活動中心作為檢索關鍵字，檢索到的網頁裡出現過客委會、南加州台灣客家會以及美國客屬商會，則定義為：洛杉磯客家活動中心與客委會、南加州台灣客家會以及美國客屬商會有主動關聯，稱為對外點度（out-degree），客委會與洛杉磯客家活動中心則有被動關聯，稱為向內點度（in-degree）。以中心性點度分析來觀察社團間的網絡關係。最後，我們也用結構洞限制性分析來觀察社團間的網絡關係，結構洞分析是社會網絡分析很重要的分析之一，透過結構洞的分析，我們可以瞭解到不同的節點要聯絡到其他節點所受的限制有多高，如果限制很低，就代表可以透過這個節點或是這個組織來聯絡其他的組織。

　　上述網路社會研究方法的設計，是在正常時期使用的一種研究方法，理想的網路社會研究方法，除了量化資料的分析外，民族誌的精神是不可或缺的一部分。Sade-Beck（2004）認為，「這部分應該包括和建立及維護網站人員的交談」，不過本書所指的民族誌的精神，並非以建立網站的人員為範圍，民族誌的精神應該延伸到聯繫合適的對象，針對量化資料的發現加以釐清，甚至延伸討論其他的問題。這也是疫情期間本書所運用的方法之一。

　　個案訪問的設計，原來是一種離線研究為主的現場觀察、交談，加上問卷調查。這樣我們在網路上所搜集到的數據，不論是量化的數據或量化的內容，都可以透過現場的訪問進行交叉對話，以豐富其內容。嚴格來

說，本書的研究設計是兼有線上、線下數據的採集，並加以相互比較對話的方式來進行。由於疫情的關係，使得原先設計的現場訪問，轉化為線上訪問，以今天的會議網站技術水準來看，相當程度能滿足現場訪問的一部分功能，例如輕鬆的聊一些周邊的話題、嚴肅的詢問問卷內容的答案[3]，甚至還進一步詢問所選答案的意義，理論上可以做到網路資料與訪談資料之間的相互對話。然而，實際上仍有一點距離，尤其是缺乏臨場體驗以及觀察實際環境，失去許多現場才能獲得的資訊，例如在實體世界碰到受訪者可能根本認不出來。當然，也失去許多進一步考察的機會，例如受訪者提到義山、廟宇或在地的歷史現場，如果是現場訪問，就有可能直接考察歷史現場。

網路資料的搜集分析混合視訊訪問，盡量補充各種資訊，以完成研究目標，我們沒有使用嚴格定義的「網路民族誌」（如陳志萍 2008）方法，不過「e 考據」卻是本書可使用的另一個概念。由於疫情無法親自進行田野調查，大量依賴網路資料，在網路上進行資料探勘，尤需「e 考據」的精神。黃一農指出，「e 考據」不只是一種方法，更是一種融通數位與傳統的研究態度。「e 考據」的研究態度提醒我們，在 e 時代該如何做好文史研究中最基本的考據工作（研究的目的不一定是考據，但在研究的過程中常不可避免地要運用考據）。這個態度要求我們必須做最大的努力，把傳統功力跟數位工具進行融合，而不是放棄任何一部分。疫情時期社會科學研究特別需要留意這種方法和態度。

3　有些社團負責人事前填好問卷，寄回給本書作者，針對已填寫完整的問題
　　內容，進一步和受訪者交談其填寫內容的意義。

五、夏威夷田野調查

　　本書作者，包括張翰璧、張維安、張陳基、蔡芬芳，於 2020 年 2 月 2 日至 13 日到夏威夷執行田野調查。由於我們認為需要美國在地人士協助，因此邀請國立中央大學客家社會文化研究所碩士戴國焜先生共同進行調查。我們在出發到夏威夷之前，透過駐檀香山台北經濟文化辦事處熱心協助，與夏威夷在地社團組織聯絡，而個別訪談者則透過各組織的介紹得以完成，同時將針對社團組織及其網絡的問卷，以及針對個人移民過程與認同歷程設計的訪綱，先行寄給組織負責人及其會員，到了當地後，針對其所填寫的內容，透過訪問深化瞭解。此外，尚包括開放性之非正式訪談或隨機提問，其中夾雜一般對話與隨談話情境而引發的提問。個別訪談對象最主要是客家人，然而也因為訪問其他台灣組織，與非客家人的台灣移民亦多有互動，有助於勾勒移民在地生活樣貌。在調查過程中的觀察亦對研究相當重要，進行訪問的地點通常為組織辦公室，或社團負責人住宅，或個別訪談者的住宅，公司或店舖，得以觀察環境中的擺設（匾額、照片、神像等），成員互動及語言使用。

　　我們進行田野調查的地點，以夏威夷華人與台灣客家人居多的檀香山（Honolulu）為主。訪問的組織計有 13 個，包括：1. 夏威夷台灣客家協會、2. 夏威夷崇正會、3. 夏威夷台灣基督長老教會、4. 台灣同鄉會、5. 台灣婦女會、6. 夏威夷台灣商會、7. 世界華人工商婦女會、8. 夏威夷中華總會館、9. 四邑會館、10. 中山同鄉會、11. 檀香山華人婦女會、12. 越棉寮華人聯誼會、13. 林西河堂。訪問組織的目的是想瞭解各社團組織的社會網絡，問卷題綱分為以下六個大項：1. 基本資料、2. 社團語言的使用、3. 貴社團主動與其他社團交流的情形、4. 其他社團主動與貴社團交流的情形、5. 在貴國社會、商業與政治領域中，貴社團經常聯繫

的人士、6. 就貴國、台灣、中國與其他國家，貴社團經常聯繫的組織（機構）。經過田野調查之後，可歸類為三個社會網絡，分別是：1. 夏威夷華人社團社會網絡、2. 夏威夷客家社團社會網絡、3. 夏威夷台灣社團社會網絡。社團組織較為密集分布在唐人街範圍內，分別有夏威夷崇正會、四邑會館、華人歷史研究中心、越棉寮華人聯誼會、夏威夷中華總會館、中山同鄉會。由此觀之，老僑會館與組織多分布在唐人街內。例如夏威夷崇正會、四邑會館，以及國安會館，皆在 Maunakea Street 上。

　　除了上述組織外，本書為了瞭解客家移民的經驗與過程，在上述的組織內針對個人進行訪問。訪問內容主要題綱包括：基本資料、移民原因、在地生活、夏威夷客家人，其他與客家相關的議題，以及個人認同歷程。個別訪問的對象一共有 34 位，可分為三類，分別是：1. 在夏威夷出生的移民第三或第四代，大多只能用英語溝通。2.1965 年之後的台灣客家移民，大多以留學生身分前往美國。3. 自 1970 年代至 1990 年代之後從大溪地、越南、馬來西亞、新加坡、香港、中國移民的客家人。本次調查中，第三或第四代客家人占 13 位。台灣客家人 10 位，家鄉分布於桃園楊梅、內壢、中壢、新竹新埔、苗栗公館等。自 1970 年代至 1990 年代之後，從越南等其他國家移民至夏威夷的則占 11 位。在性別方面，第三代或第四代移民中，男性有 8 位，女性有 5 位；台灣客家女性占 9 位，台灣客家男性 1 位；1970 到 1990 年代自其他國家移民中，男性占 5 位，女性 6 位。以所有研究對象來說，大多為六十歲以上，教育程度多為大學畢業與白領階級，包括大學教授、會計師、金融業、聯邦政府官員等。由於我們原本預計 2021 年再次前往夏威夷，希望與 2020 年受訪者有更多互動，或是參加組織的活動，以便深入瞭解夏威夷客家人，然因新冠肺炎疫情之故而作罷。

　　除了上述組織與個人外，為了深化對夏威夷客家人的瞭解，我們參

訪以下地點進行訪問。1. 夏威夷第一華人基督教會：由來自馬來西亞的曾立德牧師為我們介紹教會的歷史與建築，在教會訪問兩位第三代客家基督徒，同時巧遇來自台灣的基督徒。2. 位於華埠的華人歷史研究中心（Hawaii Chinese History Center）：參觀並訪問該中心負責人張帝倫先生（Douglas Dai Lunn Chong），張先生長久以來致力於研究夏威夷華人歷史，著作頗豐。3. Mission House Museum：查詢檔案資料。4. 曼那聯義會墓地（Manoa Chinese Cemetery）：從墓碑紀錄華人移民原鄉，其中廣東中山縣居多。5. 夏威夷大學東西中心（EAST-WEST CENTER）：瞭解夏威夷大學與台灣的學術交流情形，以及未來合作的可能性。

參考文獻

王光旭，2015，〈社會網絡分析在公共行政領域研究的應用〉，《調查研究 - 方法與應用》。34：67-134。

馬建強，2015，〈數位與傳統的「二重奏」：e 考據是方法也是態度——黃一農院士訪〉。https://kknews.cc/history/ojjx56.html，取用日期：2021 年 9 月 26 日。

張陳基，2021，〈客家研究社會網絡分析方法〉。頁 312-337，收錄於張維安、潘美玲、許維德主編《客家與族群研究的技藝》，新竹：陽明交通大學出版社。

楊昊，〈後疫情時代的人文社會科學研究：一個區域研究工作者的省思〉，《人文與社會科學研究》22（2）：55-59。

陳世榮，2013，《社會網絡分析方法：UCINET 的應用》。高雄市：巨流出版社。

陳志萍，2008，〈精進網路研究方法——網路民族誌〉，《圖書資訊學研究》，2（2）：1-15。

Feld, S. L., & Carter, W. C., 1998, "Foci of activity as changing contexts for friendship." Pp.136-152 in *Placing friendship in context.* Cambridge: Cambridge University Press.

Freeman LC, Roeder D and Mulholland RR., 1979, "Centrality in *social networks*: II. Experimental results." *Social networks* 2: 119-141.

Godley J.,2008, "Preference or propinquity? The relative contribution of selection and opportunity to friendship homophily in college." *Connections* 1: 65-80.

Granovetter M., 1973, "The strength of weak ties." *The American Journal of Sociology* 78: 360-1380.

Granovetter M., 1974, *Getting a job: A study of contacts and careers*. Chicago: University of Chicago Press.

Granovetter M., 1985, "Economic action and social structure: The problem of embeddedness." *American journal of sociology* 91: 481-510.

Krackhardt D.,1994, "Graph Theoretical Dimensions of Informal Organization."Pp89-111 in *Computational Organization Theory*, edited by Carley K and Prietula M. Hillsdale, NJ: Lawrence Erlbaum Associaties.

Moreno J., 1953, *Who Shall Survive?: Foundations of Sociometry*. New York: Bacon House.

Sade-Beck, L., 2004, "Internet Ethnography," International Journal of Qualitative Methods 3(2): Article 4. http://www.ualberta.ca/~iiqm/backissues/3_2/ pdf/ sadebeck.pdf，取用日期：2021 年 9 月 26 日。

Scott J., 1988, "Social network analysis." *Sociology* 22: 109-127.

Verbrugge L., 1977, "The structure of adult friendship choices." *Social forces* 56: 576-597.

網路資料

LinkSoft, 2019,〈UCINET 社會網路分析軟體〉。《LinkSoft》，https://www. linksoft.com.tw/product/ucinet，取用日期：2020 年 9 月 14 日。

第 3 章

美國西部客家社團發展與網絡分析

張翰璧　張陳基

一、美西客家社團名單

　　因應疫情關係無法進行實地田野調查，本書先搜尋客委會網站上 13 個位於美國西部的客家社團，分別為「南加州台灣客家會」、「北加州台灣客家會」、「休士頓客家會」、「北加州六堆客家同鄉會」、「北加州客家同鄉會」、「北加州台灣客家語文學校」、「德州奧斯汀客家同鄉會」、「世界客屬總會美西分會」、「加州沙加緬度客家文化會」、「大波特蘭台灣客家會」、「科羅拉多台灣客家同鄉會」、「大華府客家同鄉會」、「西雅圖台灣客家同鄉會」，並將客委會網站上美中偏西部地區的「中西部客家同鄉會」、「大芝加哥台灣客家會」、「達拉斯台灣客家同鄉會」等 3 個社團歸到美西社團一併討論。

　　除了客委會網站上的社團名單，又透過人工線上搜尋方式，希望將美國西部客家社團都列入分析範圍，力求資料的完整性。經過不斷以相關的關鍵字進行回饋式蒐集後，找出另外 8 個位在美西地區，但未被列在

客委會網站上的客家社團，分別是「大洛杉磯客家活動中心」、「加州台灣客家同鄉會」、「南加州旅美客屬崇正會」、「加州客家長青會」、「美國客屬商會」、「三藩市崇正會」、「三藩市嘉應同鄉會」、「北加州永靖同鄉會」。因此，本章將以這 24 個社團進行後續的網絡分析。

二、美西社團簡介與經營現況

　　關於各社團的簡介與經營狀況資料，主要是先爬梳各社團在 Facebook 粉絲專頁／公開社團／專屬網站有無公開資訊，以社團名稱為關鍵字填入 Facebook 搜尋欄位，搜尋該社團是否建有 Facebook 粉絲專頁或公開社團，如無，則進一步用 Google 搜尋引擎以社團名稱為關鍵字搜尋，資料搜尋時間從 2019 年 9 月開始，持續至 2020 年 1 月初。其中「加州台灣客家同鄉會」、「南加州旅美客屬崇正會」、「加州客家長青會」和「美國客屬商會」、「北加州台灣客家語文學校」，皆無臉書粉絲專頁或公開社團或專屬網站，未能搜尋到與社團相關之資訊；「北加州客家同鄉會」有專屬單頁式網站，但在 2019 年 10 月 6 日後便沒有關於社團活動紀錄、最新消息等資訊。

　　排除上述無相關資料參考之社團，以下將分別描述其他社團搜尋之結果，及其相關特色、重要發展，並將剩下的 15 個社團分成兩個類別，一類是透過 Facebook 粉絲專頁／公開社團／專屬網站取得公開資訊之社團；另一類是沒有自己的公開社群或網站，但能藉由客委會協助架設之網站／相關新聞報導等取得公開資訊之社團。

（一）Facebook粉絲專頁／公開社團／專屬網站取得公開資訊資社團

1. 大華府區客家同鄉會

大華府區客家同鄉會雖在美東地區，但從大華府區客家同鄉會粉絲專頁上可看到該會與「全美台灣客家文化基金會」互動密切，故併入美西地區，有粉絲專頁「DC Hakka 大華府區客家同鄉會」和專屬網站，同鄉會成立於 1984 年「為一非營利組織，旨在聯絡客家鄉親，發揚客家文化。本著服務大華府區客家同鄉，聯絡鄉親感情及發揚客家文化之一貫宗旨，並秉持客家包容性與親和力之精神，與僑界時有互動。歡迎大家多多支持、參與及鼓勵。」該會多次分享全美台灣客家文化基金會訊息，共同辦理活動，一同參與美國華府地區台灣主題活動。

2. 大洛杉磯客家活動中心

大洛杉磯客家活動中心臉書粉絲專頁名稱為「America Hakka Center 美國客家會館—大洛杉磯客家活動中心」[1]，設立於 2011 年 10 月 01 日，在 2017 年 7 月 20 日後即沒有更新內容。目前活動中心因土地訴訟官司已休館兩年，未來將再休館兩年，總共四年，當初場地是由北埔天水堂姜老先生家族提供。

對於未來展望及目標，邱啟宜會長表示希望朝 NGO 組織方向發展：

「因為台灣現在的狀況，沒有辦法進行……這是其中一個，但是對我們

1　大洛杉磯客家活動中心於美國登記設立名稱為 America Hakka Center 美國客家會館，兩者名稱為同一組織。

來講客家就是一種中原文化⋯⋯我們很樂意把我們⋯⋯幾千年來，我們的客家族群的遷徙、根源、文化跟它的特性、族群，在非政府組織裡面的架構裡面去傳承⋯⋯去申請到這方面，是很開放的，第一個要裡面的會員邀請你進去，我們不介入政治，第二個上面並沒有很顯示說我們的國旗啦、國號那些，因為我們也必須要其他 NGO 的會員申請⋯⋯邀請觀察員以後，然後看我們這幾年的活動性質以後，他才能夠審核，還是以客家文化傳承為主，著重於全球客家的連結。」(2021年4月21訪談)

3. 南加州台灣客家會

南加州台灣客家會目前仍有運作，且成立了兩個粉絲專頁，分別為設立於 2018 年 4 月 01 日的「Taiwanese Hakka Association of Southern California 南加州台灣客家會─THASC」和 2016 年 5 月 18 日設立的「Taiwan99USA」，兩個專頁簡介內容相同，說明南加州台灣客家會設立於 2016 年，是一個非營利、非政治，亦非宗教的組織，目的在團結所有在美國的台裔美國人，提供資源和機會，讓台裔美國人能發現自己的認同、聯繫台裔美國人社群，同時發揚文化。南加州台灣客家會也是美國客家聯合會成員之一，他們擁有自己的網站，網站內除紀錄社團活動，發布社團訊息和最新動態外，同時連結其他社團，網站中將連結的社團以經濟和商會、社群和文化、政府機關、政治和宗教及專業學術社團分類。兩個粉絲專頁內容是相同的，但稍有不同在「Taiwan99USA」的發文沒有特別提到客家，是以台灣為主，而「Taiwanese Hakka Association of Southern California 南加州台灣客家會─THASC」則是以客家活動和資訊為主，觀看的民眾也特別關注社團主辦活動是否使用非華語，只使用客家話或廣東話，2020 年 10 月 1 日一則「2020 橙縣地區客家美食線上示範

培訓活動」直播影片，便有民眾特別留言詢問。

　　在 2021 年 4 月 8 日的視訊訪談中，胡永全會長說明了北美客家各社團的聯繫情形，「因為某種原因，意識形態也好，個人立場也好，容易造成各自分裂啦！在我們南加州台灣客家會，在我任內，一再強調不談政治、不談宗教，就是因為這樣。」胡會長認為文化組織的運作不應牽扯政治，若辦活動就會邀請我國在地代表，例如舉辦年會時，會邀請當地經文處處長來參加集會，而為避免政治紛爭，中國客家社團的活動邀請，他則不會赴約。談到此社團辦活動會邀請的團體，胡會長表示比較沒有政治色彩的台灣團體都會邀請：「我個人一定會邀請台灣同鄉會，台灣同鄉會是閩南人的會，表示友好，他們的活動也有邀請我們參加，互相支持。第二，我們邀請比較沒有政治色彩的社團，也有些外省子弟。」

　　目前南加州台灣客家會並沒有會址，會員數量以家族為主，共有六百多戶，會費僅 10 美元，主要的活動開銷則靠會員及善心人士捐款，針對年輕族群有成立 Line 群組，也有成立客家合唱團，因疫情關係近兩年時間無法集會，但仍有線上視訊活動，如每周二下午六點至七點半的客家歌免費線上教學。尚未封城之前，也參加過當地社區在公園舉辦的大型文化活動，申請攤位展示客家文化，如客家花布、美濃傘、擂茶等，當地人都非常感興趣。至於每年舉辦的大型活動，除了每年的年會，還有四大節慶與天穿日，都會邀請會員參與，且全程用客語溝通。

　　在美西地區，胡會長提及三個最活躍、活動最多的社團，除了南加州台灣客家會，還有 America Hakka Center 美國客家會館—大洛杉磯客家活動中心，以及北加州台灣客家會，此三個社團的會員較多，且在所有社團中，只有前兩者於美國加州合法登記立案。

4. 休士頓客家會

休士頓客家會的粉絲專頁名稱為「休士頓客家會 Hakka Association of Houston」，專頁創設於 2014 年 10 月 8 日，2020 年 9 月 16 日發布三則貼文，內容是圖文形式的活動紀錄，並非活動當天的報導，當中有寫到「2016 月 10 月至屏東客家大會」；另有連結到一個位於台灣網站的部落格，內容主要是活動紀錄，但該網頁在 2014 年 1 月 31 日後便無更新。

5. 北加州六堆客家同鄉會

北加州六堆客家同鄉會設立的是臉書公開社團，社團名稱是「北加州六堆客家同鄉會 _ncsSixTeamsHakka」創設於 2017 年 9 月 26 日，目前有 21 人加入，沒有維持內容更新，社團訊息以餐會活動為主。

6. 大波特蘭台灣客家會

大波特蘭台灣客家會同樣是設立臉書公開社團，名稱是「HAKKA PORTLAND 大波特蘭區客家會」創設於 2013 年 2 月 10 日，內容以社團公告和活動紀錄為主，公告訊息和紀錄則是餐會通知聯繫，2020 年有多則由非社團會員發布的客家音樂專輯宣傳訊息。

7. 三藩市崇正會

三藩市崇正會設立時間最早，成立於 1928 年 10 月 10 日，為客屬會員聚會，團結互助而由華人勞工籌組，為不諳英文的會員排解問題，協助尋找工作或過境舊金山、旅遊提供接待導引，有自己的網站。現在每年定期辦理旅遊、同樂會、聚餐等活動，在 1954 年購置會址所在三層樓大廈，三樓為該會辦公、會議室，二樓為元老退休會員低租費住所，一樓設為參觀出租，以支持會所運作和補助會員福利開支。設有專屬網站，網

站內容以紀錄社團活動和客家文化資訊為主，與政府部門互動則有台灣總統府、客委會和僑務委員會的慶賀致電公告。最後一則公開活動訊息為 2020 年 11 月 15 日。

8. 德州奧斯汀客家同鄉會

德州奧斯汀客家同鄉會有專屬的臉書粉絲專頁，並且持續活躍當中，幾乎每天都會更新一則貼文。社團經營狀況良好，但因為疫情的關係，2020 年度活動完全取消，而其粉絲專頁所分享的時事，多半是關於於屏東平原的六堆客家、僑務相關事項，以及最新的防疫須知等。但相關臉書貼文，多半只有一到三位閱讀者按讚。每次聚會，平均有 50 至 80 位鄉親參與。社團宣傳中提到，在德州此地，也只有在客家會上，能聽到客家山歌的歡唱，吃到傳統客家菜，分享鄉情文物，說說久別的家鄉客家話。組織特色為聯誼性質，章程中甚至要求避免涉及政治議題討論，而相關成員都是受薪階級，一切活動都有會費的收取以及支出。會內的活動有機會聽到來自台灣，中國，越南，新加坡，馬來西亞不同腔調的客家語言。有時也會參與世界客屬總會及休士頓客家會的鄉親活動。

本地客家會的定期聯誼活動，主要是選定節日慶祝，包括春節過年、端午及中秋三大節日。每次舉行慶祝活動，都伴隨節慶特色食品供應。這些都是鄉親太太們親手調製。所以每逢聚會之後，每人都有口齒留香的回憶。至於聚餐方式，除了過年，大多選在室外。偶爾也會跑到附近公園烤肉。組織內的互動密切，除了三大佳節之外，也會參與美國各大活動節日，並且和當地駐代表處有密切合作，例如參加國慶以及升旗典禮等。

9. 美國中西部客家同鄉會

美國中西部客家同鄉會自 2009 年 8 月 29 日開始經營自己的網站，

分享活動相片與活動內容，於 2013 年 12 月 30 日在 Facebook 設立自己的粉絲專頁，並在 2016 年開始以臉書為發布社團公告和活動紀錄的主要方式，網站便不再繼續經營。此外，因其位於巴勒特市（Bartlett），與苗栗市在 2010 年締結為姊妹市，故此社團與苗栗市關係相當友好，經常會在臉書轉發相關訊息。

（二）客委會協助架設之網站／相關新聞報導取得公開資訊之社團

1. 加州沙加緬度客家文化會

加州沙加緬度客家文化會沒有專屬網站，只有客委會設置網站、當地新聞資料或沙加緬度相關社團能找尋到相關資料。社團成立於 2008 年，會員人數 150 人，已改名「加州首府台灣客家文化協會」。社團宗旨為凝聚海外客家鄉親，發揚客家人的文化和精神。

與沙加緬度當地台灣社團有密切互動，例如參加當地的雙十國慶升旗典禮（2020 年 10 月 14 日）、參與沙加緬度榮光聯誼會（退伍軍人）舉辦的春節慶祝大會（2016 年 2 月 28 日）。而相關活動地點大多在中華會館舉行。組織的活動範圍多半在沙加緬度地區，較少與其他地方的客家社團互動。但與當地相關僑社與相關社團有密切互動，例如：沙加緬度榮光聯誼會、二埠印支華裔聯誼會、二埠印支華裔聯誼會名譽會長、中山華文學校，二埠中華會館，加州參議院共和黨、華裔美軍退伍軍人協會、沙加緬度台灣同鄉會，沙加緬度國民黨分部等。

傳統的節日慶典均有參加（春節、天穿日等），而元旦與中華民國國慶也都有參與，但都非主辦單位。另外，美國當地的節慶也會參與，例如元旦、美國國慶，退伍軍人節等。依據近兩年的新聞來看，組織內部似乎

沒有實質營運的活動，最近一次的活動是在 2017 年舉辦春節活動，但無相關新聞，只有找到 YouTube 影片[2]。與外部的活動相當多是由會長夫婦代表出席，無法確認是否有成員參加。從沙加緬度到當地的台灣華僑社團或相關政治團體，均有接觸過。

2. 世界客屬總會美西分會

世界客屬總會美西分會沒有專屬網站，僅有客委會幫忙建置的網站，最近一次的相關活動為 2014 年。世界客屬總會 2006 年在洛杉磯華僑文教服務中心舉行美西分會成立大會，美西分會會長彭美杏表示，世界客屬總會 1970 年於台灣成立，會員遍布全球各地。總會宗旨是聯繫世界崇尚自由之客屬同胞，發揚傳統忠義精神，團結合作，共謀文化交流及經濟發展，服務社會人群，獎助繼起之人才。她還強調，成立美西分會是希望聯繫第一代客家移民提供服務，讓第二及第三代的客家子弟傳承優美的客家文化。

榮譽會長由何啟垠擔任，會長為南加州的彭美杏、副會長為北加州的林文雄、羅秀李，總幹事何武雄、監事長傅學榮，另有 21 位南北加州及內華達州理事。受邀嘉賓有駐洛杉磯辦事處宋友潘組長、洛僑中心主任劉綏珍及核桃市議員蘇王秀蘭等人。社團會長與理監事改選為 2 年一選。網路上搜尋到的資料均為 2014 年以前，查看世界客屬總會於 2017 年和 2018 年舉辦的活動，其美西分會均沒有出席。但在 2006 年到 2012 年間，社團有大量的活動，例如籌辦生活座談會、參加創業論壇與美東客屬總會聚會等。有入會費及常規年費作為社團的經濟來源。社團成員大多來自台

2　參考 https://www.youtube.com/watch?v=RJY0LtB6umo，取用日期：2021 年 3 月 9 日。

灣，多半為新台客，2006 年世界客屬總會在洛杉磯成立美西分會。其網
站於 2006 年至 2014 年間更新頻繁，更新內容大多撰寫有關於介紹客家
文化相關的文章。而相關活動在 2006 年至 2014 年間也非常活躍，舉凡
各大節日與社團組織間聯誼都有。參與節日有各大節慶，近期舉辦的有母
親節活動，以及客家童謠比賽，但均為 2014 年之前的活動。

　　組織內部在 2014 年之後在網路上找不到任何相關的活動訊息，甚至
連世界客屬總會舉辦的懇親大會也沒參加。而在 2014 年之前，本會與新
竹縣政府有過合作，例如 2013 年 4 月 17 日報導：世客總會美西分會理
事長願以科技之長提供竹縣科展學生寶貴意見。

3. 西雅圖台灣客家同鄉會

　　西雅圖台灣客家同鄉會沒有相關的專屬活動資訊網站，僅有在客委
會網站有專屬網站，相關資料均從客委會網站或當地報導獲得。會長蘇
元安對客家社團之規劃願景：1. 本地聯誼；2. 回台客庄旅遊；3. 支持全
球客家文化會議（Global Hakka Cultural Meeting）及美洲台灣客家聯合
會（Taiwan Hakka Association in America）年會活動。目前的經營狀況未
知，但此社團在 2012 年到 2014 年間有密集的活動和其他社團聯繫互動，
例如在 2014 年舉辦北美西部台灣人夏令營。最近一次的活動紀錄為 2017
年，參與元旦於西雅圖華僑文教服務中心舉辦的元旦升旗典禮。組織特色
為促進客家同鄉情誼、關懷及互助，維護會員權益，促進會員對所住地社
會的參與及對台灣的關懷，並強調本會為非營利性、非宗教性、非政治性
團體。

　　2012 年至 2014 年間，曾參與傳統三大節慶、國慶、母親節等活動，
也會參加當地華僑社團舉辦的活動，但多擔任協辦角色，例如在 2012 年
至 2014 年間，與大波特蘭台灣同鄉會一起舉辦北美西部台灣人夏令會；

參與大西雅圖台灣同鄉會主辦的 2015 年度台籍社團聯誼會 [3]，但與其他客家社團沒有密切往來。

4. 三藩市嘉應同鄉會

三藩市嘉應同鄉會沒有相關網站，網路上相關內容多半以簡體字書寫，若用繁體字「三藩市嘉應同鄉會」「舊金山嘉應同鄉會」搜尋的話，相關資料不多。社團前身為「應福堂」，社團經營狀況為持續積極發展中，但發展的方向都與中國有直接關係，例如在 2019 年，副會長前往中國梅江區考察，由該會前身為成立於 1869 年的應福堂，以及長期舉辦回鄉尋根活動，判斷社團成員多半為老華客。目前會館坐落於唐人街上。之前有段時期與台灣密切往來，但探究近四年的資料，與台灣活動甚少，多半參與中國政府所舉辦的相關活動。

同鄉會每年都會召開會員大會，在春節、端午等節日都會舉行團拜，共敘鄉情。組織內部活動透過繁體字搜尋沒有結果，簡體字內容均有結果，但都會被擋下來，無法查看，而組織外部活動方面，則與人和總會館、寶安同鄉會、惠陽同鄉會、赤溪同鄉會等，中國祖籍會館的組織均互動密切。

5. 科羅拉多台灣客家同鄉會

科羅拉多台灣客家同鄉會沒有專屬網站，由客委會幫忙設置，相關資料皆從網路與報章雜誌取得。科州台灣客家同鄉會於 2005 年正式成立。社團會員約 30 人，會員屬性大多為台灣客家移民。創立之初以聯絡客家人感情為主，其宗旨為加強會員間之聯繫，增進全體會員情感交流，

3　http://www.touchmedia.tw/?p=349940，取用日期：2021 年 3 月 9 日。

增進認識客家人的傳統精神與文化，承先啟後，團結合作，守望相助，發揚光大，融合會員力量以提升、促進、支持各項客家文化活動，增加台灣客家同鄉會及當地社區福祉，並竭力協助會員融入美國主流文化。對會員、會員家庭或任何其他需要支援者所遭受的困境，提供援助及安慰。

目前經營狀況持續中，在 2019 年由客家委員會、僑務委員會、駐丹佛台北經濟文化辦事處共同合作，辦理客家美食巡迴推廣、實作體驗等系列活動，讓客家美食飄香丹佛市。但除此之外，搜尋到最新的新聞是來自於 2009 年客委會網站所記載的高雄世運活動消息。而原來參加的 20 幾戶客家鄉親，後來有些畢業的學生外移，有些因工作因素，現僅剩 12 戶有繳會費，成員有經營餐館、保險業，但大多數是上班族年長者，講四縣及海陸各半。組織社團會員大約 30 人，會員多屬於新台客，不定期舉辦郊遊，野餐，講座以及文化活動，與當地華僑社團也有密切聯絡，曾在 2019 年一起舉辦「行動灶下客家美食」丹佛市站。增加台灣客家同鄉會及當地社區福祉，並竭力協助會員融入美國主流文化。對會員、會員家庭或任何其他需要支援者所遭受的困境，提供援助及安慰。接著與美洲台灣客家聯合會接軌後，定期參與美洲台灣客家聯合會（THAA / USA）的活動。每年固定舉辦社團活動，如春節晚會、端午節晚會及中秋晚會等，不定期舉辦郊遊、野餐、講座、音樂會及文化活動。但組織內部近期活動資訊無法從網路上獲得。組織外部活動頻繁，也參與了許多和當地華僑社團的交流及合作，時常出席美洲台灣客家聯合會舉辦的各項活動，與其餘客家社團也有聯繫。

6. 北加州永靖同鄉會

北加州永靖同鄉會沒有相關網站，網路上相關內容多半以簡體字書寫，若用繁體字「北加州永靖同鄉會」搜尋，相關資料缺乏。目前社團經

營狀況為持續積極發展中，發展的方向與中國有直接關係，判斷社團成員多半為老華客。組織目前持續活躍中，探究其近四年內資料，與台灣活動甚少，多半參與中國政府所舉辦的相關活動，也關心中國相關議題，例如於 2010 年福建龍岩發生水災，該會就募資 3.8 萬元人民幣[4]。

透過其餘社團聯辦之活動，得知該社團北加州永靖同鄉會有新春聯歡會、夏季野餐郊遊，舊友新知共敘鄉情等交流資訊。但組織內部活動透過繁體字搜尋沒有結果，簡體字內容均有結果，但皆無法查看，而與組織內部活動，與中國政府和當地親中客家社團都有直接往來，例如參加美國永靖客家總會的新春晚宴[5]。

7. 北加州台灣客家會

北加州台灣客家會沒有粉絲專頁或公開社團或專屬網站，社團簡介在「台美史料中心」上記載的是「北加州台灣客家會（THANC）是一個非營利，非宗教，非政治的團體。以聯絡北加州台灣客家鄉親，發揚客家文化，推展客家語言，提高客家意識與尊嚴，爭取應有權利，增進共同福祉為宗旨。本會是採用理事制，一切運作民主開放。理事會每月召開一次，由理事、顧問，幹事及熱愛客家事務的義工、鄉親們一起參加討論會務。理事任期兩年，會長任期一年，由理事互選產生。」有加入北加州台灣同鄉聯合會，屬於其他協助會員。

4　http://news.sohu.com/20100723/n273719759.shtml，取用日期：2021 年 3 月 9 日。

5　http://dailynews.sina.com/gb/news/usa/uslocal/singtao/20130320/10004362309.html，取用日期：2021 年 3 月 9 日。

8. 大芝加哥台灣客家會

大芝加哥台灣客家會沒有專屬網站，亦無相關新聞資料記載，僅有客委會設置網站可供資料查詢。成立於 2005 年，創會會員有 30 餘人，以聯絡台灣客家鄉親、發揚客家文化、提高客家意識、強調台灣主體性為社團主要精神。值得一提的是，此會的成立得到楊貴運教授賀函鼓勵，及世界台灣客家聯合會名譽會長李阿青、陳明真博士、徐新宏博士、羅能平先生等聯名之賀函支持與贊助。

9. 達拉斯台灣客家同鄉會

達拉斯台灣客家會沒有社團的專屬網站，亦無相關新聞資料紀錄，僅有客委會設置網站可供資料查詢。創立於 1980 年，活動會員約有 200 名，經常與其他客家會聯繫。社團宗旨為保存客家語言文化、發揚客家人擇善固執的硬頸精神、加強與當地僑社互動並增進鄉親情誼、交流客家社區資訊及分享當地活動資訊、服務客家鄉親和發揚互助合作之精神、吸引年輕人參加。

每年春節、端午節、中秋節會固定舉辦社團活動，亦經常舉行郊遊、野餐、講座、音樂會等文化活動，理監事改選則是每兩年進行一次。此社團亦有愛心基金會，源於某年會長發生車禍，因為沒有保險，故以捐款的方式來募集治療的費用，剩下的捐款便成了愛心基金為社團成員所用，一般疾病補助 200 元、開刀補助 500 元。

目前位在北美洲美西地區的客家社團，營運狀況可粗分為營運狀況良好，以及沒有在營運（資訊更新停留在三年前）。值得注意的是，在整理各社團相關資料時，本書發現有多個客家社團加入「美國客家聯合會」，此社團由美國境內客家社團所組成，屬於非營利性、非政治性、非宗教性的社團，彼此互助以促進加州地區各客家宗親之福利。大部分社團

參與節日除了三大傳統節慶外，多半還會參加美國當地的節慶以及節日。相關社團資訊都是藉由出席其他社團舉辦的活動，以報章雜誌或政府單位（僑委會、辦事處、客委會、縣政府等）的新聞稿留下紀錄，專屬網站獲得資訊的狀況較少，使得資料蒐集方面受到侷限；當然也有社團經營自己的臉書粉絲專頁，對於本書或是想對某社團進一步瞭解的民眾而言，是較容易獲得社團相關訊息的管道，但今年因疫情的緣故，2020 年間幾乎沒有什麼相關客家社團運作的消息，導致在蒐集資料上有一定程度的困難，以致於無法進行更具深度的內容分析。

三、社會網絡分析

　　蒐集社團相關的網路資料，整理並分類後即運用社會網絡軟體進行社團網絡分析，社會網絡分析主要分為五個步驟：第一，界定研究的母體，也就是研究對象的範圍。第二，蒐集行動者或相關節點。第三，確立連結的關係，也就是彼此的活動連結。第四，繪製社會網絡圖。第五，進行社會網絡各項特性與關係分析。在進行美國西部客家會館社會網絡研究時，必須一併納入，並且將每個客家會館組織視為一個行動者，透過調查或訪談，瞭解行動者與行動者之間的關係（張陳基、蕭新煌 2018）。

　　本章所分析的對象主要以美西客家社團為主，其中的社團可以分為具有歷史淵源的客家社團、台灣的客家社團，以及中國原鄉的客家社團。第一步就是確認美國西部客家社團的範圍以及清單，在觀察個案的選擇上，社會網絡分析不採取抽樣方式，而是直接觀察整個母體，可以更確實掌握社會關係。

1. 界定研究的母體（研究對象的範圍）

相關資訊主要是先在網路上搜尋，加上客家委員會所收集的美國西部客家社團為基礎，一共有 24 個客家社團。而這些客家社團又可分為來自台灣移民的客家社團、由中國移民成立的客家社團，以及歷史淵源較久遠的客家社團。由於這些客家社團名稱多以英文為主，因此在翻譯上面有許多的別名或簡稱。在進行相關資料檢索時，還必須先釐清使用的關鍵字。基本上，每個不同的客家社團，會運用 1 至 4 個不同的關鍵字來進行檢索，為使檢索的資料能夠非常完整，在檢索的過程當中要不斷的修訂或增加檢索的關鍵字。下表即為搜尋這 24 個社團所採用的檢索關鍵字，以及檢索結果的網頁數量，主要的檢索對象是以華文網頁資料為主，若是網頁內容非以華文撰寫，將超出本研究的範圍。

表 3-1   美國西部客家會館檢索關鍵詞與網頁數量

NO	社團名稱	檢索關鍵字	筆數
1	大洛杉磯客家活動中心	大洛杉磯客家活動中心	292
2	南加州台灣客家會	南加州台灣客家會	216
		南加州臺灣客家會	296
3	加州台灣客家同鄉會	加州臺灣客家同鄉會	29
		加州台灣客家同鄉會	110
4	南加州旅美客屬崇正會	南加州旅美客屬崇正會	11
		旅美崇正會	12
5	北加州台灣客家會	北加州台灣客家會	173
		北加州臺灣客家會	73
6	加州客家長青會	加州客家長青會	71

續表 3-1

NO	社團名稱	檢索關鍵字	筆數
7	休士頓客家會	休士頓客家會	247
8	北加州客家同鄉會	北加州客家同鄉會	235
		北加州臺灣客家同鄉會	2
		北加州台灣客家同鄉會	2
9	美國客屬商會	美國客屬商會	41
10	北加州六堆同鄉會	北加州六堆同鄉會	29
		北加州六堆客家同鄉會	29
11	北加州台灣客家語文學校	北加州臺灣客家語文學校	3
		北加州台灣客家語文學校	23
12	三藩市崇正會	三藩市崇正會	75
13	三藩市嘉應同鄉會	三藩市嘉應同鄉會	79
		應福堂	185
14	德州奧斯汀客家同鄉會	德州奧斯汀客家同鄉會	18
		奧斯汀客家會	217
15	世界客屬總會美西分會	世界客屬總會美西分會	31
16	北加州永靖同鄉會	北加州永靖同鄉會	26
17	加州沙加緬度客家文化會	加州沙加緬度客家文化會	34
		沙加緬度客家文化會	53
		加州首府臺灣客家文化協會	8
		加州首府台灣客家文化協會	5

續表 3-1

NO	社團名稱	檢索關鍵字	筆數
18	大波特蘭台灣客家會	大波特蘭臺灣客家會	6
		大波特蘭台灣客家會	20
19	科羅拉多台灣客家同鄉會	科羅拉多臺灣客家同鄉會	7
		科羅拉多台灣客家同鄉會	26
		丹佛客家會	17
20	大華府客家同鄉會	大華府客家同鄉會	261
		大華府區客家同鄉會	269
21	西雅圖台灣客家同鄉會	西雅圖臺灣客家同鄉會	55
		西雅圖台灣客家同鄉會	39
22	中西部客家同鄉會	中西部客家同鄉會	290
23	大芝加哥台灣客家會	大芝加哥臺灣客家會	6
		大芝加哥台灣客家會	42
24	達拉斯台灣客家同鄉會	達拉斯臺灣客家同鄉會	2
		達拉斯台灣客家同鄉會	47

2. 蒐集行動者或相關節點

　　整理完以上 24 組美西客家社團檢索關鍵字詞後，開始進行網頁的爬蟲工作，透過 Google 的檢索引擎來收集每個關鍵字所查詢到的結果網頁，再透過網頁爬蟲程式將結果網頁蒐集回來，轉成文字檔並加以斷詞。所有的社團資料從網頁內容轉換成為文字資料後，透過斷詞作業把這些網頁資料整理成為一個一個的組織名稱，也就是社會網絡中的節點。形成網絡中的節點之後，為了確保資料品質，也將這些組織名稱進行正規化作

業，也就是當這些組織名稱可能有不同別名時，都統一採取相同名稱，例如客家委員會統稱為客委會，經濟文化辦事處統稱為經文處。這樣可以確保在分析過程中所有的關聯性會集中在相同的社團，避免不同的別名產生雜訊的情況，或者降低網絡關係的強度。

3. 確立連結的關係，也就是彼此的活動連結

所謂連結的關係是從檢索的關鍵字出發，分析所搜集到的網頁中出現過的組織名稱，以及這些組織名稱分別出現在哪些檢索的關鍵字中。關係強度可以透過社會網絡中心性分析，瞭解行動者社會關係結構位置的優劣以及影響力強弱，中心性的分析主要是以點度中心性（degree centrality）呈現。在網頁的檢索過程中，無論是客委會出現在洛杉磯客家活動中心的相關網頁，或是洛杉磯客家活動中心出現在客委會的相關網頁，都僅僅代表兩個單位或組織同時出現在共同的網頁之中，主動或是被動的意義並不明確，對外點度中心性排序可以參閱表 3-2。接著運用 UCINET6.0 網路分析軟體，在「點度中心性」分析的基礎上，繪製美國西部客家會館社會網絡圖，經過整體的加權後及利用 NetDraw 的功能將網路圖繪出，就能看出個別節點呈現大小不同的結果。最後根據網路圖及中心性進行資料的分析，藉此瞭解哪些客家會館是美國西部客家會館社會網絡中的重要組織。

相關分析資料如下：

(1) 對外點度中心性分析

由於資料蒐集的範圍是以 24 個客家社團的名稱作為關鍵字進行資料檢索詞，只有這 24 個客家社團可以出現向外點度，而向外點度的高低也跟這個客家社團的網路聲量有關係，如果客家社團舉辦的活動，或是相關的新聞出現次數較多，則他們的向外點度也相對較高，取得的網頁資料也

較多。分析中可以發現三藩市嘉應同鄉會、三藩市崇正會的資料遠大於其他 22 個客家社團，他們在網頁上呈現的資料相當多。其他社團的網路聲量則無太大區別，包含南加州台灣客家會、加州台灣客家同鄉會、加州客家長青會、北加州台灣客家會、北加州永靖同鄉會、北加州客家同鄉會、中西部客家同鄉會、世界客屬總會美西分會、大洛杉磯客家活動中心、沙加緬度客家文化會、休士頓客家會等，是屬於第二高網路聲量的客家社團。有些台灣的客家社團網路聲量不高，例如大波特蘭台灣客家會和大芝加哥台灣客家會，可能因為較少舉辦活動，或是舉辦活動時沒有將相關的訊息發布在網頁上，或沒有相關的新聞報導。

表 3-2　對外點度中心性排序

Nodes	Outdeg	Indeg	EffSize	Efficiency	Constraint
三藩市嘉應同鄉會	21675	285	130.40	0.99	0.58
三藩市崇正會	20636	299	121.05	0.98	0.63
大華府客家同鄉會	6883	240	219.27	0.97	0.11
南加州台灣客家會	6717	311	244.10	0.97	0.12
加州台灣客家同鄉會	6585	112	228.58	0.99	0.07
加州客家長青會	5460	80	247.79	0.98	0.10
北加州台灣客家會	5369	167	223.17	0.97	0.16
北加州永靖同鄉會	4512	47	225.67	0.98	0.09
北加州客家同鄉會	4117	209	208.49	0.96	0.13
中西部客家同鄉會	3935	144	186.48	0.96	0.14
世界客屬總會美西分會	3731	121	212.60	0.97	0.10

續表 3-2

Nodes	Outdeg	Indeg	EffSize	Efficiency	Constraint
大洛杉磯客家活動中心	3674	249	112.38	0.96	0.17
沙加緬度客家文化會	3591	135	185.14	0.95	0.09
休士頓客家會	3123	472	125.89	0.93	0.17
北加州台灣客家語文學校	2348	125	260.06	0.97	0.06
北加州六堆同鄉會	1729	132	177.11	0.95	0.05
科羅拉多台灣客家同鄉會	1719	141	121.81	0.92	0.09
達拉斯台灣客家同鄉會	1566	183	150.94	0.92	0.08
美國客屬商會	1475	176	169.67	0.94	0.07
德州奧斯汀客家同鄉會	1466	134	139.43	0.93	0.09
西雅圖台灣客家同鄉會	1408	139	124.43	0.92	0.13
南加州旅美客屬崇正會	1181	19	141.25	0.97	0.12
大波特蘭台灣客家會	816	135	96.81	0.86	0.10
大芝加哥台灣客家會	786	132	115.98	0.89	0.09

(2) 向內點度中心性分析

向內點度是指這些組織的名稱出現在其他組織網頁的次數,因此網絡節點資料並沒有侷限在 24 個組織名稱中,相反地,它們的資料比較多元且不受限制。透過向內點度分析可以很清楚的瞭解哪些組織單位,會出現在美國西部客家社團的社會網絡中,點度的高低也代表它們的重要程度。首先,點度最高的是姓氏宗親會。但是這邊的姓氏宗親會卻沒有辦法清楚的區辨出是哪個姓氏宗親會,只能夠說明在這些客家社團的網頁當中經常出現姓氏宗親會等關鍵字,也就代表著姓氏宗親會在美國西部客家社團中

扮演著很重要的角色。其次是僑務委員會、客家委員會的關鍵字,代表僑
務委員會、客家委員會,在美國西部客家社團網絡當中扮演相當重要的角
色,不管是舉辦活動或相關的新聞報導,它們都是同時出現,也就是這些
客家社團舉辦活動時,可能會邀請僑務委員會、客家委員會來參加,或是
給予經費的資助,也代表不管是相互交流或參訪,它們的關係非常密切。
其他如台商會也是重要的關鍵夥伴之一。另外比較特殊的是可以看到大紐
約客家會、紐英倫客家鄉親會、大華府區客家同鄉會出現在美國西部客家
社團的網絡中,代表大紐約客家會、紐英倫客家鄉親會、大華府區客家同
鄉雖然是美東的客家社團,卻跟美西的客家社團保持極為密切的關係。

表 3-3 向內點度中心性排序

Nodes	Outdeg	Indeg	EffSize	Efficiency	Constraint
姓氏宗親會	0	25057	1.97	0.98	0.53
僑委會	0	8284	16.98	0.85	0.15
客委會	0	7681	22.05	0.92	0.13
中華總會	0	5419	7.71	0.77	0.64
行政院	0	4456	20.42	0.85	0.15
台商會	0	2065	13.96	0.78	0.21
台灣同鄉會	0	1703	13.53	0.71	0.28
大紐約客家會	0	1703	17.06	0.71	0.50
外交部	0	1422	15.35	0.73	0.21
美國客家會館	0	1326	8.62	0.66	0.70
客語生活學校	0	1276	13.86	0.66	0.21

續表 3-3

Nodes	Outdeg	Indeg	EffSize	Efficiency	Constraint
僑教中心	0	1252	13.79	0.77	0.22
內政部	0	1086	15.15	0.66	0.21
紐英倫客家鄉親會	0	1052	13.31	0.70	0.47
經文處	0	1039	13.92	0.70	0.21
客家會館	0	934	9.05	0.70	0.51
台灣會館	0	907	9.45	0.59	0.38
美國中西部客家同鄉會	0	881	14.77	0.64	0.29
美洲台灣客家聯合會	0	808	14.49	0.66	0.20
福建同鄉會	0	808	4.97	0.83	1.13
客家聯合會	0	699	12.70	0.75	0.64
北卡客家同鄉會	0	675	9.41	0.50	0.52
大華府區客家同鄉會	0	632	3.33	0.37	0.88
崇正會	0	592	12.79	0.71	0.32

(3) 結構洞限制性分析

　　在本書中可以發現，有些社團跟其他社團之間的訊息，共同出現的次數雖然沒有很高，卻具有高度多樣性，顯現出社會網絡分析中的結構洞特性，也就是說，這個組織可以跟眾多組織都產生關聯，雖然關聯不是很強，但是代表透過這個組織可以在這個網頁上找到其他客家社團組織，這個組織在社會網絡的結構位置上具有相對優勢。在美國西部的客家社團網絡中，因為彼此關係都相當緊密，可以看出限制性較低的客家社團或是組織單位，大部分都是這 24 個客家社團。除了這些社團外，就是台灣的

客家委員會、行政院以及僑務委員會，他們出現在不同的客家社團網頁當中。有些組織經常出現在不同的美西客家社團網頁中，也具有結構洞的特性，他們在美西的客家社團中可以扮演重要的聯繫角色，包括多倫多客屬聯誼會、法國崇正總會、新加坡茶陽大埔會館、馬來西亞客家公會聯合會、美洲台灣客家聯合會、香港客屬社團首長聯誼會、新加坡南洋客屬總會等。

表 3-4　結構洞限制性排序

Nodes	Outdeg	Indeg	EffSize	Efficiency	Constraint
北加州六堆同鄉會	1729	132	177.11	0.95	0.05
北加州台灣客家語文學校	2348	125	260.06	0.97	0.06
美國客屬商會	1475	176	169.67	0.94	0.07
加州台灣客家同鄉會	6585	112	228.58	0.99	0.07
達拉斯台灣客家同鄉會	1566	183	150.94	0.92	0.08
大芝加哥台灣客家會	786	132	115.98	0.89	0.09
科羅拉多台灣客家同鄉會	1719	141	121.81	0.92	0.09
德州奧斯汀客家同鄉會	1466	134	139.43	0.93	0.09
北加州永靖同鄉會	4512	47	225.67	0.98	0.09
沙加緬度客家文化會	3591	135	185.14	0.95	0.09
世界客屬總會美西分會	3731	121	212.60	0.97	0.10
大波特蘭台灣客家會	816	135	96.81	0.86	0.10
加州客家長青會	5460	80	247.79	0.98	0.10
大華府客家同鄉會	6883	240	219.27	0.97	0.11
南加州旅美客屬崇正會	1181	19	141.25	0.97	0.12

續表 3-4

Nodes	Outdeg	Indeg	EffSize	Efficiency	Constraint
南加州台灣客家會	6717	311	244.10	0.97	0.12
西雅圖台灣客家同鄉會	1408	139	124.43	0.92	0.13
客委會	0	7681	22.05	0.92	0.13
北加州客家同鄉會	4117	209	208.49	0.96	0.13
中西部客家同鄉會	3935	144	186.48	0.96	0.14
行政院	0	4456	20.42	0.85	0.15
僑委會	0	8284	16.98	0.85	0.15
北加州台灣客家會	5369	167	223.17	0.97	0.16
休士頓客家會	3123	472	125.89	0.93	0.17
大洛杉磯客家活動中心	3674	249	112.38	0.96	0.17
多倫多客屬聯誼會	0	174	14.14	0.61	0.19
法國崇正總會	0	142	13.05	0.59	0.19
新加坡茶陽大埔會館	0	108	13.20	0.60	0.19
馬來西亞客家公會聯合會	0	127	14.59	0.66	0.19
美洲台灣客家聯合會	0	808	14.49	0.66	0.20
香港客屬社團首長聯誼會	0	103	12.23	0.61	0.20
新加坡南洋客屬總會	0	145	13.76	0.66	0.20

四、繪製社會網絡圖

（一）整體社會網絡分析

在上述資料的基礎上，以 NetDraw 軟體來繪製社會網絡圖，利用 Graph theoretic layout 的繪圖功能，將會館連線組合的相似性或差異，利用相鄰或距離呈現為網路分布圖，以顯示不同客家會館彼此有多「接近」，是否在空間中形成「次團體」或「集群」。

圖 3-1 顯示，美西最活躍的 5 個社團依序為三藩市嘉應同鄉會、三藩市崇正會、大華府客家同鄉會、南加州台灣客家會、加州台灣客家同鄉會。社團間的距離僅具有關係次數的意義（例如同一則新聞中同時出現的次數），並不涉及關係之正負內涵，整體來看約略呈現一個主要的叢集和

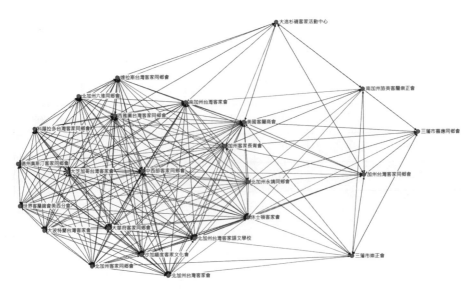

圖 3-1　美西客家會館社會網絡圖

外圍幾個社團，左方的叢集中，各個社團間的關係比較緊密，與右邊的幾個社團（三藩市嘉應同鄉會、三藩市崇正會、南加州旅美崇正總會等）在相關訊息的重疊性較低。進一步分析，右邊群組中的社團多屬「老華客」的類型，中國原鄉色彩較清楚，與美西客家會的距離在 24 個社團中也較遠，關係次數比較不高。

　　關於這些社團和客家委員會的關係，從圖 3-2 可知，客委會與各社團組織都有關連，社會網絡的模型和美西客家會館社會網絡圖（圖 3-1）類似，圖 3-3 的美西客家社團結構洞圖，也呈現類似的網絡關係。結構洞是指聯繫到其他所有組織單位可能最高或是最有效率的組織，所以在計算時採用標的是指 2,340 個關鍵字分析出來的社團或是組織，而並非只是連結到這 24 個客家社團所形成的結構洞。結構洞在這邊主要用來凸顯連結到不同性質社團的效率性或是它的限制性，也就是說相同性質的社團經常彼

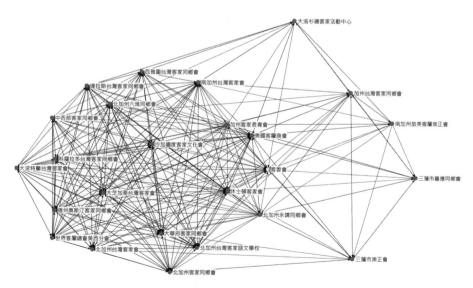

圖 3-2　美西各客家社團與客委會

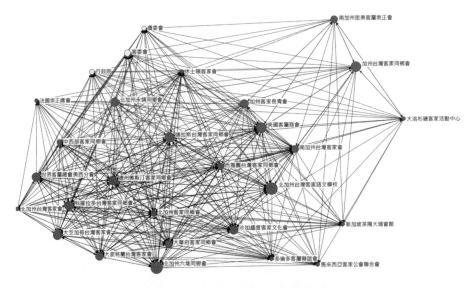

圖 3-3　美西結構洞社會網絡圖

此聯繫，但如果具有結構洞的特性，就會強調可以聯絡到更多不同性質的
社團與組織。如果一個社團可以同時連接熱門的社團、知名度高的社團，
以及連結到一些冷門的社團，也就是比較不被重視或別人比較不容易聯絡
到的社團，如此就稱這個組織為網絡中間的結構洞。對於結構洞的計算，
會忽略重複出現的關係，重視實質關係的連接而不是次數，在分析北美地
區重要的客家社團時，所用的指標以點度中心性為主。但若要進一步瞭解
在整個北美客家社團中，哪些組織或社團扮演不同性質社團之間聯絡的角
色，則以結構洞作為指標較為合適，也就是說結構洞主要在表達不同性質
的組織或單位形成社會網絡時，社會結構中嵌入的方式具有某些位置優勢
或劣勢。在圖 3-3 中，24 個客家社團都可以彼此連結，而且結構洞的特
性較為顯著，圖示較大，所以都具有結構洞的特性，可以連結到整體網絡
中不同的組織單位。另外，包括行政院、客委會、僑務委員會、美國客屬

商會、香港崇正會、休士頓客家會、中華會館等，雖然結構洞的特性較不明顯，圖示較小，但也都具有占據關鍵聯繫角色的結構洞位置。

（二）進行社會網絡各項特性與關係分析：個別社團自我網絡分析

　　針對美西社團的對外點度的中心性（社團的活耀程度，在此指向外發送訊息的程度）與對內點度（其他社團在發布訊息時提及的社團）的綜合考量，即以南加州台灣客家會網絡圖作為個別社團自我網絡分析的個案（圖3-4）。圖中的圓點大小是依據向內點度來定義，向內點度越高，則圖形越大。中間圓點為美西客家社團。以這些社團為範圍來觀察，美西客家社團間的網絡距離較近，彼此間都有密切連結。將南加州台灣客家會與其他客家社團一起觀察，客家社團間的相對位置相關資訊，顯示著南加州台灣客家會對外的網絡關係。至於「圖形越大」的節點為本社團向內點度較高的社團或組織，這表示這些組織的網頁中出現「南加州台灣客家會」的頻率較高，例如客委會、行政院、經文處、台灣同鄉會可視為較常提到南加州台灣客家會的社團或組織。

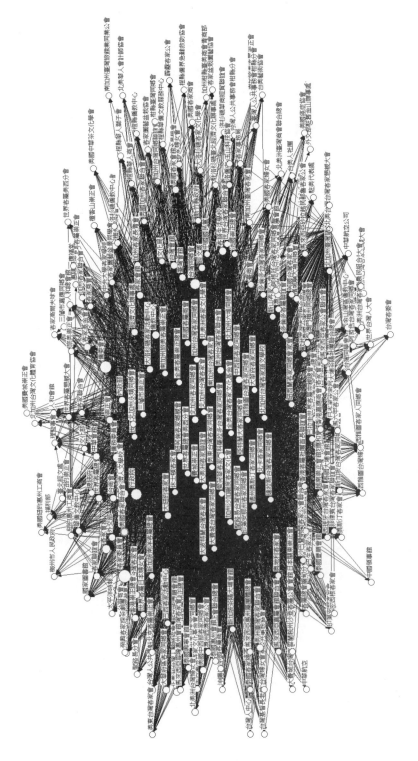

圖 3-4　南加州台灣客家會網絡圖

參考文獻

張陳基、蕭新煌，2018，〈新加坡客家社團的社會網絡模式〉，收錄於黃賢強編，《會館、社群與網絡》。新加坡：八方文化。

網路資料

Global Hakka，2017，〈California Sacramento 客家文化會春節表演〉，https://www.youtube.com/watch?v=RJY0LtB6umo，取用日期：2021 年 3 月 9 日。

中國新聞網，2010，〈美國北加州永靖同鄉會為龍岩洪災募捐 3.8 萬餘元〉，http://news.sohu.com/20100723/n273719759.shtml，取用日期：2021 年 3 月 9 日。

台美史料中心，2015，〈Taiwanese Hakka Association of Northern California 北加州臺灣客家會〉，https://taiwaneseamericanhistory.org/blog/taiwanese-hakka-association-of-northern-california/，取用日期：2021 年 3 月 9 日。

附錄：美西各客家社團粉絲專頁／網站資訊彙整

名稱	America Hakka Center 美國客家會館—大洛杉磯客家活動中心
粉絲專頁基本資訊	
簡介	2011年10月01日創設。 America Hakka Center Hakkausa 美國客家會館- 大洛杉磯客家活動中心
頁面連結	America Hakka Center 美國客家會館—大洛杉磯客家活動中心
連結網站	http://www.hakkausa.org/ 連結至「美國客家聯合會」網站
粉專人數	556個讚，571個追蹤。
發文日期、內容及分類	
2017年7月20日後即沒再有新的發文。	
名稱	Taiwanese Hakka Association of Southern California 南加州台灣客家會—THASC
1. Taiwanese Hakka Association of Southern California 南加州台灣客家會—THASC，粉絲專頁基本資訊	
簡介	2018年4月01日創設。 Founded in 2016, Taiwan99USA is a non-profit, non-political, and non-religious organization dedicated to bringing together all Taiwanese Americans in the United States. Our mission: to provide the resources and opportunities for all Taiwanese Americans to discover their identity, to connect with others within the Taiwanese American community, and to spread the ideals and cultural values that make us so great onto the next generation! We welcome everyone, not just those of Taiwanese heritage, to join us on our journey. Ultimately, our goal is to inspire you to celebrate who you are.
頁面連結	Taiwanese Hakka Association of Southern California 南加州台灣客家會—THASC
連結網站	http://www.hakkausa.org/ 連結至「美國客家聯合會」網站 https://www.taiwan99usa.org/thasc777 網站連結其他社團以經濟和商會、社群和文化、政府機關、政治和宗教及專業學術社團分類。

粉專人數	110個讚，125個追蹤。

發文日期、內容及分類

日期：2019年2月6日。「社團公告」（圖文） 內容：拜年訊息。
日期：2019年2月21日。「社團公告」（圖） 內容：客家會年會活動公告。
日期：2019年2月6日。「社團公告」（圖文） 內容：客家會成員在RBC Heritage獲得PGA TOUR冠軍。
日期：2019年4月23日。「活動紀錄」（圖文） 內容：2019年4月12日至14日參與「2019美洲台灣客家聯合會懇親大會」
日期：2019年5月30日。「社團公告」（圖） 內容：端午節活動公告。
日期：2020年9月29日。「社團公告」（圖） 內容：「2020橙縣地區客家美食線上示範培訓活動」公告。
日期：2020年10月1日。「活動紀錄」（影片） 內容：「2020橙縣地區客家美食線上示範培訓活動」直播影片。（有民眾留言為 　　　何示範講師沒有講客家話或廣東話）

2. Taiwan99USA粉絲專頁基本資訊

簡介	2016年5月18日創設。 Founded in 2016, Taiwan99USA is a non-profit, non-political, and non-religious organization dedicated to bringing together all Taiwanese Americans in the United States. Our mission: to provide the resources and opportunities for all Taiwanese Americans to discover their identity, to connect with others within the Taiwanese American community, and to spread the ideals and cultural values that make us so great onto the next generation! We welcome everyone, not just those of Taiwanese heritage, to join us on our journey. Ultimately, our goal is to inspire you to celebrate who you are.
頁面連結	Taiwan99USA
連結網站	http://taiwan99usa.org/
粉專人數	123個讚，134個追蹤。

發文日期、內容及分類

日期：2019年2月6日。「轉發友會訊息」（影片） 內容：轉發僑務委員會ＯＣＡＣ委員長拜年影片。
日期：2019年4月23日。「社團公告」（圖文） 內容：客家會成員在RBC Heritage獲得PGA TOUR冠軍。

日期：2019年5月31日。「轉發友會訊息」（圖文） 內容：轉發僑務委員會ＯＣＡＣ最新消息。	
日期：2019年11月8日。「轉發友會訊息」（圖） 內容：轉發Tour Taiwan – TTB America，台灣旅遊局成立20週年慶。	
日期：2019年12月27日。「社團公告」（圖文） 內容：第一批台灣芭樂抵達美國。	
日期：2020年5月7日。「轉發友會訊息」（圖文） 內容：Tour Taiwan – TTB America "Worth It Goes To Taiwan" 投票活動。	
日期：2020年8月4日。「轉發友會訊息」（圖文） 內容：轉發Taiwan in Los Angeles-駐洛杉磯台北經濟文化辦事處，李登輝前總統追思活動會場及時間訊息。	

名稱	加州台灣客家同鄉會
粉絲專頁基本資訊	
簡介	屬於「美國客家聯合會」成員。
頁面連結	無
連結網站	無
粉專人數	無
發文日期、內容及分類	
目前能搜尋到關於加州台灣客家同鄉會的明確資訊為，1998年出版的《客家傳承=加州台灣客家同鄉會一九九八年度大會》，再無其他資料。	

名稱	南加州旅美客屬崇正會
粉絲專頁基本資訊	
簡介	屬於「美國客家聯合會」成員。
頁面連結	無
連結網站	無
粉專人數	無
發文日期、內容及分類	
社團理事長參與活動被報導。	

名稱	北加州台灣客家會 http://taiwaneseamericanhistory.org/blog/taiwanese-hakka-association-of-northern-california/
粉絲專頁基本資訊	
簡介	北加州台灣客家會（THANC）是一個非營利，非宗教，非政治的團體。以聯絡北加州台灣客家鄉親，發揚客家文化，推展客家語言，提高客家意識與尊嚴，爭取應有權利，增進共同福祉為宗旨。本會是採用理事制，一切運作民主開放。理事會每月召開一次，由理事、顧問，幹事及熱愛客家事務的義工、鄉親們一起參加討論會務。理事任期兩年，會長任期一年，由理事互選產生。 屬於「北加州台灣同鄉聯合會」的其他協助會員。

頁面連結	http://tafnc.org/en/
連結社團	北加州台灣同鄉聯合會創立於1973年，本會成立的宗旨為：加強北加州台美人的聯繫，並對鄉親提供必要的服務。宣揚故鄉／台灣文化，以促進台美文化之交流。提昇台美人在主流社會的知名度，以加強對美國政府的影響力。本會每年定期舉辦的大型活動有：台灣傳統週——台灣文化節、促進台美的文化交流。春節聯歡晚會——聯絡鄉友之間的感情。本會已主辦或協辦的多種活動包括：座談會，如：醫學講座，教育講座，政治演講等，以充實會員的生活品質。賑災募款活動：為台灣九二八及颱風受災區重建，美國九一一事件救援遇難家屬，及國際社會重大災難等舉辦救濟募款工作。加入主流社會舉辦的公益活動、如食物捐贈、流浪漢照顧、為防癌協會及慈善機構當義工，設立低收入家庭學生獎學金，來回饋社會。台裔青少年的才能培訓，積極為國家儲備人才。為爭取台灣的民主、自由，舉行各種遊行，演講活動。TAFNC 共有八個團體會員：東灣台灣同鄉會、東南灣台灣同鄉會、舊金山台灣同鄉會、中半島台灣同鄉會、台灣協志會、北美州台灣婦女會北加分會、北加州台灣長輩會、矽谷台灣同鄉會。各團體會長為當然理事，由理事會推薦並選出聯合會的正副會長。本會的其他協助會員：FAPA北加分會、北美台灣工程師協會矽谷分會、北加台灣客家會、台灣教授協會北加分會、民進黨矽谷支黨部等。
粉專人數	無
名稱	加州客家長青會
粉絲專頁基本資訊	
簡介	屬於「美國客家聯合會」成員。
頁面連結	無
連結網站	無
粉專人數	無
名稱	休士頓客家會 Hakka Association of Houston
粉絲專頁基本資訊	
簡介	創設於2014年10月8日。
頁面連結	
連結部落格	http://classic-blog.udn.com/houstonblog 活動紀錄，2014年1月31日後便無更新。
粉專人數	579個讚，594個追蹤。
發文日期、內容及分類	
日期：2020年9月16日。「活動紀錄」（圖文） 第一篇內容：2016年10月至屏東客家大會。	
日期：2020年9月16日。「活動紀錄」（圖文） 第二篇內容：新竹義民廟。	

日期：2020年9月16日。「活動紀錄」（圖文） 第三篇內容：客家美食文化。	
名稱	北加州客家同鄉會
粉絲專頁基本資訊	
簡介	北加州客家同鄉會歡迎您！ 本會以聯絡北加州客家同鄉鄉親、促進鄉親聯誼、發揚客家固有文化及倫理道德、提高客家人的精神與尊嚴、爭取應有權益為宗旨。 本會以增進會員福祉、加強鄉親團結合作、守望相助為目的。 本會為非營利機構、非政治性組織、非宗教性團體。 凡認同本會章程、崇尚客家文化、願奉守本會宗旨並繳納會費者，無論性別、籍貫及年齡均得為本會會員。 凡繳交會費者及其配偶均享有當年之會員資格。 會員有繳納會費的義務、維護本會良好形象和名譽之義務、有恪守本會章程及奉行大會決議案之義務。 會員不得以任何形式或理由，利用本會名義，參加任何政治或宗教活動。會員有接受本會徵召，擔任本會指定工作之義務。 會員之住址、電話號碼、網址如有變更時，有通知本會之義務。
頁面連結	無
專屬網頁	https://sites.google.com/view/nchakka/home 網站在2019年10月6日後便沒有關於社團活動紀錄、最新消息等資訊。
粉專人數	無
名稱	美國客屬商會
粉絲專頁基本資訊	
簡介	屬於「美國客家聯合會」成員。
頁面連結	無
連結社團	無
粉專人數	無
名稱	北加州六堆客家同鄉會_ncsSixTeamsHakka
臉書社團基本資訊	
簡介	公開社團，創設於2017年9月26日。
頁面連結	北加州六堆客家同鄉會_ncsSixTeamsHakka
專屬網頁	無
粉專人數	21人
發文日期、內容及分類	
沒有維持內容更新，社團訊息以餐會活動為主。	

名稱	北加州台灣客家語文學校
粉絲專頁基本資訊	
簡介	無
頁面連結	無
連結社團	北加州台灣語文學校聯合會
粉專人數	無
名稱	三藩市崇正會
粉絲專頁基本資訊	
簡介	美國舊金山崇正會成立於1928年10月10日（正值中華民國雙十國慶日），由傅光榮、陳秉初、黃仲南、陳瑾章、陳秉閑、曾同興、魏球、沈庚、沈魁、黃如華、黎元慶諸先生發起籌款成立。當時，美國政府對華人移民仍有諸多限制，華僑不多，會員僅有二、三十人，大多數又屬勞工階層，收入微薄，華人尚屬少數弱勢族裔，地位不高。起初，該會僅能租一小室為會所，目的是為客屬會員聚會，凝聚會員為一家，團結合作，相互幫助，解決問題。如有困難，又因不諳英文，自己不能尋求政府有關機構解決，由本會出面協助。糾紛問題，會所協助調解，和平解決，以免勞民傷財。新來客籍移民，協助尋找工作，過境舊金山，或來旅遊，該會均樂意接待導引。休閒日子，聚首聊天，共敘鄉情，也可看看書報。每年定期舉辦旅遊，會員親朋參加，大家同樂。並融入社區僑團活動，以團結華人，凝聚力量，提高華人地位。每逢中國傳統節日，必定籌辦全體會員之宴會，歡聚同慶，也可紓解「每逢佳節倍思親」的情懷。會所成立後，立刻受到客籍人士熱烈歡迎，以致踴躍加入，會員日眾，於1954年購入奔回現址積臣街（Jackson St.）617號為會所。樓高三層，三樓為該會辦公、會議室，二樓為元老退休會員低租費住所，一樓設為參觀出租，以支持會所運作和補助會員福利開支。
頁面連結	沒有臉書粉絲專頁。
專屬網站	https://www.sftsungtsin.org/ 最後一則公開活動訊息為2020年11月15日。
粉專人數	無
發文日期、內容及分類	
網站內容以紀錄社團活動和客家文化資訊為主，與政府部門互動則有台灣總統府、客委會和僑務委員會的慶賀致電公告。	
名稱	**HAKKA PORTLAND 大波特蘭區客家會**
簡介	公開社團，創設於2013年2月10日。
頁面連結	無

專屬網站	無
粉專人數	24人
發文日期、內容及分類	
日期：2019年1月17日。「社團公告」（文） 內容：2019聯誼午餐共賀農曆新年活動通知。	
日期：2019年1月18日。「社團公告」（圖） 內容：更新社團封片相片。	
日期：2019年2月9日。「社團公告」（文） 內容：2019 2/8 11:30M 舊曆新年午宴菜單。	
日期：2019年2月9日。「社團公告」（圖） 第一篇內容：客委會賀年圖片。	
日期：2019年2月9日。「活動紀錄」（照片輪播） 第二篇內容：2019-02-08 波特蘭客家會新年聚餐！	
日期：2019年2月9日。「活動紀錄」（圖文） 第三篇內容：2019-02-08 波特蘭客家會新年聚餐！	
日期：2019年2月10日。「社團公告」（文） 內容：社團管理人心境分享。	
日期：2019年7月14日。「社團公告」（圖文） 內容：客家歌分享。	
日期：2019年8月10日。「社團公告」（文） 第一篇內容：聯誼午餐共享中秋活動通知。	
日期：2020年1月16日。「社團公告」（文） 內容：2020大波特蘭台灣客家會 - 農曆新年午餐活動通知。	
日期：2020年1月24日。「社團公告」（圖） 內容：客委會賀年圖片。	
日期：2020年2月7日。「社團公告」（文） 內容：理事長吳慶煌具名，公告取消2020大波特蘭台灣客家會 - 農曆新年午餐活動，延至三月。	
日期：2020年4月12日。「轉發客家訊息」（文） 內容：台灣客家廣播主持人陳雙分享「靚靚六堆」廣播節目開播。（非社團會員）	
日期：2020年4月21日。「轉發客家訊息」（圖文） 內容：藝術行銷公司分享新發客家音樂專輯。（非社團會員）	
日期：2020年5月1日。「轉發客家訊息」（圖文） 內容：分享新發客家音樂專輯。（非社團會員）	
日期：2020年5月22日。「轉發客家訊息」（圖文） 內容：分享新發客家音樂專輯。（非社團會員）	

日期：2020年6月14日。「轉發客家訊息」（影片） 內容：分享台灣客家節目影片。
日期：2020年6月21日。「轉發客家訊息」（文） 內容：分享台灣講客廣播電台app。
日期：2020年7月12日。「轉發客家訊息」（圖文） 內容：分享新發客家音樂專輯。（非社團會員）
日期：2020年7月25日。「轉發客家訊息」（圖文） 內容：藝術行銷公司分享新發客家音樂專輯。（非社團會員）
日期：2020年8月19日。「轉發客家訊息」（圖文） 內容：藝術行銷公司分享新發客家音樂專輯。（非社團會員）
日期：2020年12月29日。「轉發客家訊息」（影片） 第一篇內容：分享抖音客家影片。
日期：2020年12月29日。「轉發客家訊息」（圖） 第二篇內容：分享客家諺語。

第 4 章

美西台灣客家移民遷徙經驗

戴國焜　張翰璧

一、前言

　　客家人是一個遷徙的族群，這些從中國中原地南遷的族群到了福建、江西、廣東之交，形成最大的客家人聚居地區。幾百年來，這批操著不同腔調的客家族群向海外播遷，有一批客家人遷移到了台灣，形成了台灣客家人。這些落腳在台灣的客家人，因歷史時空關係發展出獨特的客家意識，與其他地區的客家人有不同的集體記憶。國民政府統治台灣初期，少數台灣人以留學名義往海外遷移，有部分客家人因此來到美國。在 1987 年解嚴之後，台灣逐漸對外開放，移民到美國的台灣客家人逐漸增加。時至今日，在美國形成了以台灣客家移民為主的社群。

　　從台灣移民到美國西岸的客家人，聚居地主要在加州北部的舊金山灣區和南部的大洛杉磯地區。本章將以遷移至這兩個地區的台灣客家人為例，分析他們的移民經驗，進一步探討美國西岸客家移民的在地化過程，

及其參與社團組織的經驗。然而，受到 COVID-19 疫情的影響，無法從事面對面的深入訪談。因此，本章所訪談的 21 位受訪者，除了少數一、兩位是面對面進行外，都以電話或視訊方式進行。訪談問卷由本書作者設計，共有五個部分：個人基本資料、移民原因、在地生活、在地客家人與客家相關議題和個人認同歷程。

　　這次訪談的受訪者中有三分之一是參與過客家社團組織創立過程，或是現任客家社團的負責人，部分人士提供社團組織的書面資訊，並接受本書作者的集體訪談。所有的訪談經過受訪者同意才錄音，並依個人要求刪去部分敏感和隱私內容。訪談經過整理並轉為文字，本章將依受訪者回答的內容歸納分析，並參酌受訪者提供的書面資料與網路上相關組織所發佈的資訊撰寫，描述美西台灣客家移民在地化過程與其社團組織概況。

二、美國台灣客家人的遷徙歷史

（一）受訪者基本資料

　　本章的訪談時間從 2020 年 12 月至 2021 年 6 月，共訪問 21 位。在台灣，編號 4 的受訪者接受了一次現場訪談，回到美國後又進行一次視訊訪談；其餘的受訪者訪談都在美國進行，其中編號 9 與編號 20 的受訪者為現場訪談，其他的受訪者都是利用電話或 Line 的通話功能線上訪談，訪談時間介於 15 分鐘到 2 個小時。全部訪談內容錄音均轉為文字檔以便進行分析，受訪者基本資料參考表 4-1。

　　21 位受訪者的性別分布，為 14 位女性，7 位男性，婚姻狀況除了一位未婚，其餘均為已婚，只有一位配偶是非華人或華裔。學歷的分布，博

士 1 位、碩士（MBA）3 位、大學 6 位、大專 7 位，高職 3 位，1 位不明。其中，博士和 3 位碩士是在美國獲得之學位。受訪者的出生年介於 1931 年至 1980 年，人數最多的是介於 1961 至 1965 年之間，有 7 位。移民來美的最早時間是 1964 年，最集中的時間是 1986 至 1990 年，有 6 位。21 位受訪者平均年齡為 34 歲到 76 歲，以平均數看男女移民年紀沒有顯著差別。然而，個別分析女性，在 30 歲前移民來美者有 9 位，30 多歲者 2 位，1 位 42 歲，2 位分別是 55、56 歲。年輕移民女性多半是來此留學或結婚定居；而兩位 55 歲以上移民來此者，都因子女來此讀書後定居，他們退休後到美國享受天倫之樂。

　　受訪者中有 9 位是退休人士，9 位在職（受僱 6 位；3 位是自營雇主），2 位家庭主婦，1 位就學。主要居住在大洛杉磯地區（18 位）、3 個屬於舊金山灣區。大洛杉磯地區有 3 位住在 Monterey Park，住在 Rowland Heights、Hacienda Heights、Alhambra 和 San Gabriel 的各有 2 位；其餘分別在 Rosemead，Arcadia，Los Angeles，Diamond Bar，Walnut 和 Orange County。灣區的 3 位分別住在 Castro valley、Fremont 和 Jan Jose。從這些受訪者所居住的城市可以發現，客家人移民美國西部都是華人聚集之地。這些地區華人生活機能健全、學區好，房地產價格與台灣都會區房價差不多。從受訪者所居住的地方可以看到移民網絡的地緣性。

（二）移民的原因

　　21 位受訪者移居美國的方式，有 9 位是依親、7 位是留學、2 位是技術移民（應聘）、2 位是結婚（配偶是美國人）、1 位是投資移民。根據受訪者說主要的移民原因有下列幾種：

表 4-1　北美大洛杉磯、舊金山地區客家移民受訪者基本資料一覽表

編號	出生	性別	原籍／腔調	職業	教育程度	宗教信仰	父親族群
1	1962	女	關西／海陸	美髮		佛教	關西客家
2	1941	女	竹北／饒平	退休	博士	基督教	六家客家
3	1956	男	苗栗／四縣	貿易商	大專	民間信仰	苗栗客家
4	1958	男	苗栗／四縣	自營公司	大學	民間信仰	頭屋客家
5	1950	男	關西／海陸	退休	大學	民間信仰	關西客家
6	1933	男	北埔／四縣	退休	大專	民間信仰	北埔客家
7	1954	男	湖口／海陸	退休	大專	民間信仰	湖口客家
8	1961	女	竹東／海陸	退休	大學	民間信仰	竹東客家
9	1949	女	湖口／四縣	自營公司	大專	天主教	湖口客家
10	1945	女	湖口／海陸	退休	高商	佛教	苗栗客家
11	1966	女	中壢／饒平	會計	高商	無	埔心客家
12	1954	男	內埔／四縣	退休	高工	佛教	內埔客家
13	1962	女	內埔／四縣	退休	MBA	禪修	內埔客家
14	1962	女	新竹市／海陸	服務業	大專	基督教	新竹客家
15	1963	女	台北市／四縣	受雇	MBA	禪修	湖口客家
16	1962	女	公館／四縣	家管	大學	民間信仰	公館客家
17	1979	女	湖口／四縣	學生	大學	無	湖口客家
18	1965	女	竹東／海陸	護理師	MBA	天主教	江西客家
19	1953	女	花蓮市／四縣	退休	大學	無神論者	竹東客家
20	1955	男	台北市／海陸	導遊	大專	一貫道	新屋客家
21	1948	女	尖山／四縣	家管	大專	無	苗栗客人

母親族群	婚姻	配偶族群	婚齡	子女	移民年	訪談日期
客家人	離婚	客家	20年	1男1女	1983	06262021
芎林客家	已婚	閩南	60年	2男1女	1964	06282021
苗栗客家	已婚	閩南	35年	1男1女	1987	04172021
三義客家	已婚	客家	33年	3女	1980	04062021
關西客家	已婚	1/2客家	44年	2男1女	1989	12252020
峨嵋客家	已婚	客家	65年	1男1女	1977	04182021
湖口客家	已婚	客家	40多年	1男	1987	04122021
竹東客家	已婚	閩南	38年	2女	2015	06262021
富岡客家	離婚	江蘇	20年	2男1女	1978	04242021
新埔客家	結過婚	不詳		1男1女	1977	06272021
中壢客家	已婚	浙江	34年	2男1女	1988	06242021
竹田客家	已婚	客家	42年	2男1女	1994	04172021
萬巒客家	已婚	蘇州	31年	1女	1989	04232021
中壢客家	已婚	客家	30幾年	1男2女	2003	06242021
竹東客家	已婚	閩南	30年	2男	1988	04282021
公館客家	已婚	非客家	32年	1男1女	1990	04282021
浙江	已婚	秘魯	10年	無	2004	06292021
竹東客家	未婚			無	2000	04122021
桃園客家	已婚	台山	40年	2男	1980	06262021
新屋客家	喪偶	外省	33年	1男	1982	04082021
苗栗客家	已婚	閩南	40多年	3男	2003	06262021

1. 出國讀書：在 1976 年之前，台灣學生出國留學均須通過教育部所辦理的「留學生考試」，該考試直至 1987 年解嚴才廢除，之後只要有經濟能力就可以辦理出國留學。受訪者以留學名義出國者，以 1970 年代這個年齡層的人數最多，可以說明台灣當時經濟起飛，年輕人在大學畢業後有能力出國讀書。編號 18 的受訪者說：「在衛生所上班時，我覺得我能力侷限，就出國讀書。」編號 19 的受訪者也是來美國轉換跑道的：

> 之前我在台灣我是讀藥學系的。所以我在台灣是做藥師。在醫院呀！藥廠上班。我來美國，我 27 歲的時候，1980 年嘛！我就以留學生的身分來美國，……後來我就轉讀工程，Cal State LA 讀工程系。

2. 子女教育：移民的原因除了為自己找尋好的生活或就業環境之外，有三位受訪者表示是為了下一代。編號 5 的受訪者說：

> 我就看到我的小孩子，那時候已經上學了，我就覺得說，哎呦！那麼辛苦，書包背了那麼大！然後我就說，那我太太說，蠻辛苦的，因為我會做美國生意的，常常去美國，看到美國的環境這麼好，我就跟我太太商量說，那不然的話，我們搬到美國去好了，給小孩子在美國讀書……。

編號 7 的受訪者指出：「來到這裡的目的就是這樣子，為了小孩子。」編號 10 的受訪者同樣表示：「那時候是因為小孩子啊！補習補得太厲害。」

3. 家人團聚：有些移民是因為子女在這裡就學就業，或父母、兄弟姊妹在此，選擇移民與親人同住。編號 7 的受訪者說他太太的父親在美國，他太太堅持要移民過來，「我老婆要移民過來，你拿她沒辦法。」編號 20 的受訪者也說是太太的家人要他們一起過來的。編號 8 的受訪者則是因為兩個女兒在美國，來這裡探親，女兒就幫她們申請綠卡，「我先去明尼蘇達，……我大女兒在那邊工作，幫我們申請綠卡。」

4. 政治因素：早年國內政治環境特殊，有些人選擇離開台灣，「這個我們一出來絕對不回去的，絕對不回去。」（編號 2）有部分受訪者表示移民來美國是因為台灣的局勢不安全，「後來不是 1980 年就出國嘛！因為中美斷交，我想說還是到國外好，到國外來……」。（編號 19）

　　當問到美西有多少台灣的客家人時，絕大多數的受訪者對洛杉磯或灣區的客家人數目，都無法提供確切或大概的人數。即使是客家社團組織的負責人，提供的資訊也可能相互矛盾，訪談時的前後資訊不一致，「美國西岸南加州大洛杉磯地區約有廣義客家族群 5 到 6 萬人，其中來自台灣的保守估計超過 3 萬人。」在另一段訪談時卻又說：「美國西岸南加州大洛杉磯地區約有廣義客家族群 5 到 6 萬人，其中來自台灣的保守估計超過 1 到 2 萬人（洛杉磯）。」「南加州台灣客家會」胡永全會長，則是以家庭為計算基礎，「很多，沒有正確的數字，大概有上萬人，本會有 600 個家庭成員。」編號 1 的受訪者於 1983 年時移民洛杉磯，開始從事美髮工作到現在，她的顧客都是華人，尤其是台灣來的人。當問及顧客中有多少比例的客家人時，她回答說：「差不多 20% 吧！」這與台灣 2016 年客家人口普查「全國客家人口比例為 19.3%」相近。如果以此推算，大洛杉磯地區，5 個台灣移民中就有 1 個是客家人。

　　21 位受訪者主要來自兩個地區：北部桃竹苗的有 18 位，南部六堆

地區的有 2 位，另一位雖來自花蓮，祖輩也是從新竹竹東遷移至後山的。
來自兩個不同客家地區的移民都趨向台灣居住地的原鄉認同，訪談過程
中，問說附近有客家人嗎？編號 20 的受訪者答：「有，那些地方有。像
Walnut 啦！東邊那邊都有，湖口幫啊！」經過他的引介，得以訪談到其
他湖口移居到此的客家人：編號 7、9、10、17，都來自新竹湖口。編號
7 的受訪者談到移民的生活時說：「說苦也不是苦，苦是苦不錯，但是說，
心理上很不會安慰啦（？）（他就是這樣說，客家話沒有比較貼近的華語
表達方式）。我現在遇到你，我很高興啊！我的心態，我會很高興，自己
故鄉的人，我不敢說你來照顧我什麼東西。」尤其是上了年紀的受訪者，
以客家話問候，聽到客家話，都非常激動。

　　另外一部分客家移民來自南部六堆地方，無論大洛杉磯地區或灣區，
南部台灣客家移民，除了少數同事與社團關係，少與北部客家移民接觸，
台灣居住地的地域觀念，從台灣延伸到美西地區客家社團活動與客家人之
間的互動。編號 12 來自南部客家地區的受訪者，當問到參加客家會活動
的情形時，回答說：「嗯嗯……看起來，參加也不是說不好啦！但是，要
融合不容易。」相對於南部客家人，北部來的編號 9 的受訪者表示：「沒
有，他們和我們不來往，但是他們有一個美濃同鄉會，但是他們和我們
不交流……。」編號 10 受訪者談到南部客家人參加「南加州台灣客家會」
的情形時同樣表示：

> 可是他們美濃的，劃分比較清楚，他們不跟我們桃竹苗的人在一起。
> 我覺得比較自私的樣子，我感覺啦！因為來在洛杉磯這麼多年了，我
> 知道啊！每一次我們聯誼會齁！過年的年會，我們都會發那通知單給
> 他，最多來一個，其他的人都不會來。

（三）客家移民的認同

　　相對於美西客社團活動中的地域性區隔，客家移民被問及客家認同時，得到的答案大部分是認為自己從小就是客家人，所以認同從小時候就開始了。編號 16 的受訪者說：「什麼意思我聽不懂，我為什麼？我還要認同呢？我自己就已經講客家話了，我出生就是客家人，還要怎麼認同？」雖然大部分受訪者的客家認同從小就有，但這種認同的觸動與強度卻因人而異，有些人沒有特別的感受，有些人則是受到刺激之後，認同開始增強。編號 3 的受訪者認為，他的客家認同是從「還我母語〔運動〕」開始的，而編號 4 的受訪者說：「小時候在台北成長，同伴會罵我：『客人仔』。那時候，父母告訴我們，他們（閩南人）把我們和原住民同等看待，開始反省，自己要努力才能被人看得起，出現認同客家。」

　　編號 17 的受訪者表示，雖然從小認同自己是客家人，但她「覺得這種認同是隨著時間的那個，怎麼講，時間的增加，……也不會變成濃厚，因為……生活環境的改變，族群的改變，所以導致對認同的也改變。」編號 9 的受訪者卻是來到美國才開始有客家認同，「我真的是來了美國我才有，在台灣我都還沒有這麼強烈，根本沒概念，認為說隨手可得的。」比較有意思的是編號 15 的受訪者，希望以客家認同解決下一代認同的混亂。

　　我覺得我是真的是快到差不多中年的時候，我不知道，我覺得我可能真的很晚，我其實，在我年輕高中大學生時候，我很，我是我有一點反客家的，漸漸的來就有些參加客家同鄉會，而且自己的孩子，他也面臨，他要不要是個台灣人，還是中國人，還是台灣人，還是客家人的時候，我忽然覺得把我自己的問題突顯出來。因為我的孩子他更混亂。那我這麼簡單，那我為什麼不去認同呢？

編號 2 的受訪者指出，族群認同需要表現在行為上：

啊！認不認同齁！是你自己本身無形中你的行為，就會表現出你客家
人的特質，什麼是客家人的特質呢？我不知道別人是不是這樣，但是
客家人好客，很好客啊！他很勤儉，任勞任怨，不會埋怨別人，自己
做好自己本份的工作，如果有多餘的精力，你就是再擴散出去，你就
是不求任何功勞跟回報，你就是繼續做，在客家會裡面我看到像梁政
吉這些人，就是客家人的特質。

從上面編號 2 的受訪者提到客家人的特質是「好客、很勤儉、任勞任
怨」，那其他的受訪者又以什麼特質或元素來標榜客家呢？從受訪者回答
中出現正面的用語包括：勤儉、刻苦、勤奮、積極、樂觀、純樸、硬頸[1]、
堅持、忠孝、忠義、敬老、尊賢、包容、團結、好客、任勞任怨；負面的
用語：小氣、吝嗇、自私、硬頸、凶悍、不大方、不慷慨和重男輕女。

大部分的受訪者都認為「刻苦勤儉」是客家人的特質，為什麼客家
人會被認為有這樣的特質，編號 15 的受訪者是從中原遷徙的角度定義客
家文化特質：

我們從中原一直搬一直搬，跑到南邊，可是我說因為每個地方人家都
先占了好的地方，所以客家人一直都住在山區，這都是住在最貧瘠的
地方，所以養成客家人一個非常堅韌、刻苦、勤儉的民族性，因為你
不這樣子不能生存。

1　硬頸，對於客家族群而言是一負面的用語，現今有部分人把它當正面的用
語來形容客家人。

　　編號 5 便自認為是一個節儉的人，即便移民到美國後事業有成，仍然奉行這樣的生活理念：「我們客家人的節儉，像我的話，我自認為我的環境非常好，但是呢，我的錢都不隨便亂花的。」

　　但是也有受訪者認為，雖然刻苦勤儉是客家人普遍認知的優點，但是客家人也有令人難以接受的缺點，編號 19 的受訪者認為是「重男輕女」，「像現在我媽媽老了，我爸爸走了，分財產，……女兒是男生的四分之一呀！男的都是我們的三倍。我爸爸一走，還沒出殯，我都已經要填寫那個放棄繼承，代書就來了。」

　　有兩位受訪者也強調了客家人的缺點，也都是從「刻苦勤儉」另一個角度來說，編號 17 的受訪者說：「人家說客家人很勤儉，讓人家知道勤儉或許是另外一個很吝嗇。」編號 9 的受訪者則是這麼說：「這一點，勤儉刻苦耐勞沒錯，所有提到客家的都是有的人說我的，我的親戚我的什麼的都是客家人，客家的女的都是女的，都是很刻苦耐勞很勤儉，反過來講就是比較小氣，不是大方，不是慷慨的，是較吝嗇的。」

　　另一個比較兩極的議題是「團結」，有些受訪者認為這是客家人的特點，編號 16 受訪者的意見：「我所謂的的團結，……這是那種，人不親可是語言親的那種感覺，他們就會多一份親切，因為你是客家人。」而編號 2 的受訪者卻認為：「客家人跟別人哪！客家人 tend to get together among 客家人，不太打開大門，歡迎別人進，他們只有照顧他們自己，相當的自私。」

　　受訪的客家移民也會以客家話、歷史、飲食文化、習俗、基因、血源來標榜自己族群的獨特性，像是：台灣客家人是從中原遷到南方、到台灣；基因和血統與其他族群不一樣；客家典型的飲食或客家菜；客家婦女不纏腳的習俗。從上述訪談可以看到，客家人對於客家認同的形成，以及客家文化的特質，與其他族群的認同形成和對客家文化的看法，沒有太多差別。

（四）在地文化認同

在堅持客家認同的同時，客家移民在這裡融入在地文化的情形又是什麼狀況？這一部分從受訪者的宗教信仰、使用語言、慶祝節日、閱聽媒體和飲食習慣等幾個面項，分析受訪者接納異國文化的程度。

1. 宗教信仰：客家人一般認為是很難接受其他宗教信仰的族群，從台灣遷移來此的客家人，大部分是拿香拜拜，以沒有嚴格入教儀式的民間信仰為多。受訪者中有 11 位是沿續台灣的佛教或民間信仰，信耶穌者 4 位，回答無宗教信仰者 3 位，1 位強調自己是無神論者。11 位民間信仰者，極少數有在拜祖先，編號 7 受訪者這樣說：「過年拜，屋下是會拜，不是說三牲啦！你像，也會拜一下啦！對天空拜，那樣子。就這樣子，念一念，已經很那個了。」

編號 6 的受訪者則說：

> 阿公婆嗎？沒有啦！我有帶來啦！我那名字有那個紅紙，⋯⋯印過來，⋯⋯我兒媳和我說啦！你要是按上去，比如，⋯⋯或怎樣，什麼人幫你接？沒人要接了。現在，是這樣的情況啦！我被她說了以後，我是沒有做了啦！⋯⋯我是自己安太歲，太歲自己有啦！再來觀音娘啦！我家裡有拜啦！是這樣啦！

雖然沒有拜祖先，有移民每逢故鄉清明掃墓一定會回去，前述編號 7 受訪者說，疫情之前他每年都會回去掛紙，像他這樣保持傳統客家宗族思想的畢竟少數。人到了一定年紀總是希望有心靈寄託，受訪者中有 5 位到這裡以後才接觸宗教信仰，因而入教或從事宗教活動，有 2 位信基督、2 位從事禪修、另外 1 位則信奉一貫道。即便是信耶

穌，他們都是到華人教會。

　　大多數的受訪者沒有因為移民到美國便接納這裡的信仰。正如編號 12 受訪者所言：「沒有，我們信佛教。來這裡，有教會的朋友，但是沒法度接受，就那種沒辦法接受，就不會去，但是還是好朋友。」

2. 使用語言：美西聚居很多華人，來此地的客家移民不一定要英語流利，但如果要謀生找工作，不會講英語就會受到限制。編號 12 受訪者談到在這裡找工作的情形：「我打工，找看有沒有台灣人開的公司嘛！來的時候英文不好，40 多歲來，英文不好，小孩子，還小，沒賺錢的本錢，就想辦法，有工作就去做。」像他英語不夠流利的客家移民，只能在華人圈找工作，打零工、開餐館、做美髮之類的工作。

　　受訪者中只有編號 19 是家裡全用英文，她先生是第三代的華裔，不會說中文，所以和先生、小孩都用英語，反而希望找一個說中文的社團，她說，「所以我一直覺得我雖然住 Monterey Park，我的朋友都英文團的。都講英文的。所以，我就想參加一個講中文的，台灣人。」畢竟英語不是他們的母語，第一代的移民還是以母語為主要的溝通語言，編號 7 的受訪者說：「你看我的小孩子，在美國還會講客家話。那要看你父母有心沒心。阿爸阿母有心就可以，沒有心就很難。我和他們講客家話，講客、講國語。」

　　像他這樣堅持用母語的總是少數。即便如編號 2 的受訪者認為母語非常重要，但是還是讓母語流失。

　　啊！一個語言，當你中斷以後，要把它收回來，就像水潑出去，都收不回來了。也需要長期的訓練，唯一的就是，讓他們覺醒，讓父母親覺醒，盡量把你的母語，在家，一定要讓你的孩子，不要中斷，這是我的期待，雖然我自己沒有辦法做到……。

編號 15 的受訪者說，她爸爸媽媽客家人、公公婆婆閩南人，每次都會質疑她為什麼不教他們說客家話或台語，她說，為了讓小孩子學中文、講國語，母子都快要反臉了。移民第一代通常很難像第二代那樣使用在地語言，語言是文化的象徵，如果沒辦法完全用他們的語言，要融入在地社會是一件困難的事。就如同編號 4 的受訪者說：「剛來只懂 5% 的英語，現在會 95% 的英語，所以我可以在這裡跟在地人做生意。」

3. 慶祝節日：編號 20 的受訪者說，他的生日是 10 月 31 日，以前在台灣是「總統華誕」，到了美國之後變成「萬聖節」（Halloween）。在美國只有在唐人街偶爾會有慶祝華人節日的活動，除非剛好碰到假日，一般華人的節日沒有放假。所以這裡的台灣移民，頂多在過年相約吃頓飯，或是端午、中秋的週末，客家社團組織在公園裡辦烤肉活動。但是西洋的節日，因為是假日，家裡有小朋友都會慶祝。編號 15 的受訪者說：「有啊！什麼都沒有少吃呀！Halloween 的火雞一定要吃、Christmas 的禮物，Christmas 的樹 12 月初一定要搬回來。」

編號 9 的受訪者說：「我跟我兒子講好，娶媳婦時就講好，過年，我們中國年在老大家，他比較傳統，那耶誕節在老二家，比較小接觸美國的思想。那感恩節就在我家，三個節就這樣子，那其他的節日就隨便。」慶祝節日是一種形式，這裡看到第一代移民賦予過節背後不同的東、西文化精神。

4. 閱聽媒體：利用電視為媒介的有 9 位，有 8 位的受訪者還會買報紙，被指名的報紙有：《世界日報》和《大紀元》。大部分受訪者都會用手機和網路獲取資訊，只有 1 位表示在開車時聽這裡的華語電台 1300 頻道，接收生活資訊；有 2 位受訪者只接收美國新聞，不看華語新聞；只有 1 位不看新聞和使用網路。除了最後 3 位受訪者外，其餘的

受訪者都會用不同的媒體獲取國內的訊息，而他們提到的有 You Tube 平台，華語電視台；新聞來源有：PBS[2]、中天、三立、民視、東森、台視、中視和華視等，還有在網路訂閱的新聞性節目。

　　從受訪者閱聽媒體的情形發現，台灣客家移民絕大多數會關心國內時事，至於客語的節目，只有編號 7 的受訪者表示：「不知道是東森，還是那個，有客家台，有講四縣和講客家話的，以前全部講四縣，現在講海陸，⋯⋯早上還看到，是呀！講些有的沒的，煮食的，什麼東西的，那樣子。」

5. 飲食習慣：編號 5 的受訪者談到有一次在客家會辦活動的情形：

> 有一天，我在僑二中心辦活動，那天來了有 1,000 多個人，我看到有一兩個人在那邊哭，邊吃湯圓，邊吃粢粑，在掉眼哭。我就問他說：「你有什困難？」他說：「不是，我來美國 18 年，第一次吃到吃到湯圓，第一次吃到那個粢粑。」哎呀！我說，我真感動。

　　湯圓、粢粑代表故鄉味道，在美國的生活過得也許比國內富裕，但要吃到道地的家鄉口味就不是那麼容易。那自然流落的眼淚，代表「身在異鄉為異客」的複雜心理。所有受訪者的日常飲食中都吃中式食物，比例從 100%、99%、70% 到三分之一都有，有 1 位受訪者說他隨便吃，有三位受訪者特別指出了客家菜。如果以飲食習慣來看，這些客家移民提供美國社會另一種飲食文化，豐富美國這個民族大熔爐的多樣性，也說明第一代移民接受移民社會在地飲食的困難性。

2　PBS（Public Broadcasting Service），公共廣播電視公司，也譯作「美國公共電視網」或「美國公共電視台」，是美國公共電台和電視台節目發行管道。

三、客家社團組織發展

（一）社團組織回顧與現況

　　受訪者中有 7 位參與在地客家社團組織的運作，有的甚至是當年創會元老或會長，有的是現任客家會會長，對於洛杉磯台灣客家移民社團組織的發展不僅有深刻的認識，並且身歷其境。至於創立這個客家同鄉會的背景，編號 20 的受訪者說：「楊貴運他當過阿扁政府的國策顧問。他是最早期的 1978 年正式成立客家同鄉會。在這之前就是個小小的家庭聚會。」依據 1991 年 1 月出版的《南加州台灣客家會會刊》（*Taiwan Hakka Association of Southern California*），當時的會長林金本的文章中提到：「南加州客家會成立淵源，乃係早期留學生楊貴運博士，於其第二度抵美留學，學成任職後，自一九六七起，其昔日學生經常至其府上聚會，至一九七八始成立客家同鄉會，由楊博士擔任會長。」（林金本 1991：1）該社團組織於 1985 年由簡林美枝女士擔任會長，並於 1987 年登記為法人機構，同年 10 月 25 日召開登記後第一次會員大會，並由簡女士在與何啟垠同票情況下抽籤，繼續擔任會長。事隔不久有人質疑該次選舉之有效性，因此隔年 1988 年成立了「美西台灣客家會」，由何啟垠先生當會長（羅煥瑜 2005：13）。

　　據編號 5 受訪者的回憶：

　　那個時候，是美西跟南加，我跟你講，美西的創辦人叫何啟垠，去年剛過世，南加的創辦人就是鍾金榮，跟那個梁政吉，他們的那幫人，本來一個是黨外，南加是黨外的，美西是國民黨的。那時候還沒有，哦！有有有，民進黨剛剛在成了啦⋯⋯。

從上段回憶中隱約透露出南加州客家社團組織的結構性，這種結構性也是國內政治現況的延伸。因此，當問及現在有沒有參加客家會活動時，編號 9 受訪者有這樣的答案：

沒有，都沒有，我也可以明講為什麼，剛來的，包括我前夫，我那個表哥，在帶我參加客家同鄉會，那是第 1 次，那個前夫我們都去了。給我看到一個現象在吵架，那個吵架就是有點像民進黨跟國民黨那樣，差不多。那個時候就是規模小一點，到底你是誰是國民黨，我搞不清楚，那時候我根本沒有那種概念，所以我印象不是很好，但是一直到現在好像這個因素都還在。

兩個客家會在 1990 年一度合併為「美西南加台灣客家會」，但好景不長，隨著領導者意識形態的消長，1995 年又有人從「美西南加台灣客家會」出走，另組「加州台灣客家同鄉會」（Taiwan Hakka Association of California），而「美西南加台灣客家會」向州政府更名為「南加州台灣客家會」（Taiwanese Hakka Association of Southern California），同時存在於台灣客家僑社。「加州台灣客家同鄉會」在邱啟宜會長任內成立了「美國加州客家聯合會」，下屬包括：「全美客屬崇正會」、「南加州旅美客屬崇正會」、「客家長青會」、「北美州客家文化學會」、「大洛杉磯客家文化協會」、「加州台灣客家同鄉會」、「美國客屬商會」和「客家園藝盆景學會」。

這些聯合會的成員名義上是社團組織，但實際運作上是個人活動，關於這個問題，本身仍是聯合會成員「大洛杉磯客家文化協會」會長的編號 18 受訪者這樣說：「聯合會那邊，每一個會長就是一個人啦！講起來是聯合會，感覺很多人，但是事實上，他們有八個會，當會長就是八個人。」這個客家文化協會，平時還會辦些活動，不過已非針對客家移民

了，她說：「像我星期三做的話，就是醫院。醫院就有人 donate 那個咖啡給我嘛！那我就想到那個醫院的工作人員，在一線很辛苦，所以，我就 donate 到醫院去。就是這樣子。」基本上，這個聯合會目前幾乎是停滯狀態，對於這個問題，當初創會的編號 3 受訪者說，這與「大洛杉磯客家活動中心」的法律訴訟有關。他說：

> ……大洛杉磯客家活動中心跟客家會館暫時休館，現在休館，所以你現在在洛杉磯看到的是我們客家社團最低潮的時候，……主要為什麼這三年在沉靜，當然疫情除外，就說因為我們老一輩的他們有法律的訴訟，……因為這裡面有牽扯到幾百億台幣財產跟各方面，捐贈者各方面……。

這裡談到的法律訴訟、客家活動中心與客家會館跟「客家基金會」有關，據羅煥瑜先生〈客家同鄉會之回顧〉一文提到：「2002 年間，姜鏡泉、黃春梅夫婦鄉賢慷慨解囊，提供巨額資金購地籌建客家會館，因此成立了『客家傳統文化』基金會，……基金會的宗旨：設立客家人活動中心……」（羅煥瑜 2005：13）。這個基金會後來被有心人利用涉及詐騙，姜老先生夫婦後人及相關人等尚處於法律訴訟階段，雖然部分產權得以保全，但法律程序尚未走完。所以，目前「加州台灣客家同鄉會」，包括「美國加州客家聯合會」屬下的客家會，是較沉靜的社團組織。另一邊的「南加州台灣客家會」，在洛杉磯客家僑社中是較顯性的客家社團組織。

除了以北部客家人為主的兩個社團外，大洛杉磯地區還有一個南部美濃鎮客家移民所組織的「美濃客家同鄉會」，該會前會長吳照德先生因高齡 80 多歲，無法做完整的訪談，只簡單回答了筆者的問題：「該會由旅居洛杉磯的美濃人組成，每年 9 月的第二個星期天舉行聚會，以國道

605 分東、西、南三區，分別由不同的人發函通知各區的美濃移民聚會，以 pot luck 的方式進行，參加的人數 100 到 120 人之間。」很遺憾這次訪談沒有獲得美濃客家移民的樣本。

北加州的客家社團組織規模沒有南加州大，社團組織成立的時間也超過了四十年，其發展歷史可能與南加州客家社團相似，只是筆者沒有訪談到社團的負責人或創始會員。就目前瞭解的情形是，有一個「北加州台灣客家同鄉會」（Northern California Hakka Association）和一個「北加州台灣客家會」（Taiwanese Hakka Association of Northern California），前者創立於 1981 年，據稱有會員 1,000 人，「會員大部分來自台灣，也有一些來自五湖四海」[3]；後者也宣稱創立於 1981 年，並在 2000 年改組為「北加州台灣客家會」，「有 212 戶基本會員，都是從台灣移民來此。」[4] 據編號 15 的受訪者引述其 90 歲高齡父親的話：「我記得前面的客家會包括大陸的客家人，後面的是純粹台灣客家人所組成，兩會好像都沒有政治色彩。」老先生這段話，前段符合前述兩會會員性質的宣示，後段「都沒有政治色彩」應是有所保留之語。

除了以上兩個主要的客家社團組織外，南部客家移民也組織了一個「北加州六堆同鄉會」，成立於 2007 年，據稱目前有成員 140 人[5]，編號 13 受訪者新近加入該會，向筆者展示的會員通訊共有 84 位會員。另外，據

3　https://www.hakka.gov.tw/Content/Content?NodeID=2769&PageID=43698 客委會資訊，取用日期：2021 年 7 月 10 日。

4　https://www.hakka.gov.tw/Content/Content?NodeID=2769&PageID=43761 客委會資訊，取用日期：2021 年 7 月 10 日。

5　https://www.hakka.gov.tw/Content/Content?NodeID=2769&PageID=43713 客委會資訊，取用日期：2021 年 7 月 10 日。

編號 16 的受訪者表示：「我們這邊有客家同鄉會很多，我們現在活動還有一個客家合唱團。……『北客師』，北一女，加客家，加師大，三個合唱團聯合一起來表演，以前一直每年都會有公演。」至於還有哪些客家社團，因受訪者不足，難窺全貌。

（二）在地客家社團組織面臨的困境

《全美台灣客家會章程》[6] 成立的宗旨為：1. 發揚客家優良文化及傳統精神；2. 促進客家鄉親團結合作；3. 促進台灣自由民主化，爭取少數族群權益及尊嚴；4. 增進所有台灣人之和諧團結，提高台灣人之國際地位[7]。以上四項主張說明台灣客家海外社團組織之成立目的，然而回顧美西客家社團組織之發展與現況，雖然有心於客家社團組織之人士投注心力，但是離訂定之目標尚有一段距離。從訪談過程不難發現，美西客家社團組織面臨以下這些困境：

1. 移民環境與客家人的族群性

台灣客家移民至美國，除了少數是被迫離鄉背井外，大部分都是追求個人人生發展，以及為下一代創造更優質的生活條件。以自身的能力投入移民社會獲得成就，而留學生學得一技之長能在海外安身立命，這與早

6　全美台灣客家會（Taiwanese Hakka Association of U.S.A.），簡稱為 THA-USA，成立於 1988 年，於 2007 年改名為美洲台灣客家聯合會（Taiwanese Hakka Associations of America），簡稱 THAA。

7　〈全美台灣客家會章程〉，《全美台灣客家會》創刊號，全美台灣客家會，1993，封面內頁。

年華工移民情況已不可同日而語。因為美國社會爭競激烈，生活緊張，大部分的客家移民沒有時間參與社團活動；此外，客家人保守的個性，對參與社團意願並不高。

當問到有沒有參與客家社團時，編號 12 的受訪者這樣回答：「沒，那裡有閒，人說的，個個吃頭路，自己過自己的日子，就這樣而已。」而編號 15 的受訪者回答說：「我會，我會想要參加，可是我那時候因為小孩還小，然後我又要上班，我根本，我不會有時間，……。」編號 7 的受訪者：「我有時候會去，我來的時候正要打拚，我又沒在這裡，我在外州那裡。」另外，客家人個性保守者為多，真正參與客家社團的不多，編號 10 的受訪者說：「我跟你說，一些，就像我知道，參加客家會這麼多，二十多年了，給我的感覺，有的客家人，他不會來，很奇怪的客家人，就像怕人知道他是客家人的樣子……。」。

雖然多數客家移民參與客家社團組織有崇高的理想，但不可否認的，有少部分的人為了生存，不免有爭名奪利的情形發生，這點也是海外客家社團難以發展的最大因素。編號 7 的受訪者被問到移民來此有沒有受到客家人幫助時說：「誰來幫忙你，這邊，你沒有來你不知道，吃人哦！全部吃人哦！我跟你說。人家說老僑欺負新僑，不是假的東西，我跟你說，我自己遇到呀！」另外，編號 5 的受訪者不諱言說：「老實講啦！要怎麼講，你呀！就像有一個那那個壞東西，那我們怎麼會團結呢？」受訪者之言，不禁令人想起「客家基金會」的訴訟案。這就是編號 2 的受訪者所關注的問題：

但是唯一的，非常遺憾的，我告訴他們帳目要公開，They didn't, then I don't like it at all. 你有收人家，你收會費多少錢，開支多少錢，一年開這個大會，有一大堆客家人，你就應該把它用布條寫下來，誰捐了多

少，總共收入是多少，這個要求並不過分。但是，這是美國的精神叫做 accountability，對不對，你可以把這些話寫給我們同鄉讓他們知道，你說，這是應該的嘛……。

2. 意識形態之影響

從在地客家社團組織的回顧與發展不難發現，客家社團成員間存在嚴重的意識形態之爭。在地客家人延續了國內意識形態信仰，即使移民到了新大陸也不放棄自己的堅持。編號 20 的受訪者用一句客家話形容這個情形是：「牛欄肚鬥牛嫲啦！」這種意識形態摻雜著政治色彩，因此政治資源成為社團組織爭取的目標，國內政黨輪替時，也影響在地客家社團組織的結構。編號 3 的受訪者敘述他在推動客家活動時遇到的問題：

> 就像我要去瞭解聖地牙哥他們對台灣政府的想法不一樣，因為聖地牙哥那邊很多本土人士，科技人士，所以他們很排斥台灣僑委會，因為他們僑委會，那時候執政黨台灣有藍綠執政嘛！他們曾經拒絕台灣的政府過去，不給他們拜訪……。

關於政治涉入客家社團組織，編號 7 的受訪者說：「不要摻到政治啦！我很怕，要摻雜到政治，那就麻煩了。那就會拼死拼活，最早最早，那時候我還在這裡，那時候是 88 年還是 89 年，那時候把政治摻到裡面去，那拼死拼活，很激烈……。」意識形態之爭不只國內的藍綠，海外客家社團組織還存在中國客家與他國客家移民，他們在此地有不同的意識形態，也牽動客家人之間的互動。

「全美台灣客家會」的宗旨之一是：「增進所有台灣人之和諧團結，提高台灣人之國際地位。」當涉及中國客家人相關活動時，在客家社團組

織裡就會變成敏感議題，部分只認同客家意識，不論台灣、中國的成員，就面臨孰輕孰重的抉擇。因此，在大洛杉磯地區乃至於灣區，台灣客家與中國客家社團間幾乎沒有互動，編號 20 的受訪者質疑這樣的意識形態凌駕客家意識之上：

> 我覺得在洛杉磯有這麼多的客家人，不管是大埔的，大陸的，東南亞的，很多，為什麼都在各自在搞自己的聚會而已。那時候我在僑界，我認識興寧同鄉會、客家同鄉會、海明、大埔、梅縣、馬來西亞，我要是有機會，我就會和他們說：同樣是客家人，為什麼大家不一起來交誼？

國內的涉外機構協助移民在海外立足，除了提供與國內聯結的管道外，應該致力緩和在地客家社團組織的意識形態之爭，讓海外社團同心協力為僑民謀福利。

3. 客家社團組織活動的侷限性

當問及為什麼沒參加客家社團活動時，編號 13 的受訪者回答：「我覺得台灣的這些社團活動，是千篇一律啦！反正就是吃飯唱歌，抽獎，然後就覺得沒有什麼創意的地方。」同樣的，編號 8 的受訪者說：「感覺沒有很好，就是感覺他們知識水準沒有很高。……講話的人的素養感覺不高。……他們是聚在一起吧！聚在一起大家，他說叫我過去，他們都一起唱客家歌呀！」但有些受訪者是接送父母親去參加活動的，當問到他們對父母親參加客家社團舉辦的活動，有什麼看法時，編號 15 的受訪者說：

> 我覺得非常非常好啊！因為他們來美國基本上，英文又不通，尤其我我媽媽英文又不通，她平常出去，她也不會不高興住在這裡，但是我

覺得就沒有那種同鄉的那種感覺，……他們週末就是很想要去參加他們的長輩會、台灣同鄉會，客家同鄉會，他們都參加，烤肉啦！什麼他們都去。

編號 14 的受訪者也是這樣回答：

因為老人家在家裡也沒有朋友很悶，有活動，他也寫信來，通知我們，有時間地點，我就會帶他們去。那他就跟那些老鄉閒話家常，鄉親的東西，……應該是很期待啦！……我想老人家很懷舊，那也可以找到講故鄉話的人很親切啊！他也很受安慰跟鼓勵，不然，他們在這裡哪裡都去不了。

從以上四位受訪者的談話可以發現，客家社團活動沒有辦法吸引年輕人，因為他們沒有故鄉的集體記憶；然而對於那些年紀大的老移民而言，卻非常受用，他們可以從這樣的活動中得到慰藉。部分客家社團組織想設法突破這樣的侷限，編號 3 的受訪者說：「用 You Tube，做了 100 個短片，把客家人的活動宣傳出去，並且辦青少年相關的活動，例如帶他們去釣魚之類的。」但是類似的方式與活動成效有待觀察。

此外，社團的傳承依舊有其困難。21 位受訪者全都是第一代移民，而且從受訪者的談話中，發現客家社團參與者大部分是老人。編號 9 的受訪者說：「第二代的話，有的不會來的啦！也不會講啦！一方面也要上班啦！所以也沒有閒，所以你看，現在我們的客家會，幾乎是老人家來。」

他們擔心青黃不接的情形，會造成客家社團組織無以為繼，「南家州台灣客家會」胡永全會長說，該會面臨的問題是：「青黃不接。客家文化由父母輩傳承，社團辦活動要與當地意識結合，吸引客家青年參與。」這

裡提到一個關鍵問題「當地意識」，如何讓社團在地化，吸引土生土長的客家後裔，可能是唯一的途徑，但這非易事。編號 20 的受訪者說社團：

> 出席的都是一些老人家，後生人很少啦！所以，這個我是認為一直是一個問題存在。所以，後來為什麼我的《客家傳承》到最後幾期我在印的時候，乾脆就中英對照，讓你們這些年輕人也知道。我就用這種方式，不然沒辦法啦！都斷層！

這裡提到另一個關鍵問題「語言」，要教第二代客家後裔說華語，已經是一件困難的事，何況要他們說客家話，客家社團無法讓年輕人接受，首先是語言問題，就如同最年輕的編號 17 受訪者表示：

> 我覺得客家話會變的越來越沒有，就是越來越沒有啊！被我們這一年輕一點的 generation 去那個去那個去那個去瞭解。因為他們在他們的生活環境中沒有必須要去，沒有必要的去涉獵這個，即使是他們的他們的生活，他們的 culture，但是他們主要的 culture 是在美國。

客家社團與年輕移民或第二代以後的客家後裔，在美國受教育、出生、成長，他們所受的是美國在地文化，不是客家文化，客家社團對他們來說是另一個世界，把他們變成講客家話的人是不切實際的想法，而是要創造具客家認同的在地文化新社群。這一點，胡永全會長的努力非常值得推崇。胡會長有三個女兒，每次辦客家活動都是全家投入，他女兒還設計一個網頁：https://www.taiwan99usa.org/，用英語介紹「南加州台灣客家會」的點點滴滴，這可能是讓不懂華語的客家移民後裔認識客家文化的第一步。

　　北美西岸大洛杉磯和舊金山灣區客家移民訪談個案分析，受到新冠疫情的影響，受訪的樣本只有 21 個，而且絕大部分只能以電話或視訊訪談，但從受訪者給予的回答和延伸的談話，可以拼湊出美西客家移民的概況。就客家社團組織這一部分，有多個受訪者是當年參與大洛杉磯地區台灣客家社團組織的創立者，或是現今的社團組織負責人，不但接受線上訪談，說明客家社團組織的發展經過，還提供了一些書面資訊，對於瞭解大洛杉磯台灣客家社團組織狀況十分有用。整個訪談內容經過整理後，能夠對美國西岸台灣客家研究提供一點助益。

參考文獻

全美台灣客家會，1993，〈全美台灣客家會章程〉。《全美台灣客家會會刊》
　　創刊號。

林金本，1991，〈簡介南加州客家會成立經過及對未來展望〉。《南加州台灣
　　客家會會刊》。

羅煥瑜，2005，〈客家同鄉會之回顧〉。《客家基金會會刊》，創刊號。

行政院客家委員會，2006，〈北加州客家同鄉會〉。《客家委員會》，12 月
　　5 日。https://www.hakka.gov.tw/Content/Content?NodeID=2769&Page
　　ID=43698，取用日期：2021 年 7 月 10 日。

行政院客家委員會，2006，〈北加州台灣客家會〉。《客家委員會》，12 月
　　6 日。https://www.hakka.gov.tw/Content/Content?NodeID=2769&Page
　　ID=43761，取用日期：2021 年 7 月 10 日。

行政院客家委員會，2007，〈北加州六堆同鄉會〉。《客家委員會》，6 月
　　15 日。https://www.hakka.gov.tw/Content/Content?NodeID=2769&Page
　　ID=43713，取用日期：2021 年 7 月 10 日。

第 5 章

美東客家社團歷史與發展、網絡分析

張維安　張陳基

一、前言

　　本章先初步介紹美國客家人口，之後進入美東客家組織的分析。美國究竟有多少客家人，移美的前一個故鄉、人數、分布，都牽涉到客家社團的運作內涵。

　　關於客家人口數的估算，由於沒有像台灣的客家人口調查為根據，客家人口數主要是根據各種推估而來，根據美國的台灣人口數，再推估客家人口人數，以整個北美洲來看，「客家族群在北美洲人數，據北美客家社團估計，北美洲境內落地生根的客家族群大約有 36 萬人」（李毓中 2017：1-2）。在美國客家人口數，另外一個推估是：根據一些客家學研究成果及有關資料估計，客家人在 30 萬上下，位列中國之外居住美國客家人最多國家中的第五位，僅次於印尼、馬來西亞、泰國和新加坡。他們在美國主要居住於西部的加州三藩市、洛杉磯，東部的大紐約地區，以及太平洋島與檀香山（夏威夷）等地 [1]。下文分別加以說明。

二、美國客家

　　關於美國的客家移民，李毓中（2017：7）指出「要在目前現存的會館中找到早期客家移民後裔實屬不易，但在墓園中，如舊金山近郊的六山墓園、沙加緬度客家墓園與維多利亞華人公墓卻有可能清楚標示出客家移民的相對位置」。

　　先討論台灣之外的美國客家移民，這個群體是：「1949 年以後，從台灣以外之地區移民至北美洲的客家族群。此群體橫跨包括不同時間點以及來自不同地區的客家移民，如（一）從香港移出來的客家，1949 年以後由於國共內戰後大量湧入香港的中國難民，爾後被美國以難民救濟法、總統特別命令接收的移民。（二）從印尼移來的客家人，1965 年發生的印尼排華事件，居住印尼的客家移民家族選擇再次移民，將家人送往台灣、美國與澳洲等。（三）從緬甸移來的客家人，1967 年發生的緬甸排華事件，居住緬甸的客家移民亦選擇再次移民，移民至鄰近泰國、台灣、香港與美國等。（四）從越南移來的客家人，1975 年以後在越南戰爭結束後，居住越南的客家移民隨同美國軍艦撤出並來到美國關島，或者後來在共產勢力全面掌權後，利用黃金買到偷渡的船位，在馬來西亞外島上等候國際救援，最終以難民救濟法接至美國。（五）從中國大陸移出來的客家，1978 年以後在中國大陸改革開放後，中國留學生、勞工運用每年被保障的移民人數與依親關係來到美國，被稱為中國新移民」（李毓中 2017：9）。這些是台灣以外地區移民到美國的客家人背景。

　　反映出移民現象的社團組織，因移民性質和地區而有所差異，成立較早的有：三藩市人和總會館（1852）、三藩市嘉應同鄉會（前身為成立

―――――――――――――――――――

　　Content/Content?NodeID=2769&PageID=43835，取用日期：2021 年 8 月 31 日。

於 1869 年的「應福堂」，1973 年改為現名）、紐約崇正會（前身為成立於 1918 年的「人和房」，1924 年改為現名）、三藩市崇正會（1928）和檀香山崇正會（1935）等，其餘多為 20 世紀下半葉成立[2]。

　　江彥震（2018）更全面的描述了客家移民社團組織。他指出，美國客屬社團的分布如下：西部加州的洛杉磯、三藩市地區：全美客屬崇正會、旅美崇正會、加州客家聯合會、加州大洛杉磯地區客家同鄉會、洛杉磯客屬會、大洛杉磯客家文化協會、洛杉磯客家基金會、三藩市人和總會館、三藩市崇正會、三藩市嘉應同鄉會、三藩市惠陽同鄉會、三藩市大鵬育英社、南加州旅美客屬會、南加州梅州同鄉會、北加州永靖同鄉會、北加州客家文化學會、全美台灣客家會、加州台灣客家同鄉會、加州客家長青會、美國客屬商會。東部大紐約地區大紐約客家會，紐約崇正會、紐約中華會所、紐約惠州工商會、世界客屬總會美東分會、美東台灣客家聯誼會、紐約廣東同鄉聯合會、紐約師公工商總會、美國布碌崙大陸工商總會、美國布碌崙九龍仁義堂。夏威夷（檀香山）及其他地區：夏威夷客屬會、檀香山崇正會、費城崇正會、休士頓客家會、世界客屬總會美國路州客屬分會、世界台灣客家聯合會（在德州）[3]。數量之多，目不暇給。

　　美國客屬社團有不少冠名「崇正會」和「世界客屬分會」的原因，前者是受到成立於 1921 年並在全球影響力最大的客屬社團「香港崇正總會」的影響，而表明其組織宗旨相同；後者則是因 1972 年美國總統尼克

2　江彥震，2018，〈客家人在美國〉。《世界客報》，9 月 11 日。https:// john380920.blogspot.com/search?q=%E7%BE%8E%E5%9C%8B%E7%9A%84 %E5%AE%A2%E5%AE%B6%E4%BA%BA，取用日期：2019 年 4 月 9 日。

3　江彥震，2018，〈客家人在美國〉。《世界客報》，9 月 11 日。https:// john380920.blogspot.com/search?q=%E7%BE%8E%E5%9C%8B%E7%9A%84 %E5%AE%A2%E5%AE%B6%E4%BA%BA，取用日期：2019 年 4 月 9 日。

森訪中國,感到台灣與美國的官方關係將結束,而於 1974 年成立了整合台灣本省和外省客家社團的「世界客屬總會」,並在美國紛紛組織分會,以求拓展民間外交。當然,由於在美的「世界客屬分會」都是中國國民黨支持成立的,在兩岸關係上多堅持一個中國,所以,隨著中國在國際上的影響日益提升和台灣民進黨上台後走「台獨」道路,這些組織及其成員不僅多支持台灣「泛藍」陣營,而且與中國的接觸、交流和感情也越來越緊密[4]。當時的這些客家社團所具有的政治色彩,隨著局勢的演變逐漸明顯。

三、美國台灣客家

到目前為止,30 萬美國台灣客家人口數是比較保守的數字。李毓中在其研究報告中提到「有關北美客家人數的統計,自 1995 年洛杉磯客家文化協會提供的美國 28.4 萬人、加拿大 8.1 萬人,直到 2010 年客家委員會在《深耕躍動:北美 22 個客家人精彩人生》中提到,美國保守估計超過 30 萬、加拿大 10 萬,大致上相差不遠」(李毓中 2017:98)。進一步來看在「美國客家組織會員人數統計表」,李毓中(2017:98-99)統計出美東、美西、美中以及中國、香港、越南客家移民組織的人數,美國客家移民人數為 29,205 人,台灣客家移民為 19,2555 人,其他地區背景的客家移民為 29,205 人。

李毓中在研究訪談的紀錄中指出,湯錦台先生提及 1970 年保釣運動

4　江彥震,2018,〈客家人在美國〉。《世界客報》,9 月 11 日。https://john380920.blogspot.com/search?q=%E7%BE%8E%E5%9C%8B%E7%9A%84%E5%AE%A2%E5%AE%B6%E4%BA%BA,取用日期:2019 年 4 月 9 日。

與持續進行的台獨運動，成為留學生支持台灣政治運動與許多後來成立的不同組織的分水嶺，一方是傾向台灣獨立，支持者包括 1949 年以前在台灣的福佬人、客家人等，但當時福佬人卻排斥客家人；另一方則是由 1949 年跟隨中華民國政府遷台的客家人士所組成，包括官員、軍公教子弟留學生，主要是在保釣運動中崛起。有些支持台灣獨立的留學生為了資助台獨，在美國開超市、銀行等，夾雜在以福佬人為主的移民中，少數的客家移民也擠進法拉盛開店，或在其他紐約近郊居住，有人做日本餐館供應商、開餐館或印刷廠等。從 1970 年出現非政治性的客家同鄉組織開始，即出現支持中華民國政府在台政權的客家台灣同鄉聯誼會，與支持台灣獨立的全美台灣同鄉會打對台。爾後，不論是在洛杉磯、西雅圖等北美大城，幾乎都上演類似的劇碼，出現如今在各大城市中幾乎都有兩、三個客家組織同時存在的現象（李毓中 2017：69）。

　　關於從台灣移出的客家移民，李毓中指出（2017：8）：「台灣客家移民指的是 1949 年後從台灣移民至美國的本土公、自費留學生、留學後續留美國、美國公司聘雇專業技術人才、台灣公司外派、投資移民、船員等。在美國的居住地不是過去相對封閉的華埠，而是族群複雜、互動頻繁的社區，如紐約市法拉盛（Flushing）、洛杉磯聖蓋博谷地區（San Gabriel Valley）的蒙特利公園市（Monterey Park）等，皆是以外來族裔移民為主的社區，工作與居住環境也較傳統華埠更為優渥」。台灣客家移民的時代脈絡與聚集地，和舊時的華人移民已不同，其認同與組織也有自身特色。

　　關於美國台灣客家組織的成立與模式，李毓中指出，台灣客家移民最早以留學生為主，由於申請學校緣故，生活在美國各個不同城市中。1965 年移民法通過之後才增加更多移民機會與名額，增加台灣客家移民美國的人數，不同性質移民也逐漸增加。由於大城市較容易找到工作機會，幫助移民者申請、取得永久居留權與公民權，並且申請親屬依親移民

美國，因此留學生學成後往往選擇留在大城市（如紐約、洛杉磯與西雅圖）生活，並且逐漸聚集組成不同形式的客家同鄉會、聯誼會等（李毓中 2017：88）。

四、美東台灣客家

關於美東的情形，李毓中（2017：69）提到：「口述訪問湯錦台先生描述當初台灣留學移民紐約的情況，最早 1965 年後就陸續聚集於法拉盛地區，或者著名大學周遭生活：1970 年代初期，台灣來到美國的留學生開始聚集在法拉盛，也有在哥倫比亞大學附近，但他們實際上大約 1960 年代就陸續移民過來。1960 年代末期在台灣政治運動發展蓬勃，如保釣或台獨運動，主要力量從日本東京轉過來紐約。本來是跟學校環境在移動，但後來隨著學生也來到法拉盛地區開設店面等」。[5]

關於美東客家，大紐約地區的台灣客家有比較清楚的研究。按照湯錦台的估計，美國大紐約地區台灣客家人大約是 13,000 人[6]，人口數雖不多，但台灣客家人在大紐約的大環境中已發展成台灣移民當中有活力、有凝聚力並持續保有自身特色的一股力量。在這裡有三個聯繫客家鄉誼的活躍團體，分別是 1978 年成立的美濃同鄉會，1979 年成立的美東台灣客家聯誼會，以及 1997 年成立的大紐約客家會成立（湯錦台 2006：1）。

5　湯錦台訪談稿，李毓中的 2016 年北美洲客家研究計畫（計畫代號：PG10501-0142）。（原註）

6　其算法是以大紐約地區 6.6 萬台灣人為基礎，根據客家人在台灣的人口比例換算出來（湯錦台 2006：6-7）。

　　估算客家人口數的另一種方式，是根據在地的客家社團組織相關資料來推算，例如根據客家組織社員戶數來推算，在魏武雄（2015）所編《2015 美洲台灣客家聯合會年會暨懇親大會》會刊，有社團人數或戶數，還需要每戶平均人口資料，以便估算，這方面參考 2010 年美國人口普查公布的資料，全美台灣人家庭平均戶內人數是 2.6 名（李毓中 2017：98-99），根據每戶平均人口和戶數的資料，可進一步估算美東客家人口數。

　　根據 2015 年大紐約客家會的統計：「已經擁有多達約一千名客家移民，以及四百多戶家庭，九成左右是來自台灣的客家」（魏武雄 2015：101）。美東台灣客家聯誼會的林文棟在〈海外客家人的生活〉提到紐約客家社團有三個，分別為美東台灣客家聯誼會（1979）、美東台灣客家同鄉會（1988）與世界客屬總會美東分會（成立年代介於 1985 年至 1990 年間），這三個客家社團都有基本會員，有一部分會員重疊[7]。因此，若根據社團會員來統計，須留意彼此會員的重疊性。

　　關於大紐約客家移民史，依據湯錦台的觀察，最遲到 1960 年代末期，台灣客家移民在大紐約地區格局已經開始呈現。他特別指出，這些早期移民留學生包括來自新竹縣的朱欽浚，新竹關西的范光煥，新竹竹東的張瑞春（女）、彭吉浦、范揚盛以及高雄美濃的曾富美等。1970 年代末期，7 號線地鐵皇后區終點站的法拉盛一帶，受到韓國裔和台灣人地產商青睞，在曼哈頓唐人街之外，一個新的中國街在此出現，吸引更多的台灣客家移民聚居該處及周邊地帶，皇后區成為台灣客家人的匯集中心（湯錦台 2006：8）。這是目前所知關於客家人口聚集區重要的研究報告。在湯錦台的訪談中，他提及在紐約法拉盛地區台灣客家移民聚集情況如下：

7　http://campaign.hakka.gov.tw/News4.aspx?n=4FF95F884209DCEC&sms=2D54
　　D8CAFFEF9A16，取用日期：2021 年 8 月 31 日。

「1960 年代來美國的台灣客家人原本只有 10、20 位，大部分是留學生，1965 年以後家庭移民，申請工作後再將家人接過來。大家彼此認識，偶而就可以約在一起聊天。主要移民都落在 1970 年代初期，從台灣來到紐約，台灣來美國留學生開始聚集在法拉盛與哥倫比亞大學附近，大家因為身為客家人聚在一起，可以一起說說客家話。」[8]「鄉賢、留學生的聚集、聚會成為起初客家組織成立的緣由」（李毓中 2017：88）。

湯錦台在論文中詳細敘述了 1960 到 1980 年代，紐約地區台灣客家人的情況（湯錦台 2006：12-15），他提到 1960 年代，台灣移民美國的人口以留學生為主，人數不多的大紐約台灣客家移民，多半集中在哥倫比亞大學等大學區附近。1970 年代以後，初期在皇后區最受台灣移民歡迎的住區是 7 號地鐵沿線。中期，台灣移民的目光轉向 7 號線地鐵皇后區終點站的法拉盛，這裡是台灣移民的新唐人街。1980 年代，美國政府將中國、台灣共用的 20,000 名移民額度，改為各有 20,000 名配額，台灣移民美國人數激增，為法拉盛注入大量台灣新移民，包括許多客家移民在內。面對蓬勃成長的法拉盛，台灣客家移民也選擇住在法拉盛或鄰近地區[9]。

根據湯錦台的觀察，住在紐約皇后區的台灣客家移民，和周邊的華人社會有一定程度的互動，但是和閩南語系的台灣人社團交集比較少，和美國主流社會的互動也很有限，參加美國政黨的家庭比例很低，但是會投票（湯錦台 2006：1）。這是該地當時台灣客家移民的在地參與及社團

8　湯錦台訪談稿，李毓中 2016 年北美洲客家研究計畫（計畫代號：PG10501-0142）。（原註）

9　湯錦台根據大紐約客家會 2006 年會員進行統計，發現 302 戶當中，200 戶以上是住在以法拉盛為中心的五英里半徑範圍內，其中幾乎有一半就住在法拉盛本地。2000 年美國人口普查顯示，皇后區中集中了 71% 的紐約市台灣人人口。也提供台灣客家人口分布推估的基礎。（湯錦台 2006：14）

互動情形。不過，隨著時代背景的變化，即使是社團組織的目標也有所改變。1977 年為了對應主張台灣獨立的「全美台灣同鄉會」，國民黨動員成立了「全美台灣同鄉聯誼會」，並在全美設立了 17 個分會，紐約的分會實際上由個別客家人士承擔該會的許多重要運作，尤其是在對抗台獨運動、爭取僑社與台灣移民的民心方面。1978 年，「美加美濃同鄉會」成立，是大紐約地區成立的第一個台灣客家同鄉會，也是一個單純、不涉及任何政治色彩的客家團體。1979 年，「美東台灣客家聯誼會」在皇后區法拉盛正式成立，似乎也受到局勢的牽動，從該會標明為「台灣客家」組織來看，似乎是對應於「紐約台灣同鄉會」的另一個台灣同鄉組織。由於「紐約台灣同鄉會」是一個以閩南語系台灣人為主，主張台灣獨立的社團。「美東台灣客家聯誼會」與「紐約台灣同鄉會」不同，該會曾組團訪問北京、上海、杭州，但也邀請台灣客家知名人士和表演團隊到訪。1997年進一步分裂出「大紐約客家會」，擺脫以台灣客家為其成員的想法，增加吸收傳統僑社中的客家人士，政治立場則為支持海外泛藍力量（指海外華人社區中支持國民黨、親民黨或新黨的力量）。湯錦台指出，兩個客家會目前（2006 年時）的成員人數都在三、四百人之間，但實際上有許多人是為了客家人自身的團結重疊加入，這樣做有利於兩個會和諧共處（湯錦台 2006：10-11）。

五、美東客家社團簡介

　　美東的客家社團、成立時間與人數，相關文獻的綜合整理如表 5-1（美東客家社團），成立最早的是「大華府客家同鄉會」，因統計時間與基礎不一致，會員人數資料僅供參考。根據相關文獻與網路資料介紹如下：

表 5-1　美東客家社團資料

名稱	成立時間	會員人數
大華府客家同鄉會	1983	150多戶*
美東台灣客家同鄉會	1987	100人
亞特蘭大客家同鄉會	1990	350人**
北卡客家同鄉會	1990	200人***
大紐約客家會	1997	300人****
大費城台灣客家同鄉會	1999	34戶、98人[#]
紐約客家會館	2007	250-300人
紐英倫客家鄉親會	2011	100多戶[##]

說明：*2015 年為 500 名，**2015 年為 380 名，***2015 年為 206 名，****2015 年為
1,000 名（400 戶），[#]2015 年為 40 名（李毓中 2017：98-99；魏武雄 2015），
[##]2017 年時為 206 名（李毓中 2017：98-99；海外客家網 2017），人數差異可能
是因為統計時間不同。

（一）大紐約客家會

　　1997 年 6 月 18 日大紐約客家會由范揚盛和幾位先進創立，今日
會員人數約 300 人，會長為范增昌（2018-）。有臉書粉絲專頁（Hakka
Association of NY Inc. 大紐約客家會）和 Youtube。頻道除了海外的客家
活動外，還有客家山歌的演唱表演，有些活動是以傳統客家曲調，結合現
場的雜耍表演。[10] 社團常透過社群媒介分享舉辦的活動，其中又以手作、

10　Youtube 頻道（Hakka Association of NY 大紐約客家會），https://www.
　　youtube.com/channel/UC_yTVzLNQS1NdsdkHJC9b2g，取用日期：2021

藝文類型的交流活動最頻繁。[11]

　　2019 年 3 月 3 日舉辦「慶祝 21 周年聯歡會暨天穿日」，約 300 人出席，大紐約客家會合唱團現場開演「台灣翠青」、「桃花開」、「客家本色」及「摘茶細妹」歌舞演出，會中的女性們準備客家麻糬，當作給賓客的伴手禮，一同吃炸年糕，紀念天穿日的女媧，再次凝聚客家認同[12]。同年 10 月 3 日，舉辦跨國家交流活動「都會客家部落：台灣新竹客家庄藝術家 V.S 紐約客家籍藝術家交流展。」[13]

　　參考 2018 年 6 月 17 日客委會的社團網站「大紐約客家會慶端午」，端午節臨逢父親節，鄉親舉辦活動連絡情感，準備客家小吃，烤麻糬、煎蘿蔔糕招呼大家。大紐約客家會會長范增昌，邀請紐約文教中心主任黃正杰、大紐約區關懷救助協會會長羅淑華、紐約大專校聯會會長蘇春槐、美華環境保護協會董事長張彰華，同聚一堂度過佳節。大紐約客家會的臉書專頁，也轉貼前一年在康尼漢公園（Queens Cunningham Park）的黃色區（Yellow Zone）舉辦「端午節戶外活動聯誼會」。2017 年 6 月 4 日的帶菜派對，除了包粽子，還有煎客家蘿葡糕、棋粑（麻糬）、洛湯粄、肉扳、

年 3 月 23 日。

11　Facebook（Hakka Association of NY Inc. 大紐約客家會），https://www.facebook.com/HakkaAssociationofNY，取用日期：2021 年 3 月 23 日。

12　紐約台北經濟文化辦事處，2019-03-17，〈大紐約客家會慶祝 21 周年聯歡會暨天穿日活動〉。《僑界活動新聞集錦》，https://www.taiwanembassy.org/usnyc/post/9088.html，取用日期：2021 年 3 月 23 日。

13　家瑞，2019-10-01，〈台紐客家藝術聯展 10 月 3 日辦開幕酒會〉。《大紀元》https://www.epochtimes.com/b5/19/10/1/n11559059.html，取用日期：2021 年 3 月 23 日。

炒米粉等，還有歌舞表演，一同度過端午佳節[14]。大紐約客家會多為透過節日或藝文活動，再以客家美食作為核心，活絡紐約客家的互動[15]。

　　林文棟（2020：14）在〈客家人在紐約〉一文中提到，大紐約地區有兩個老僑僑團，分別是在曼哈頓華埠的崇正會，和世界客屬總會紐約分會。在紐約的法拉盛發展為第二華埠後，另外設立了多個客家僑團，如美東台灣客家聯誼會、大紐約客家會、紐約客家會、美濃客家同鄉會、屏東客家鄉親會等。大紐約客家會目前也有鄉親八百多人[16]。不同地區的客家社團成員與社團目標也有一些不同。

（二）亞特蘭大客家同鄉會

　　亞特蘭大客家同鄉會於 1990 年成立，成立宗旨為發揚客家文化，進而推展社區服務，擁護我國政府，維護民主自由。今日成為亞特蘭地區的活躍社團之一。社團大約 350 人，當中有 30 位為終身會員。在大會成立前，先由幾位客家前輩開始推動創會，像是擔任多年僑務委員的何智達醫師（新竹芎林人）、過敏科名醫曾義良醫師（桃園中壢人），及服務於美

14　客委會官方網站海外—風信子，2018-06-22，〈大紐約客家會慶端午〉。
　　https://global.hakka.gov.tw/20/News_Content.aspx?n=476D25DC5646B965&s
　　ms=F76EEAE716E16974&s=4B23AB5E29FEC6A11，取用日期：2021 年 5 月
　　10 日。

15　Facebook（Hakka Association of Atlanta 亞特蘭大客家會），https://www.
　　facebook.com/hakkaatlanta，取用日期：2021 年 4 月 7 日。

16　林文棟，2020，〈客家人在紐約〉，《2020 年大紐約客家會年刊》。大紐約客家
　　會 出 版。http://taiwaneseamericanhistory.org/?s=%E5%AE%A2%E5%AE%B6，
　　取用日期：2021 年 9 月 5 日。

商顧問工程公司的曾榮豐（高雄美濃人），最後推舉曾榮豐為創會會長。今日有臉書社團（Hakka Association of Atlanta 亞特蘭大客家會），發布與分享活動[17]。

　　社團位在亞城，屬於美國華人較晚移入的大城市，這裡除了早期的老僑外，也有台灣過去的留學生及新移民在此發展。從 1960 年代台灣移民陸續增加，1975 年建中華民國領事館（今為台北經濟文化辦事處），服務包括東南七州的僑民，影響了後續華人社團的林立。

　　亞特蘭大客家同鄉會每年至少舉辦三次大型聚會，像端午和中秋兩節，通常在亞城近郊公園涼亭旁烤肉野餐，以及舉辦小型康樂活動。年終的新年聯歡會，依例都在僑教中心舉辦。除了精彩的歌舞表演，豐富的摸彩獎品外，還有客家美食饗宴。最後的重頭戲為每年新年的園遊會，客家同鄉會攤位經常吸引大量人潮。

　　該社團 2017 年 2 月 4 日於僑教中心舉行農曆春節聯歡晚會，由會長劉紹鵬及副會長劉錦鴻主持，僑務委員王德、王祥瑞、僑務諮詢委員何智達、陳獻士及會員眷屬等約 150 人出席[18]。晚會安排民族舞蹈及抽獎等餘興節目，同時舉行新舊任會長交接典禮，新任會長由副會長劉錦鴻接任，另選出新任副會長吳文開。同鄉會幹部及志工準備懷念的客家年菜，有客家炒米粉、炸鮮魚、客家小炒、小湯圓及年糕等，在新的一年裡增添新氣象。也在端午節販賣社員製作的肉圓，更意識到可透過好手藝連結家鄉，

17　客委會官方網站—海外客家社團，2007-09-25，〈亞特蘭大客家同鄉會〉。https://www.hakka.gov.tw/Content/Content?NodeID=2769&PageID=43724，取用日期：2021 年 5 月 10 日。

18　客委會官方網站—海外客家社團，2007-09-25，〈亞特蘭大客家同鄉會〉。https://www.hakka.gov.tw/Content/Content?NodeID=2769&PageID=43724，取用日期：2021 年 5 月 10 日。

有位厲害的社員願意製作手工水餃販賣，並將 10% 的收入捐給客家會。

（三）大華府客家同鄉會

「大華府客家同鄉會」成立於 1983 年 5 月。以聯誼鄉親，發揚客家文化為宗旨，為不涉及政治與宗教之非營利組織，凡大華府區及附近各州，如德拉維、馬里蘭及維吉尼亞等州之客家人及家屬，皆得申請加入為會員。1993 年時會員約 150 戶。「由於華府是美國首都，是許多來美訪問的團體必經之地。本會也常配合來訪團體舉辦些文化性的活動，為了吸引更多觀眾，也為了讓別的族群瞭解客家文化，我們常邀請此地的台灣同鄉會合辦活動」（彭森賢 1993：22）[19]。

1997 年大華府客家同鄉會會長張貴洋指出：「講到客家存亡的問題，我覺得他並不僅是客家文化、語言的存續問題，更是客家政、經力量的薄弱與無奈。很簡單，『沒錢沒勢』，甭談『語言文化』。客家名小說家黃娟女士說的很恰當，她說：『……客家人不談政治沒關係，客家人不問政治也沒關係，但是客家人要關心政治……。』同樣的道理，客家人要關心經濟。強大的『政經』力量產生強大的『錢勢』，強大的『錢勢』自然會使客家人有很大的聲音」（張貴洋 1997）。

同鄉會設有 Facebook（DC Hakka 大華府區客家同鄉會），也有 Twitter（Hakka DC 大華府區客家同鄉會 @ DC_Hakka）常在社群媒介分享舉辦的活動。大華府區客家同鄉會和全美台灣客家文化基金會，曾在 2019 年 5 月 31 日舉辦「知性‧品味‧喜悅‧台灣烏龍」講座，慶台灣烏龍茶銷美 150 週年，敬邀台灣茶葉大使許正龍（Thomas）蒞臨華府華僑文

19　彭森賢，1993，〈華府客家同鄉會〉，《全美台灣客家會創刊號》。

教服務中心（Culture Center of TECRO），向海外鄉親開講。演講前許正龍用一首自編的客家歌開場，接著介紹台灣的茶業近況發展，及年輕一代茶人透過科技升值傳統產業。他和賢內助潘掬慧（Josephine）持續舉辦「台灣烏龍茶研習計劃」（TOST）歷經了 12 個年頭，常邀外國茶人到台習茶，以台灣茶串連國際。現場提供三種現泡烏龍茶（Jade ／ Gold ／ Ruby）讓鄉親品嚐。同年 6 月 8 日，大華府客家同鄉會為慶祝端午節，在馬里蘭州蒙郡蓋城博爾公園（Bohrer Park-Pond Pavilion）舉辦端午聯誼會。邊吃粽子、Dutch country fry drumstick or wing、四季豆、香乾肉絲、炒米粉、水果、甜湯等佳餚，在愜意的博爾公園團聚共度佳節 [20]。

同鄉會還有 Youtube 頻道（Hakka DC），裡面有許多客委會在 2014年 9 月 26 日，於華盛頓客家同鄉會舉辦的「好客文化列車」活動 [21]。鄉親邊吃家鄉菜，邊聽金曲獎得主東東 DONG（湯運煥）演唱得獎代表作〈遠方的鼓聲〉，及他演唱陳永淘的兒歌〈鷯婆〉，大家在歡樂的氛圍中，透過食物、歌曲回味對故鄉的思念。頻道也有其他活動的影片，如在天穿日餐會上，邊欣賞客華語表演的行動短劇 [22]。

20　Facebook（DC Hakka 大華府區客家同鄉會），https://www.facebook.com/ILoveHakka/，取用日期：2021 年 4 月 30 日。

21　華盛頓訊，2014-10-01，〈好客文化列車驚艷大華府站〉。《華盛頓新聞》，http://m.stnn.cc/pcarticle/140015，取用日期：2021 年 5 月 2 日。

22　Youtube 頻道（Hakka DC），https://www.youtube.com/channel/UC1cEuS29L-22IP3-_PmDT6Q，取用日期：2021 年 4 月 30 日。

（四）美東台灣客家同鄉會

美東台灣客家同鄉會的英文名稱為 Taiwanese Hakka Association of America / East Cost. 該會在 1987 年的 7 月 4 日成立，會址設在賓州的 EXTON。該同鄉會的宗旨是：一、關心海內外台灣客家同鄉的福祉及權益。二、支持台灣故鄉的全面民主化，並贊成住民自決前途。三、維繫客家語言、發揚客家文化，並促進各地區客家同鄉的聯繫與交流。四、促進台灣人之間的和諧與團結，以全體台灣人的利益為依歸。「本會在過去五年來由會長及諸理事的合作下，對台灣的民主化及客家語言、文化的維繫曾發揮極大的效用，其中較重要的有：派代表出席世台會，返台慰問政治受難者家屬與探望政治受難者（1987），在紐約法拉盛台灣會館替許信良夫人（鍾碧霞女士）及立法委員葉菊蘭主辦募款餐會，……」。「本會今後的發展，除了維護原有的宗旨外，也將建議促進和台灣人其他各社團的交流，吸收新移民與留學生的參與及開設客家語文班教授客家語等。願我客家鄉親群策群力，共勉之」（林政剛 1993：23）。從設立宗旨及辦理的具體活動，美東台灣客家同鄉會看起來是個積極入世，關心公共事務的台灣客家同鄉會。

成立以來，關注海外客家的福祉與權益，並支持台灣故鄉的全面民主化，試圖維繫客家語言和發揚文化，帶動各地客家聯盟彼此間的交流。首任會長為陳秋鴻（1987-1988），接任會長依序為劉永斌（1988-1989）、馮建鴻（1989-1990）、鍾應冬（1899-1990）、業吉福（1991-1992）、林正剛（1992-1993）。這五位理事長對社團經營與客家傳承扮演重要的開端，諸如曾返台慰問政治受難家屬，也替在紐約法拉威台灣會館許信良的夫人鍾碧霞，及立法委員葉菊蘭辦理募款餐會，抑或是與六堆美濃同鄉會在紐澤西辦理郊遊和烤肉等活動。同鄉會曾邀請台灣文化界的重量級人士鍾肇

政、羅肇錦、陳文和，政治界的林光華，參加美東的夏令營，活絡社團內的文藝活動。長期開設客家語文班教授母語，供新移民、留學生有個凝聚情感的空間，創發傳承客家文化的生機（劉永斌、彭賢森 1993：23）。值得一提的是，劉永斌會長還曾受邀入閣擔任客家委員會的副主委。

後來美東台灣客家同鄉會，轉向主要由美東台灣客家人夏令會的客家鄉親推行，鼓勵更多人能參與，共同關注客家文化、語言保存的議題。重新設立目標，更加注重如何吸引年輕族群的加入，打造海外的新家園。同鄉會創立至今仍強調海外能學會客語的表達能力，進而透過活動凝聚向心力，支持台灣權益為宗旨，延續元老們的寄望。在 2004 年舉辦美東台灣人夏令會時，選出會長魏武雄，魏會長曾經拜訪交通大學客家文化學院，並在刊物中介紹台灣客家研究的發展情形。在 2005 年時，依新章程全面選舉理事會理事，並每年召開一次會員大會。會員人數約 100 人。2006 年會長改選，選出涂劉石連女士擔任現任會長[23]。此社團較無近日的活動消息，相較其他社團缺乏網路的社群媒介。

（五）大費城台灣客家同鄉會

大費城台灣客家會（Taiwanese Hakka Association of Greater Philadelphia），由魏武雄教授及多位客家鄉親發起，1999 年 7 月 10 日成立。會員以家庭為單位，現有會員 20 餘個，遍及費城附近賓州、德拉瓦州及紐澤西州的各大小城鎮。本會以聯誼鄉親，發揚客家文化，關心並支

23　客家委員會官網—海外客家專區，2007-09-25，〈美東台灣客家同鄉會〉。
　　https://www.hakka.gov.tw/Content/Content?NodeID=2769&PageID=43727，
　　取用日期：2021 年 5 月 7 日。

持台灣權益為宗旨。會員來自台灣各縣市，其中又以桃竹苗占大多數（麥良朋 2007）。目前會員約有 34 戶（98 人）[24]。會長何智勇曾在 2017 年 10 月，邀請黃桂志與黃桂志客家合唱團，至費城西南第一演藝廳演出。會長為新竹中學合唱團 1963 期的學長。活動還邀請榮獲金曲獎最佳客語歌手黃連煜，一同來獻藝。大費城台灣客家同鄉會在 2018 年 6 月 23 日，於費城西南郊 Plymouth Meeting 商場內的 King Buffet 舉辦端午聚會。午餐結束，徐振宣會長祝賀後，鄉親羅志偉醫師演講〈眼睛的保健〉，李慧美則向大家提供瑜珈教學大受好評。散會時，大家相約中秋節見。

　　2019 年 1 月 19 日（週六）上午，在會長徐振宣 Dresher 的新居舉辦年會，家家戶戶準備佳餚共襄盛舉。徐會長新年祝賀後，何智勇向來賓分享了近期回台參加世界台灣客家聯合會所主辦的「桃園市 2018 年全球客家文化交流會議」的心得。他首日（2018 年 10 月 15 日）在桃園市客家文化館，和巴西的世客會張永西，桃園市鄭文燦市長致詞和寒暄。接著，桃園客家事務局局長何明光分享桃園客家的成果影片。第三日（2018 年 10 月 17 日），一行人還到了高雄美濃曾文忠美術館，曾文忠老師介紹美濃客庄系列等畫作，也和靚靚六堆國建計劃召集人廖松雄等人茶敘交流[25]。同年澳洲台灣客家鄉親 17 人，至美參加在馬里蘭州洛克威爾市舉辦的「2019 美洲台灣客家聯合會懇親大會」（2019 年 4 月 12 日至 14 日），及美加東七日遊（2019 年 4 月 15 日至 21 日），回澳前（2019 年 4 月 23

---

24 客家委員會官網—海外客家專區，2007-04-20，〈大費城台灣客家同鄉會〉。https://www.hakka.gov.tw/Content/Content?NodeID=2769&PageID=43708，取用日期：2021 年 5 月 23 日。

25 張燕，2019-01-26，〈大費城台灣客家同鄉會年會　慶中國新年〉。《大紀元》，https://www.epochtimes.com/b5/19/1/25/n11002496.htm，取用日期：2021 年 6 月 20 日。

日），特別到費城參訪大費城台灣客家同鄉會，代表人何智勇、周春美、李彥慧，及大洋洲客屬總會會長伍其修、澳洲昆士蘭客家會會長陳永和，在醉仙樓共進晚餐，餐館老闆陳姿董事長還特地向前致意。大家相約在澳洲昆士蘭州布里斯班市舉辦的「2019 全球客家文化會議暨台灣客家懇親大會在大洋洲」見（2019 年 8 月 11 日至 13 日）。

（六）北卡客家同鄉會

北卡客家同鄉會（NCHA）由蘇燕次和鐘添曜等人所創，1990 年 8 月 20 日成立於北卡首府 Raleigh，為北卡三角地區主要華人社團之一，目前會員約 200 名。社團致力推行客家文化和語言傳承，並投入社區公益活動，同時也做為交流平台，整合各資源維繫在美客家鄉親的生活，還定期舉辦慶祝農曆新年晚會、端午節烤肉野餐，及中秋節活動[26]，發行同鄉會季刊 *NCHA Newsletter* 給會員[27]。

今日負責會務者為經營餐廳 30 多年的會長曾國靖，在 2021 春節贈送拿手菜──客家鹽水鴨，每戶同鄉會會員一隻鴨。茹素者改送菜包、素菜頭粄，及菜脯套餐。獻出 66 隻鴨、15 份鹹豬肉、200 個菜包、50 份菜頭粄、320 磅菜脯。疫情下，很多社團的會員都流失，反觀客家同鄉會卻逆勢成長。雖遭逢疫情，但靈活轉換一種和過往不同的方式共度佳節，並

26　客家委員會官網─海外客家專區，2006-12-05，〈北卡客家同鄉會〉。https://www.hakka.gov.tw/Content/Content?NodeID=2769&PageID=43696，取用日期：2021 年 6 月 21 日。

27　北卡客家同鄉會，〈Welcome! 北卡客家同鄉會 North Carolina Hakka Association〉。https://sites.google.com/site/hakkanc/home?authuser=0，取用日期：2021 年 6 月 21 日。

享用家鄉菜，令人感受到海外客家的守望相助精神[28]。

同年 6 月 12 日在洛麗 Umstead 州立公園舉辦「粽香活動」，供會員免費粽子盒飯，也一邊義賣植物，還邀請會員吳楊禮進行理財的演說。擺攤的植物是由會長曾國靖親自種的，有紫藤、繡球花、君子蘭、茉莉花、木蘭花義賣等十多種花卉，所得均投入同鄉會的活動基金。吳楊禮分享理財經驗談，說到今日養兒不防老，反而要養老防兒，提醒鄉親勿跟風購買不瞭解的金融商品，並點出投資和投機的差別，在於對風險和回報率的精算。強調理財首要考慮為確定目標，接著再考量適合的理財工具。會員王成聽了有感而發，也向大家分享，再次呼籲不要盲目隨從投資，建議長輩們選擇最不花費心力，且有穩定回報的債券或年金作為投資考量[29]。

（七）紐英倫客家鄉親會

紐英倫客家鄉親會成立於 2011 年，2020 年約有 100 多戶會員，相互勉勵，在波士頓致力延續客家文化，也設有臉書粉絲專頁（紐英倫客家鄉親會）。會長宋玉琴在連任後，舉辦許多活動，如 2019 年 5 月 7 日在波士頓市政廳參與「亞太裔傳統月」慶祝會，打亮不少知名度，讓更多人更認識客家，替「Hakka Chinese」注入生機。展望未來，同鄉會在不久後

---

28 王明心，2021-02-17，〈北卡客家同鄉會　送道地家鄉味鹽水鴨慶新年〉。《世界新聞網》，https://www.worldjournal.com/wj/story/121278/5254568，取用日期：2021 年 6 月 21 日。

29 王明心，2021-06-16，〈慶端午　北卡客家同鄉會啖美食談理財〉。《世界新聞網》，https://www.worldjournal.com/wj/story/121278/5535633，取用日期：2021 年 6 月 21 日。

開授客語會話班，力挽狂瀾，拯救母語流失[30]。

在 2019 年 2 月 24 日，紐英倫客家鄉親會日前在牛頓市海德社區中心慶祝天穿日活動[31]，共約有 150 位鄉親到場參與。波士頓文教中心主任歐宏、駐波士頓辦事處處長徐佑典、僑務委員蔣宗壬、僑務諮詢委員王本仁，阿肯色州的前僑務詢委員葉雲旗，及紐約美洲客家聯合會總會長黃開榮夫婦等人共同出席新年派對，讚揚同鄉會大力推行與保存客家文化，一致稱讚當天準備的客家美食，如傳統擂茶與花生芝麻糖，還有菜包與炒米粉。此外，鄉親會還準備了四支客家民族舞〈山地之春〉、〈客家竹板舞〉、〈桃扇飄香〉、〈喜燈慶太平〉，及一首現代舞〈金色年華〉，廣受好評，全場歡呼。紐約客家會舞獅團，還趕來逗熱鬧，紐約客家會長黃開榮向大家送上最真誠的祝福[32]。

於 2021 年 2 月 27 日晚上 7 時，紐英倫客家鄉親會舉辦天穿日慶祝會時，透過會議軟體以視訊方式，邀請台灣國立聯合大學客家研究學院院長林本炫演講，講題是「客家人的起源及大遷徙的歷史」[33]。而在 3 月 13

30　波士頓，2019-05-19，〈紐英倫客家鄉親會會員大會　宋玉琴會長及兩副會長連任〉。《星島日報》https://www.singtaousa.com/ 美東地區 /2343301- 紐英倫客家鄉親會會員大會 - 宋玉琴會長及兩副會長，取用日期：2021 年 6 月 23 日)

31　天穿日原為台灣客委會訂定的全國客家日，自 2022 年 1 月 6 日公告調整 12 月 28 日「還我母語運動日」為全國客家日。

32　客家委員會官網—海外客家專區，2019-03-05，〈紐英倫客家鄉親會天穿日熱鬧滾滾〉。https://www.hakka.gov.tw/Content/Content?NodeID=1769&PageID=43598，取用日期：2021 年 6 月 23 日。

33　唐嘉麗，2021-02-26，〈客家鄉親會　雲端慶祝「天穿日」〉。《世界新聞網》，https://www.worldjournal.com/wj/story/121276/5278970，取用日期：2021 年 6

日特地再邀請小兒血液學專家朱真一教授（為2019年行政院客家委員會客家終身貢獻獎得主），帶領大家討論台灣客家的血「源」。採南源說觀點，論述客家人源於南蠻成分多於漢。從他的專業免疫蛋白的生物學數據來分析，廈門、梅縣、廣州、福州等福佬及客家人，主要源於南蠻。以瘧疾在華南流行的瘟疫史來分析，缺乏G6PD或有地中海貧血基因者，較少染患瘧疾而死。華南地區的漢與非漢，及台灣客家皆符合上述條件，印證南源說的客家源流。目前關於客家源流的學說典範，仍有許多爭議，不過，能引發會員對血緣、族群淵源的興趣，也是很有意義的事。如果有人好奇想從血緣來分析自己的來源，可透過Ancestry.com來查證[34]。

（八）紐約客家會館

紐約客家會館於2007年1月成立，是非常年輕的社團，該會館設有臉書專頁（紐約客家會館）。目前會員約250-300人，會長為蔡瑞萍，致力傳承客家文化特色，以社區的活動聚會凝聚更多海外華人，團結力量聯繫客家情[35]。

活動方面，2018年9月2日中午在會館舉辦慶生會，替9月和10月會員慶生。還邀請了紐約華僑文教服務中心主任黃正杰、副主任葉帝余、

月23日。

34　中華民國僑務委員會，2021-03-18，〈紐英倫客家鄉親會　帶領探究客家血「源」〉。《中華民國僑務委員會電子報》https://www.ocac.gov.tw/OCAC/Pages/Detail.aspx?nodeid=345&pid=23954692，取用日期：2021年6月23日。

35　客家委員會官網─海外客家專區，2020-09-01，〈紐約客家會館〉。https://www.hakka.gov.tw/Content/Content?NodeID=2769&PageID=43832，取用日期：2021年6月24日。

僑務委員胡慶祥、法拉盛商改區主席莊振輝，及紐約台灣商會祕書長李金標等社區僑領，一同吃客家菜共度特別的日子。理事蔡瑞萍感謝大家長期對社團的支持，也鼓勵鄉親返國參加 10 月雙十國慶，同時也宣傳社團於 10 月 6 日在皇后區的雙十國慶活動，設立客家美食攤位，邀請會員參與。讓海外也有家鄉的溫暖，當日餐會場面備感溫馨[36]。

　　紐約客家會館在 2019 年 3 月 9 日，於法拉盛舉行新春聯歡會，齊聚 300 多名鄉親一同闔家歡樂。經 2018 年改組後，第一屆理事長蔡瑞萍表示，會館在 2007 年成立，迄今過了一個十年，今日社團重新出發，除了延續既往的英文、剪紙藝術、舞蹈、客語及假日客家歌謠聯誼外，也將開設長青電腦班。駐紐約台北經濟文化辦事處副主任張俊裕、紐約華僑文教服務中心副主任王盈蓉、州參議員史塔文斯基、市議員顧雅明等，皆來到會館獻上最美滿的祝福[37]。客家社團固然有傳承客家文化的旨趣，不過也同時關心國事和會員的日常小事，如：學習電腦、剪紙藝術和生日派對，是一個凝聚同鄉的綜合性平台。

（九）世界客屬總會美國美東分會

　　世界客屬美東分會於 2006 年 1 月 13 日，在華埠金橋大酒樓舉辦新年宴會，並慶祝第九屆的職員就職。典禮上新任會長蘇煥光，及副會長李

36　僑界活動新聞集錦，2018-09-10，〈紐約客家會館慶生會〉。《駐紐約台北經濟文化辦事處》https://www.roc-taiwan.org/usnyc/post/8429.html，取用日期：2021 年 6 月 24 日。

37　家瑞，2019-03-11，〈紐約客家會館新春聯歡　凝聚鄉情〉。《大紀元》，https://www.epochtimes.com/b5/19/3/11/n11104414.htm，取用日期：2021 年 6 月 24 日。

志潛、蕭貴源、李梅章等人，接受 300 位嘉賓的恭賀。駐紐約台北經濟文化辦事處處長夏立言在發言中說到：「現在世界上有一億客家人，可以說是有華人的地方就有客家人。而且客家人是最勤儉持家的族群，在各自的行業裡都做得有聲有色，我利用這個機會表示我的敬意。」此外，還在大會中宣讀台灣世界客屬總會傳來的賀電[38]。在近期，會長蘇煥光也代表社團，積極參與各種商會活動，如 2019 年在倫敦舉辦的第 15 屆華商大會，和其他海外華人齊聚一堂[39]。和許多海外華裔大人物開拓合作機會，共創美好未來。

（十）費城崇正會

2017 年 9 月 15 日中秋節，費城崇正會在福金閣大酒樓舉辦中秋節敬老晚會。深圳市坪山區坪山社區基金會發起人兼理事長江偉明，帶領團隊參加並致贈紅包給崇正會每位鄉親。崇正會會長楊銘善由衷感謝江理事長遠道而來與對大家的關心，崇正會的鄉親帶來精彩的舞蹈與歌唱表演，共度美好佳節[40]。接著，崇正會在 2018 年 3 月 4 日舉辦新春晚宴，開了 40

38　王奕紐，2006-01-16，〈世界客屬總會美東分會慶新年　台灣總會電賀　多名政要及社區領袖與會〉。《大紀元》，https://www.epochtimes.com/b5/6/1/16/n1192415.htm，取用日期：2021 年 7 月 20 日。

39　企聯，2019-10-28，〈企聯創始人：邵海兵董事長赴英出席第十五屆世界華商大會〉。《不動產——每日頭條》，https://kknews.cc/house/63l5o2l.html，取用日期：2021 年 7 月 20 日。

40　本報費城訊，2017-09-29，〈費城崇正會鄉親歡聚慶中秋〉。《星島日報》，https://www.singtaousa.com/ny/437- 美東地區 /310118- 費城崇正會鄉親歡聚慶中秋 /?fromG=1，取用日期：2021 年 7 月 20 日。

多席。中國駐紐約總領事館副總領事邱艦、張鵬雄領事，以及王軍領事，一同出席賀新春。會長楊銘善在致詞後，介紹崇正會從微小的組織，經營到今日華廈規模的歷史。在大家歡唱卡拉 OK 時，會長楊銘善用客家話及普通話唱出自創的賀年曲，帶動全體獻唱氣氛[41]。

　　同年 7 月 25 日，在費城 9 街夾赤里街的好朋友活動中心，中國福建省台辦副主任鍾志剛、副處長游麗斌，以及福建省僑辦國外處主任吳睦軼，皆在此參加「中國惠台政策宣講會」，也請大費城僑學研究者到場，約有 200 人出席。此活動鼓勵台灣同胞理解中國對台的優惠政策，以及福建省政府將落實的台胞在企業上的平等對待，增進台灣人對中國的投資。福建省提出的 66 條惠台政策，分四大部分：一、擴大閩台經貿合作；二、支持台胞在閩實習就業創業，三、深化閩台文化交流，四、方便台胞在閩安居樂業等[42]。這些報導資訊皆顯示此客家社團重視華人間的往來，但與其他社團從文藝活動中追求的客家精神大為不同，著重的是商業貿易上的往來，看重華人身分大於客家。在海外的社團互動中，也較少和台灣其他客家社團聯繫，多與中國的其他華人社團有較高頻率的互動。海外客家社團中，以崇正命名的社團，大概和早期香港崇正公會推動全球客家連結有關，就筆者所知，除了巴西、日本的崇正會館和台灣的客家有比較密切的來往，大部分以「崇正」為名的社團與來自中國的其他華人社團互動的頻率較高。

41　本報費城訊，2018-03-11，〈崇正會隆重舉行狗年春宴 筵開約四十席冠蓋雲集〉。《星島日報》https://www.singtaousa.com/ 美東地區 /538298- 崇正會隆重舉行狗年春宴——筵開約四十席冠蓋雲集，取用日期：2021 年 7 月 20 日。

42　《星島日報》，2018-08-01，〈福建省僑辦台辦官員赴費城舉行「中國惠台政策宣講會」〉。《星島日報》，http://www.chinesenewsusa.com/news/show-20098.html，取用日期：2021 年 7 月 20 日。

六、美東客家社團社會網絡分析

本章透過社會網絡分析法來探討美國東部客家會館間相互依賴的關係，以及與外部資源的連結。透過橫斷面研究方式檢視客家會館在美國東部的發展脈絡，針對美國東部客家會館進行單模—內部網絡（one mode network）分析。單模—內部網絡分析方法，採用點度中心性分析及結構洞分析。

（一）社會網絡分析

透過社會網絡分析法進行客家研究，主要分為五個步驟：第一，界定研究的母體，也就是研究對象的範圍。第二，蒐集行動者或相關節點。第三，確立連結的關係，也就是彼此的活動連結。第四，繪製社會網絡圖。第五，進行社會網絡各項特性與關係分析。以上在進行美國東部客家會館社會網絡研究時須一併納入，並將每個客家會館組織視為一個行動者，透過調查或訪談，瞭解行動者與行動者之間的關係（張陳基、蕭新煌2018）。

本文分析的對象主要是以客家社團為主，這些社團有來自台灣的客家社團，也有中國原鄉的客家社團。本章在社會網絡分析方法的規劃下，採集的對象是美國東部所有的客家會館，因此第一步就是確認美國東部客家社團的範圍及清單。直接觀察整個母體，不牽涉到抽樣的考量。研究對象與分析過程如下：

1. 選定研究對象

我們先在網路上搜尋相關資料，並且以客家委員會目前所收集到美

國相關的客家社團為基礎，找到了在美國東部地區總共有 14 個客家社團，而這些客家社團主要又分為：來自台灣移民的客家社團、由中國移民所成立的客家社團，以及歷史淵源較久遠的客家社團（如崇正會館）。由於這些客家社團名稱許多是以英文為主，因此在翻譯上有許多別名或簡稱。本研究在進行相關的資料檢索時，首先要釐清我們應該用的關鍵字，每個不同的客家社團會有一至四個不同的檢索關鍵字來進行檢索，為使檢索的資料能趨於完整，在檢索的過程中不斷修訂或增加檢索的關鍵字。下表是本研究在搜尋這 14 個社團時採用的檢索關鍵字，以及檢索結果的網頁數量。但是，本章分析的內容範圍是以華文網頁的資料為主，有些美國的客家社團名稱或網頁內容卻不是以華文撰寫，因此可能會有所遺漏。

表 5-2　美國東部客家會館檢索關鍵詞

NO	社團名稱	檢索關鍵字	結果網頁
1	大紐約客家會	大紐約客家會	259
2	大費城臺灣客家同鄉會	大費城臺灣客家同鄉會	145
		大費城台灣客家同鄉會	147
		大費城台灣客家會	47
		大費城臺灣客家會	36
3	亞特蘭大客家同鄉會	亞特蘭大客家同鄉會	242
4	北卡客家同鄉會	北卡客家同鄉會	229
5	美東臺灣客家同鄉會	美東臺灣客家同鄉會	3
		美東台灣客家同鄉會	66
		美東台灣客家會	45
		美東臺灣客家會	3
6	紐英倫客家鄉親會	紐英倫客家鄉親會	275
7	費城崇正會	費城崇正會	102

續表 5-2

NO	社團名稱	檢索關鍵字	結果網頁
8	世界客屬總會美東分會	世界客屬總會美東分會	56
9	紐約惠州工商會	紐約惠州工商會	130
		客籍惠州工商會	0
		惠州工商聯合會	73
10	愛荷華客家同鄉會	愛荷華客家同鄉會	38
11	印第安那州客家同鄉會	印第安那州客家同鄉會	23
		印第安那客家會	0
		印州客家同鄉會	3
12	聖路易臺灣客家同鄉會	聖路易台灣客家同鄉會	25
		聖路易臺灣客家同鄉會	1
13	密西根臺灣客家同鄉會	密西根臺灣客家同鄉會	0
		密西根台灣客家同鄉會	22
		密西根客家同鄉會	7
		密西根客家會	8
		美國底特律臺灣客家同鄉會	73
		美國底特律台灣客家同鄉會	6
14	哥倫布客家會	哥倫布客家會	16
		哥城客家同鄉會	1

2. 蒐集行動者或相關節點

　　整理完以上 14 組美東客家社團檢索關鍵字詞後，開始進行網頁的爬蟲工作，透過 Google 的檢索引擎來收集每個關鍵字所搜尋到的結果網頁，透過網頁爬蟲程式來將結果網頁收集回來，轉成文字檔並加以斷詞。

3. 確立彼此的活動連結關係

本書在 2021 年 3 月 10 日至 7 月 10 日間，透過這 14 個客家社團關鍵字進行資料檢索，區分了主動關連與被動關聯，強調在使用不同關鍵字進行資料檢索的過程中，可以取得不同關聯的組織名稱。對外點度中心性排序可以參閱下表 5-3。本研究使用 UCINET6.0 網路分析軟體進行「點度中心性」分析，繪製美國東部客家會館社會網絡圖，經過 UCINET6.0 軟體進行整體加權，以及利用 NetDraw 的功能將網路圖繪出，就能看出個別節點呈現大小不同的結果。最後根據網絡圖及中心性進行資料分析，藉此瞭解哪些客家會館是美國東部客家會館社會網絡中的重要組織。

表 5-3　對外點度中心性排序

Nodes	Outdeg	Indeg	Constraint
亞特蘭大客家同鄉會	9126	189	0.21
密西根客家會	6589	87	0.12
世界客屬總會美東分會	4261	56	0.23
大紐約客家會	3792	378	0.14
紐英倫客家鄉親會	3675	244	0.15
北卡客家同鄉會	3131	129	0.15
大費城台灣客家會	3027	134	0.11
美東台灣客家會	2787	101	0.18
聖路易台灣客家同鄉會	2355	85	0.07
紐約惠州工商會	1809	10	0.07
愛荷華客家同鄉會	1712	114	0.07
費城崇正會	1125	11	0.08
印第安那州客家同鄉會	827	76	0.12
哥倫布客家會	821	0	0.12

4. 對外點度中心性分析

由於本章是以 14 個客家社團的名稱為關鍵字進行資料檢索，只有這 14 個客家社團可以出現對外點度，而對外點度的高低也跟這個客家社團的網路聲量有關，如果客家社團舉辦的活動，或是相關新聞出現的次數較多，則對外點度也會相對較高，取得的網頁資料也較多。在本章中可以發現，亞特蘭大客家同鄉會的資料遠大於其他 13 個客家社團，他們在網頁上呈現的資料相當多。密西根客家會的資料數量也很多。其他社團的數量就比較相近，包含世界客屬總會美東分會、大紐約客家會、紐英倫客家鄉親會、北卡客家同鄉會、大費城台灣客家會、美東台灣客家會、聖路易台灣客家同鄉會等。有些客家社團網路聲量不高，如：印第安那州客家同鄉會、哥倫布客家會，可能是因為較少舉辦活動，或舉辦活動的時候沒有將相關訊息發布在網頁上，或沒有相關的新聞報導。

表 5-3 為美東 14 個客家社團向外提到本文所整理的 2,340 個組織的次數，其中亞特蘭大客家同鄉會提到 2,340 個組織的次數達 9,126 次，有些組織可能被重複提到，如果不分提到的內涵具有何種（正負）關係，美東客家社團中對外點度較高的社團，往後依序為密西根客家會、世界客屬總會美東分會、大紐約客家會、紐英倫客家鄉親會、北卡客家同鄉會、大費城台灣客家會、美東台灣客家會、聖路易台灣客家同鄉會、紐約惠州工商會、愛荷華客家同鄉會、費城崇正會、印第安那州客家同鄉會、哥倫布客家會。

依本章收集的資料來看，美東客家社團向外主動關聯的網絡關係，依社團不同各有高低，基本上前面幾個社團與全球各地相關的客家組織，關係算得上相當活潑、發散。

5. 向內點度中心性分析

對外點度為 14 個社團組織提到其他 2,340 個社團的次數，向內點度則是反過來，是指這些組織的名稱在 2,340 客家社團組織的網頁中被提到的次數，此網絡節點資料僅限於美東客家社團組織之間。透過向內點度分析，可以清楚瞭解哪些組織單位會出現在美國東部客家社團的社會網絡中，點度高低也代表重要性的程度。首先，點度最高的是經文處，在美國東部 14 個客家社團的搜尋結果網頁中，經文處出現了 4,327 次，代表這些客家社團無論在舉辦活動或網路訊息的發布，都經常提及經濟文化辦事處，顯示美東客家社團與經文處的關係密切。

其次是僑務委員會、客家委員會的關鍵字，代表僑務委員會、客家委員會在美國東部客家社團網絡中，扮演相當重要的角色，不管是舉辦活動或相關的新聞報導，兩者都是同時出現；也就是這些客家社團在舉辦活動時可能會邀請僑務委員會、客家委員會來參加或給予經費資助，也代表不管是相互交流或參訪，彼此的關係非常密切。其中有一項關鍵字是台灣同鄉會，出現次數也很高，但這邊的台灣同鄉會卻無法清楚呈現出是哪個台灣同鄉會，只能說明在這些客家社團的網頁中，經常出現台灣同鄉會等關鍵字，也代表台灣同鄉會在美國東部客家社團中扮演很重要的角色。

表 5-4　向內點度中心性排序

Nodes	Outdeg	Indeg	Constraint
經文處	0	4327	0.82
僑委會	0	3669	0.34
台灣同鄉會	0	2823	0.43
客委會	0	2817	0.28
行政院	0	2004	0.28
中國國民黨	0	1721	0.86

續表 5-4

Nodes	Outdeg	Indeg	Constraint
民主進步黨	0	1537	0.63
台灣會館	0	1366	0.40
僑教中心	0	1059	0.59
外交部	0	716	0.37
北美洲台灣婦女會	0	643	0.44
美洲台灣客家聯合會	0	555	0.39
台灣商會	0	527	0.45
客語生活學校	0	521	0.46
內政部	0	481	0.42
世界惠州同鄉懇親大會	0	449	0.56
北美洲台灣人醫師協會	0	447	0.79
全美台灣客家會	0	379	0.38
大紐約客家會	3792	378	0.14
台商會	0	355	0.44
總統府	0	335	0.60
北美洲台灣人教授協會	0	275	0.63
休士頓客家會	0	252	0.32
紐英倫客家鄉親會	3675	244	0.15

6. 結構洞限制性分析

在美國東部的客家社團網絡中，因為彼此關係都相當緊密，所以可以看出限制性較低的客家社團或者是組織單位，大部分都是這 14 個客家社團。除了這些社團外，就是台灣的客家委員會、行政院以及僑務委員會，他們出現在不同的客家社團網頁當中。有些組織經常出現在不同的美國東部的客家社團的網頁當中，結構洞分析顯示他們跟美國東部的客家社團中可以扮演著重要的聯繫角色，包括美國客屬商會、休士頓客家會、香

港崇正總會、多倫多客屬聯誼會、巴西客屬崇正總會、南加州台灣客家會、中美洲客家同鄉會、哥斯大黎加台灣客家聯誼會、沙加緬度客家文化會、阿根廷台灣客家同鄉會等。

表 5-5　結構洞限制性排序

Nodes	Outdeg	Indeg	Constraint
紐約惠州工商會	1809	10	0.07
愛荷華客家同鄉會	1712	114	0.07
聖路易台灣客家同鄉會	2355	85	0.07
費城崇正會	1125	11	0.08
大費城台灣客家會	3027	134	0.11
哥倫布客家會	821	0	0.12
印第安那州客家同鄉會	827	76	0.12
密西根客家會	6589	87	0.12
大紐約客家會	3792	378	0.14
北卡客家同鄉會	3131	129	0.15
紐英倫客家鄉親會	3675	244	0.15
美東台灣客家會	2787	101	0.18
亞特蘭大客家同鄉會	9126	189	0.21
世界客屬總會美東分會	4261	56	0.23
客委會	0	2817	0.28
行政院	0	2004	0.28
美國客屬商會	0	72	0.31
中華會館	0	197	0.31
休士頓客家會	0	252	0.32
香港崇正總會	0	67	0.34

續表 5-5

Nodes	Outdeg	Indeg	Constraint
僑委會	0	3669	0.34
多倫多客屬聯誼會	0	71	0.34
巴西客屬崇正總會	0	113	0.34
南加州台灣客家會	0	169	0.34
中美洲客家同鄉會	0	83	0.34
哥斯大黎加台灣客家聯誼會	0	83	0.34
沙加緬度客家文化會	0	83	0.34
阿根廷台灣客家同鄉會	0	84	0.34

（二）美東客家社團網絡及其與客家委員會網絡關係之分析

圖 5-1 社團間的距離僅具有關係次數的意義（例如同一則新聞中同時出現的次數），並不涉及關係之正負內涵[43]，整體來看約略呈現三個分群（群集），以左方美東台灣客家會為例來看，與聖路易台灣同鄉會關係次數較高，其次是紐英倫客家鄉親會、北卡客家同鄉會、愛荷華客家同鄉會、哥倫布客家會等六個社團成一個分群。大費城台灣客家會、印第安納州客家同鄉會、大紐約客家會、密西根客家會與亞特蘭大客家同鄉會，則另為一群集。最右方的世界客屬總會美東分會、費城崇正會與紐約惠州工商會等三個社團則另為一個群集。細看，不同群組似有其特質，如：世界客屬總會美東分會、費城崇正會與紐約惠州工商會這一組，中國原鄉色彩較清楚，出現的關係次數也較高，與美東客家會的距離在 14 個社團中也較遠，關係次數比較不高。

---

43 這些關係次數的內涵，需待田野觀察與訪談進一步釐清。

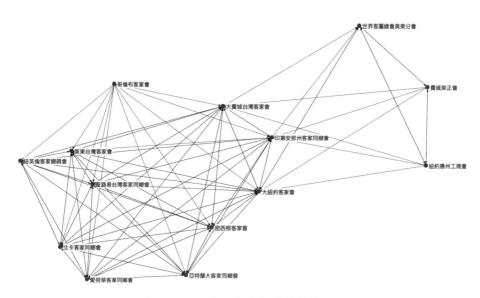

圖 5-1　美東客家會館社會網絡圖

　　關於這些社團和客家委員會的關係，從圖 5-2 可知，客委會與各社團組織都有關連，距離較近的是大紐約客家、大費城台灣客家會，再其次是印第安納客家同鄉會，這三個客家社團與客委會的關係最密切，舉辦的活動及其網頁新聞中經常出現客委會。相同的，與客家中國原鄉有關的紐約惠州工商會、世界客屬總會美東分會與費城崇正會三者自成一群集，與客委會的關係較疏遠。另外一個群體為美東地區的其他客家社團，同樣也與客委會有關，並且保持一定距離。

　　圖 5-3 為美國東部的客家社團結構洞圖，結構洞是指聯繫到其他所有組織單位可能性最高或者是最有效率的組織，所以在計算時採用的標的是指 2340 個關鍵字分析出來的社團或組織，而不只是連結到這 14 個客家社團所形成的結構洞。在圖 5-3 中，14 個客家社團都可以彼此連結，而且結構洞的特性較為顯著，圖示較大，所以都具有結構洞的特性，可以連

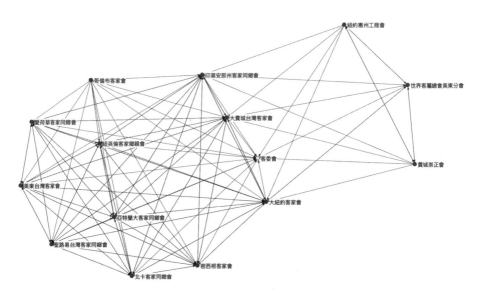

圖 5-2 美東各客家社團與客委會網絡圖

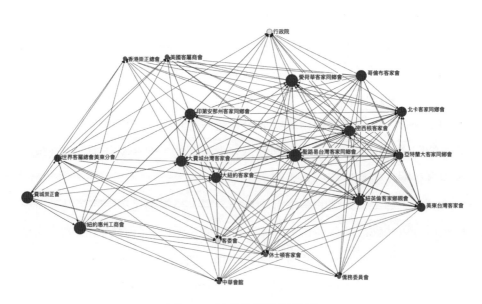

圖 5-3 美東結構洞網絡圖

結到整體網絡中不同的組織單位。另外，包括行政院、客委會、僑務委員會、美國客屬商會、香港崇正會、休士頓客家會、中華會館等，雖然結構洞的特性較不明顯，圖示較小，但也都占據關鍵聯繫角色的結構洞位置。

　　關於個別社團網絡之分析，以圖 5-4 大紐約客家會的網絡圖為例說明，圖中的圓點大小是依據向內點度來定義，向內點度越高，則圖形越大。中間圓點為美東 14 個客家社團。以這些社團為範圍來觀察，大紐約客家會與亞特蘭大客家同鄉會、費城崇正會距離較近，並與其他 13 個社團都有連結。

　　將大紐約客家會與其他客家社團一起觀察，客家社團間的相對位置相關資訊，顯示大紐約客家會對外的網絡關係。至於「圖形較大」的節點為本社團向內點度較高的社團或組織，這表示這些組織的網頁中出現「大紐約客家會」的情形較高，例如客委會、行政院、經文處、台灣同鄉會，可視為提到大紐約客家會較多的社團或組織。關於美東其他客家社團的網絡關係分析圖，請參閱附錄。

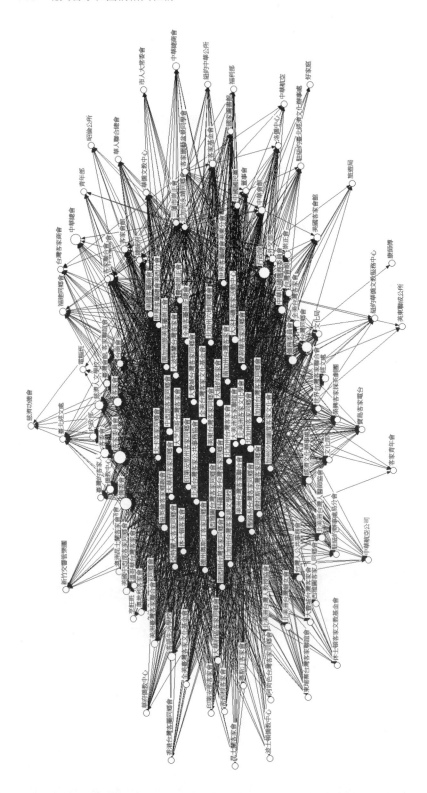

圖 5-4　大紐約客會網絡圖

參考文獻

利亮時，2009，〈會館、華商與華校的結合體制：以新加坡茶陽（大埔）會館為例〉。《客家研究》3（1）：35-56。

李毓中，2016，《湯錦台訪談稿》。2016 年北美洲客家研究計畫成果報告。

李毓中，2017，〈北美洲客家研究計畫 〉結案報告。客家委員會客家文化發展中心委託研究。

林政剛，1993，〈美東台灣客家同鄉會〉，《全美台灣客家會》，創刊號。加州：全美台灣客家會。

林文棟，2020，〈客家人在紐約〉，《2020 年大紐約客家會年刊》。大紐約客家會出版。

林正剛，1993，〈美東台灣客家同鄉會〉，《全美台灣客家會》創刊號：23。

張貴洋，1997，〈團結！團結！團結！：大華府客家同鄉會會長的話〉，《第三屆全美台灣客家懇親會》。美國達拉斯。

陳世榮，2013，《社會網絡分析方法：UCINET 的應用》。高雄：巨流。

麥良朋，2007，〈大費城台灣客家會簡介〉，《2007 全美台灣客家會會刊》。加州聖荷西。

張陳基、蕭新煌，2018，〈新加坡客家社團的社會網絡模式〉。頁 139-160，收錄於黃賢強編，《會館、社群與網絡》。新加坡：八方文化。

彭森賢，1993，〈華府客家同鄉會〉，《全美台灣客家會創刊號》。

湯錦台，2006，〈美國大紐約地區的臺灣客家人〉。全球視野下的客家與地方社會：第一屆台灣客家研究國際研討會會議論文。

劉永斌、彭賢森編，1993，《全美台灣客家會》（創刊號），Santa Anita：全美台灣客家會。頁 23。

劉軍，2004，《社會網絡分析導論》。北京：社會科學文獻。

魏武雄，《2015 美洲台灣客家聯合會年會暨懇親大會》，美州台灣客家聯合會。

Blau, P. M., 1977, Inequality and heterogeneity: A primitive theory of social structure Vol. 7. New York: Free Press.

Freeman, L. C., Roeder, D., & Mulholland, R. R., 1979, "Centrality in social networks: II. Experimental results." Social networks 22: 119-141.

Pfeffer, J., & Salancik, G., 2003, The external control of organizations: A resource dependence perspective. CA: Stanford University Press.

網路資料

《星島日報》，2018，〈福建省僑辦台辦官員赴費城舉行「中國惠台政策宣講會」〉。《星島日報》，8 月 1 日。http://www.chinesenewsusa.com/news/show-20098.html，取用日期：2021 年 7 月 20 日。

Facebook，（DC Hakka 大華府區客家同鄉會）。《Facebook》。https://www.facebook.com/ILoveHakka/，取用日期：2021 年 4 月 30 日。

Facebook，（Hakka Association of Atlanta 亞特蘭大客家會）。《Facebook》。https://www.facebook.com/hakkaatlanta，取用日期：2021 年 4 月 7 日。

Facebook，（Hakka Association of NY Inc. 大紐約客家會）。《Facebook》。https://www.facebook.com/HakkaAssociationofNY/，取用日期：2021 年 3 月 23 日。

Youtube，（Hakka Association of NY 大紐約客家會）。《Youtube》https://www.youtube.com/channel/UC_yTVzLNQS1NdsdkHJC9b2g，取用日期：2021 年 3 月 23 日。

Youtube，（Hakka DC）。《Youtube》https://www.youtube.com/channel/UC1cEuS29L-22IP3-_PmDT6Q，取用日期：2021 年 4 月 30 日。

中華民國僑務委員會，2021，〈紐英倫客家鄉親會 帶領探究客家血「源」〉。《中華民國僑務委員會電子報》，3 月 18 日。 https://www.ocac.gov.tw/OCAC/Pages/Detail.aspx?nodeid=345&pid=23954692，取用日期：2021 年 6 月 23 日。

王明心，2021，〈北卡客家同鄉會 送道地家鄉味鹽水鴨慶新年〉。《世界新聞

網》，2 月 17 日。https://www.worldjournal.com/wj/story/121278/5254568，
取用日期：2021 年 6 月 21 日。

王明心，2021，〈慶端午 北卡客家同鄉會啖美食談理財〉。《世界新聞網》，6
月 16 日。https://www.worldjournal.com/wj/story/121278/5535633， 取 用
日期：2021 年 6 月 21 日。

王奕紐，2006，〈世界客屬總會美東分會慶新年 台灣總會電賀 多名政要及
社區領袖與會〉。《大紀元》，1 月 16 日。https://www.epochtimes.com/
b5/6/1/16/n1192415.htm，取用日期：2021 年 7 月 20 日。

北卡客家同鄉會，2020，〈Welcome! 北卡客家同鄉會 North Carolina Hakka
Association〉。https://sites.google.com/site/hakkanc/home?authuser=0， 取
用日期：2021 年 6 月 21 日。

本報費城訊，2017，〈費城崇正會鄉親歡聚慶中秋〉。《星島日報》，9 月 29 日。
https://www.singtaousa.com/ny/437- 美東地區 /310118- 費城崇正會鄉親歡
聚慶中秋 /?fromG=1，取用日期：2021 年 7 月 20 日。

本報費城訊，2018，〈崇正會隆重舉行狗年春宴 筵開約四十席冠蓋雲集〉。
《星島日報》，3 月 11 日。https://www.singtaousa.com/ 美東地區 /538298-
崇正會隆重舉行 狗年春宴 - 筵開約四十席冠蓋雲集 /，取用日期：2021
年 7 月 20 日。

企聯，2019，〈企聯創始人：邵海兵董事長赴英出席第十五屆世界華商大
會〉。《不動產 - 每日頭條》，10 月 28 日。https://kknews.cc/house/63l5o2l.
html，取用日期：2021 年 7 月 20 日。

江彥震，2018，〈 客 家 人 在 美 國 〉。《世 界 客 報 》，9 月 11 日。https://
john380920.blogspot.com/search?q=%E7%BE%8E%E5%9C%8B%E7%9A
%84%E5%AE%A2%E5%AE%B6%E4%BA%BA，取用日期 2019 年 4 月 9
日。

李彥輝供稿，良克霖編，2019-04-29，〈澳洲客家鄉親拜訪費城〉。《大紀元》，
https://www.epochtimes.com/b5/19/4/29/n11220521.htm，取用日期：2021
年 6 月 20 日。

李彥輝供稿，凌浩編，2018-06-27，〈大費城台灣客家同鄉會舉辦端午聚會〉。《大紀元》，https://www.epochtimes.com/b5/18/6/30/n10526697.htm，取用日期：2021 年 6 月 20 日。

林丹，2019，〈台紐客家藝術聯展 10 月 3 日辦開幕酒會〉。《大紀元》，10 月 1 日，https://www.epochtimes.com/b5/19/10/1/n11559059.html，取用日期：2021 年 3 月 23 日。

波士頓，2019，〈紐英倫客家鄉親會會員大會 宋玉琴會長及兩副會長連任〉。《星島日報》https://www.singtaousa.com/ 美東地區 /2343301- 紐英倫客家鄉親會會員大會 - 宋玉琴會長及兩副會長 /，取用日期：2021 年 6 月 23 日。

客家委員會，2006，〈北卡客家同鄉會〉。《客家委員會》，12 月 5 日。https://www.hakka.gov.tw/Content/Content?NodeID=2769&PageID=43696，取用日期：2021 年 6 月 21 日。

客家委員會，2006，〈大費城台灣客家同鄉會〉。《客家委員會》，4 月 20 日。https://www.hakka.gov.tw/Content/Content?NodeID=2769&PageID=43708，取用日期：2021 年 5 月 23 日。

客家委員會，2007，〈亞特蘭大客家同鄉會〉。《客家委員會》，9 月 25 日。https://www.hakka.gov.tw/Content/Content?NodeID=2769&PageID=43724，取用日期：2021 年 5 月 10 日。

客家委員會，2007，〈美東台灣客家同鄉會〉。《客家委員會》，9 月 25 日。https://www.hakka.gov.tw/Content/Content?NodeID=2769&PageID=43727，取用日期：2021 年 5 月 7 日。

客家委員會，2018，〈大紐約客家會慶端午〉。《客家委員會》，6 月 22 日。https://global.hakka.gov.tw/20/News_Content.aspx?n=476D25DC5646B965&sms=F76EEAE716E16974&s=4B23AB5E29FEC6A11，取用日期：2021 年 5 月 10 日。

客家委員會，2019，〈紐英倫客家鄉親會天穿日 熱鬧滾滾〉。《客家委員會》3 月 5 日。https://www.hakka.gov.tw/Content/Content?NodeID=1769&Page

ID=43598，取用日期：2021 年 6 月 23 日。

客家委員會，2020，〈夏威夷台灣客家協會〉。《客家委員會》，9 月 1 日。
　　https://www.hakka.gov.tw/Content/Content?NodeID=2769&PageID=43835，
　　取用日期：2021 年 8 月 31 日。

客家委員會，2020，〈紐約客家會館〉。《客家委員會》，9 月 1 日。https://
　　www.hakka.gov.tw/Content/Content?NodeID=2769&PageID=43832，取 用
　　日期：2021 年 6 月 24 日。

唐嘉麗，2021，〈客家鄉親會 雲端慶祝「天穿日」〉。《世界新聞網》，2 月 26
　　日，https://www.worldjournal.com/wj/story/121276/5278970，取 用 日 期：
　　2021 年 6 月 23 日。

家瑞，2019〈紐約客家會館新春聯歡 凝聚鄉情〉。《大紀元》，3 月 11 日，
　　https://www.epochtimes.com/b5/19/3/11/n11104414.htm，取用日期：2021
　　年 6 月 24 日。

紐約台北經濟文化辦事處，2019，〈大紐約客家會慶祝 21 周年聯歡會暨天穿
　　日活動〉。《僑界活動新聞集錦》，3 月 17 日，https://www.taiwanembassy.
　　org/usnyc/post/9088.html，取用日期：2021 年 3 月 23 日。

張燕，2019，〈大費城台灣客家同鄉會年會 慶中國新年〉。《大紀元》，1 月
　　26 日，https://www.epochtimes.com/b5/19/1/25/n11002496.htm，取用日期：
　　2021 年 6 月 20 日。

華盛頓訊，2014，〈好客文化列車驚艷大華府站〉。《華盛頓新聞》，10 月 1 日，
　　http://m.stnn.cc/pcarticle/140015，取用日期：2021 年 5 月 2 日。

僑界活動新聞集錦，2018，〈紐約客家會館慶生會〉。《駐紐約台北經濟文化
　　辦 事 處 》，9 月 10 日，https://www.roc-taiwan.org/usnyc/post/8429.html，
　　取用日期：2021 年 6 月 24 日。

附錄： 美東各客家社團網絡關係分析圖

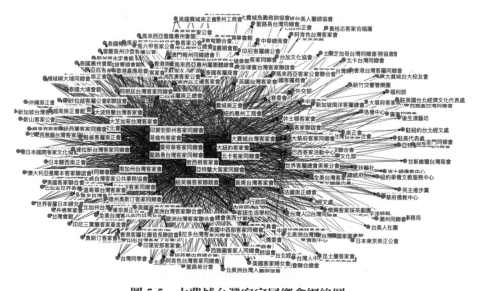

圖 5-5　大費城台灣客家同鄉會網絡圖

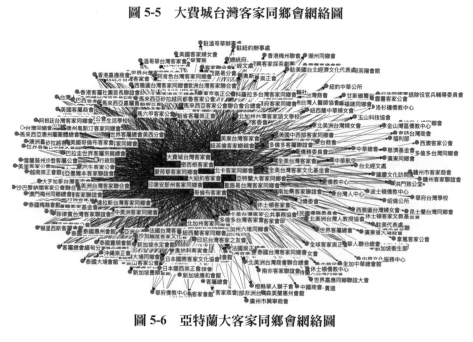

圖 5-6　亞特蘭大客家同鄉會網絡圖

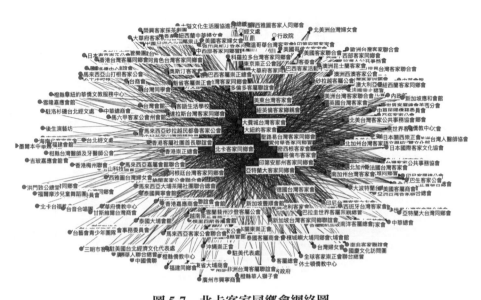

圖 5-7　北卡客家同鄉會網絡圖

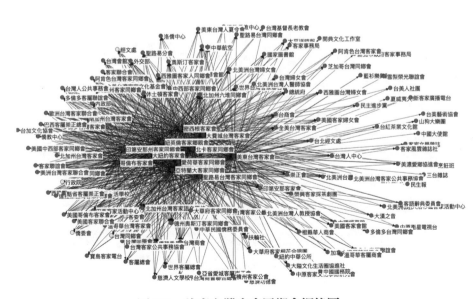

圖 5-8　美東台灣客家同鄉會網絡圖

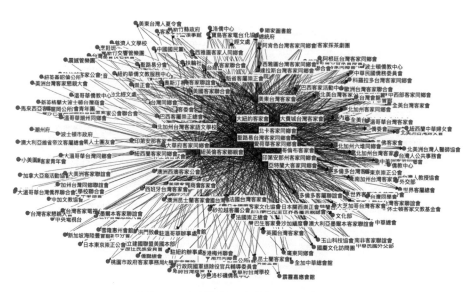

圖5-9　紐英倫客家鄉親會網絡圖

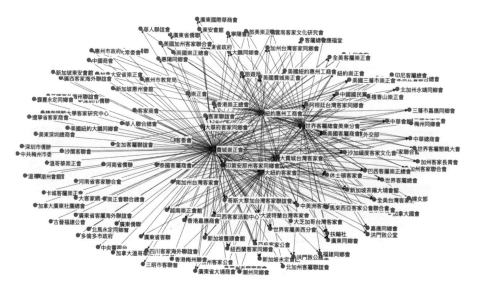

圖5-10　費城崇正會網絡圖

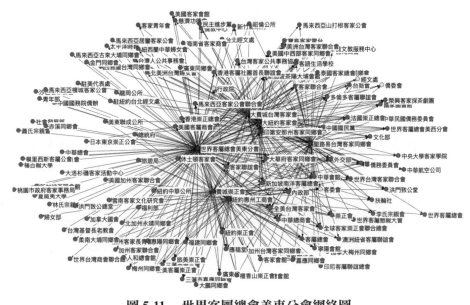

圖 5-11　世界客屬總會美東分會網絡圖

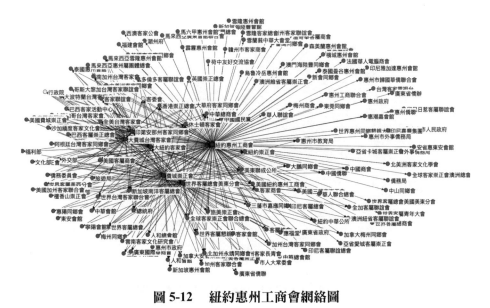

圖 5-12　紐約惠州工商會網絡圖

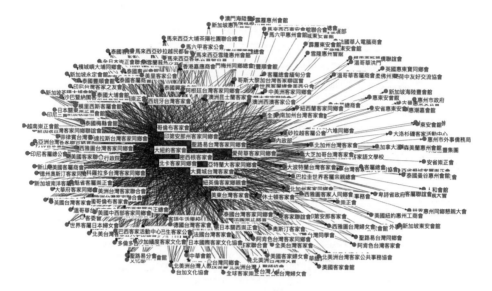

圖 5-13　愛荷華客家同鄉會網絡圖

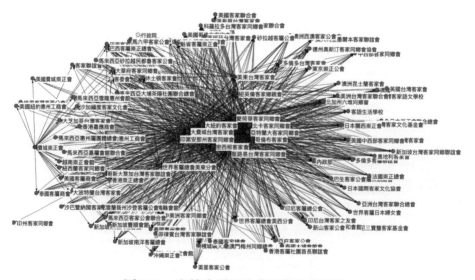

圖 5-14　印第安那州客家同鄉會網絡圖

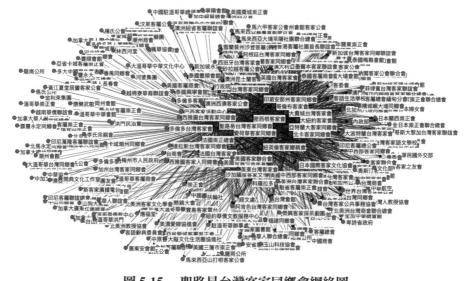

圖 5-15　聖路易台灣客家同鄉會網絡圖

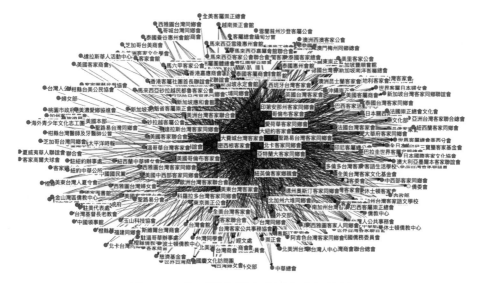

圖 5-16　密西根台灣客家同鄉會網絡圖

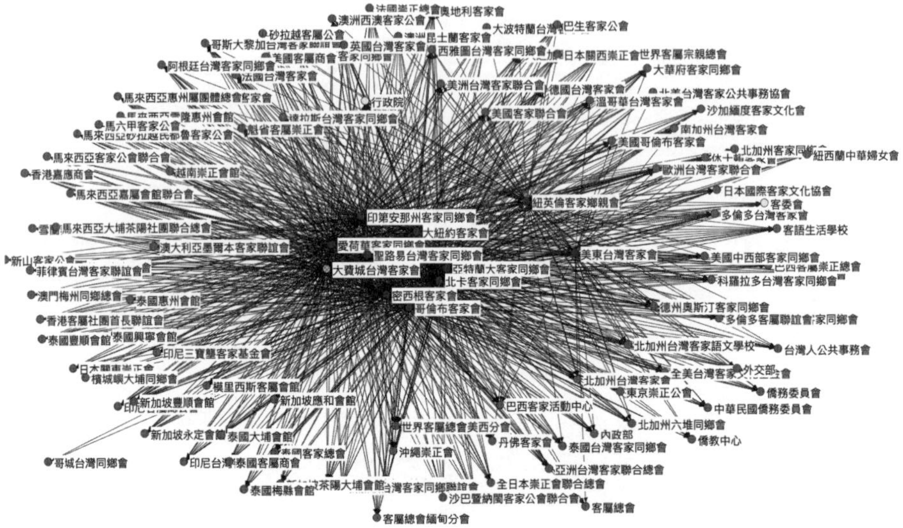

圖 5-17　哥倫布客家會網絡圖

第 6 章

加拿大客家社團歷史、發展與網絡分析
張陳基

一、前言

　　加拿大是一個多元族群的移民社會，移民在加拿大的經濟發展與多元文化中扮演重要地位。根據 2016 年加拿大人口普查顯示，加拿大的移民人口占 21.9%（人口數為 7,540,830 人）。在所有的移民人口中，中國占 11.4%（人口數為 858,200 人），而台灣占 0.8%（人口數為 63,770 人）。在 2011 年至 2016 年間，有 121 萬華人移民至加拿大（StatisticsCanada 2017）。雖然加拿大已經是成熟的多元族群社會，加拿大依靠移民來幫助緩解勞動力短缺和人口老齡化問題，但是移民和族群之間的緊張關係仍然明顯，有些爭議是發生在與族群相關的團體組織上（Guo 2012）。自 COVID-19 流行開始以來，2018 年至 2019 年間，在加拿大出於族群仇恨動機的犯罪數量增加了 10%，少數族群雖然之前就存在被歧視的問題，但在 COVID-19 流行後，明顯感受到更多來自於族群的騷擾或攻擊的威脅[1]。在加拿大有超過 300 個以上的華人社團組織，華人習慣會聚一堂，在

1　https://www.statcan.gc.ca/en/dai/smr08/2021/smr08_250，取用日期：2021 年 7

維多利亞市的中華會館成立於 1884 年，由當時來美國加州淘金，後輾轉來到英屬哥倫比亞省維多利亞市的華人所成立。在 1881 年至 1885 年之間，有多達一萬七千名中國勞工在英屬哥倫比亞省建築鐵路。中華會館屬下有 29 個僑團、87 位理事及約 1,500 名成員，這些華僑團體有些是以姓氏、籍貫、宗教及政治等因素為創會宗旨，有些則以推廣文化、藝術、音樂、舞蹈或文學為目的。歷史悠久的僑團，會員以男性為主，但目前已經有許多以女性為主的僑團。由於當時華人尋金者大多來自於中國廣東珠江流域，包括三邑（南海、番禹、順德）、四邑（台山、新會、開平、恩平）以及中山等地，僑團開會時以中文粵語為主，也有些以加國土生華裔為主的僑團是以英語為會議使用語言（Amos & Wong 1950）。

維多利亞市中華會館一位理事溫金有（Wan Alexander Cumyou），是 1861 年首位在加拿大英屬哥倫比亞省出生的第二代客家人，能說客家話及粵語，精通英語，成為華人擔任加拿大公職的第一人，加拿大早期開發與華人的勤奮努力有很大關係。可惜加拿大在 1923 年 7 月 1 日通過華人移民的禁令，完全禁止華人移民至加拿大，歧視性的移民法律直到 1947 年才完全廢除。之後加拿大政府非常重視移民，自 1980 年起，每年均根據納稅申報表進行移民相關統計數據，來自亞洲每一波移民潮的移民，以及他們在加拿大出生的後代，為加拿大人口種族文化多樣性做出貢獻，在整個加拿大人口中，華人接近 180 萬人、印度約 140 萬人，其餘較多者為阿拉伯人和菲律賓人。加拿大客家社團歷史、發展與網絡分析，可以進一步暸解加拿大客家社團的發展，本章結合網路爬蟲技術擷取資料與社會網絡分析，以大規模網路資料來進行「橫斷面研究」，可以在同一個時間裡，蒐集並分析加拿大不同客家社團網絡發展現況（Cooper et al. 2003）。

月 1 日。

二、客家移民組織

　　移民相關的團體組織包括秘密會社（secret societies）、信用合作社（credit associations）、互助社團（mutual benefit societies）、宗教團體（religious groups）、原鄉協會（hometown associations）以及政治和倡導團體（political and advocacy groups），而這些團體經常影響移民各式社交活動（Moya 2005）。加拿大華人移民社團有政黨（國民黨、致公堂）、原鄉（梅州同鄉會）、姓氏宗族（安省鄧氏宗親會）、宗教信仰（譚公廟）、方言（人和公司）、社交休閒（溫哥華合家歡聯誼會）、商業（客家商會）等類型。加拿大華人社團組織中的秘密社團有 1880 年代的「致公堂」、「洪門民治黨」，屬於較早成立的華人社團組織。

　　信用合作社或互助社團則有商會組織或是慈善團體，包括加拿大台商聯合會、溫哥華華商婦女會、渥太華華商會、卑詩省[2]台灣商會、加拿大中藥商會、加拿大中華商會、北美洲台灣商會聯合總會、加拿大中華總商會、加華扶助會、溫哥華華夏互助會、溫哥華中僑互助會等。原鄉協會則有來自台灣、中國以及世界各地的同鄉會，數量最多，約占加拿大華人社團組織的三分之一，例如卑詩省潮州會館、安省山東同鄉會、安省海南同鄉會、加拿大台灣同鄉會等。宗教團體有佛光山華嚴寺、中華天主教堂、華人浸信會等。政治和倡導團體則有安省新民主黨華人諮詢委員會、中國洪門民治黨駐加總支部、溫哥華洪門民治黨體育會等。在加拿大，由移民所創立的協會，隨著第二代或第三代成員的加入，移民的色彩也逐漸減少，而形成另一種族群協會。

2　請參考第 1 章注釋 1 說明，此處以及本書其他出現之處保留卑詩省的寫法，是因為組織名稱而不變更。

　　華人散布在世界各地，不同地區的華人社團發展有不同的特性。例如根據新加坡華人社團的研究，影響海外華人組織擴張及多元化發展的原因是人口規模以及族群的異質性（Freedman 1960）。法國占領金邊期間華人組織較少，並不是因為人口規模較小，而是導因於會館組織制度，到了二次大戰後，受到中國民族主義以及西方組織觀念的影響，華人會館才逐漸增加（Willmott 1969）。但是在加拿大，華人社團的發展主要是受到西方國家歧視壓迫以及來自中國文化持續影響所致（Wickberg 1979）。每個華人社團都有自身的領導者以及各自成立的宗旨跟功能，加上華人社會跨組織關係緊張的根源，包括政治上的差異、個人衝突和群體整合問題等，世界各地的華人社區經常是由許多社團所形成的分裂社會（Lai 2010）。

　　在加拿大華人社團組織中，與「客家」有關的移民團體大多是以「原鄉」為基礎的同鄉會。不少也有以「氏族」為基礎的姓氏宗親會，倚靠血緣關係的連結。第三種是以「族群」為基礎的聯誼會，透過族群認同而產生的連結。最後是以「商業」關係為導向的商會組織，這四種移民組織的成員是相互重疊且混合而成的，在社團所擔任的職位越多，也代表在

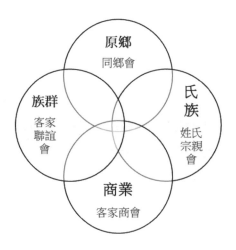

圖 6-1　客家移民社團身分重疊

社群中的影響力越高（Willmott 1969），因此許多人會在不同社團中擔任職位，人員重疊關係請參閱圖 6-1 所示。

　　加拿大有華裔近百萬，以祖籍廣東省五邑地區為最多，而客家人占華裔人口十分之一，約有 10 萬人。客家人群聚之地，成立不少地緣、族緣、業緣和血緣等性質的客屬社團。細數客家先民在加拿大的發展史，最早於 1876 年在維多利亞成立「致公堂」，隔年興建「譚公廟」，紀錄上是最早出現在北美洲的客家信仰（李毓中、關恆安 2018）。1881 年至 1885 年之間，華人參與英屬哥倫比亞省橫貫西部連接太平洋鐵路建築工程，黃遵憲在 1883 年受清朝政府指派為駐美國三藩市領事兼管加拿大英屬哥倫比亞省維多利亞華僑事務，並於 1884 年協助維多利亞僑胞籌建成立中華會館，以團結當地僑民為目的。

　　客家人於 1905 年成立了第一個加拿大客家組織「人和會館」（Yen Wo Society），當初有 46 位創會會員，同時兼管加拿大最古老的華人廟宇譚公廟（1877），擔任保管人之職。1971 年人和會館長老黃池、黃國連、黃朝倫和邱石英將人和會館基金捐出購置會所，並正式向官方登記成立溫哥華客屬崇正會 (房學嘉 2012)。加拿大持續支持少數族群的各項建設發展，例如英屬哥倫比亞省省府在 2021 年，就以社區經濟復甦基礎設施計劃（Community Economic Recovery Infrastructure Program, CERIP）的「獨特歷史遺迹基建項目」（Unique Heritage Infrastructure），資助溫哥華片打東街（E. Pender St.）的陳穎川總堂（Chin Wing Chun Society）、維多利亞的客屬人和會館（Yen Wo Society）與譚公廟（Tam Kung Temple）等各項建設與建築物維護 [3]。

3　http://www.mingpaocanada.com/van/htm/News/20210224/VDindex_r.htm，取用日期：2021 年 7 月 1 日。

三、加拿大客家社團歷史發展

　　加拿大的行政區劃是由 10 個省和 3 個地區所組成的。省和地區主要不同的地方在於省是根據憲法法令所設立的，但地區是據聯邦法律所設立的，所以地區由聯邦政府直接管轄，省則是由各省的政府所管轄的。其中英屬哥倫比亞省（省會為維多利亞，最大都市為溫哥華）、安大略省（省會為多倫多）、亞伯達省（省會為艾德蒙頓，最大城市為卡爾加里）及魁北克省（省會為魁北克），這些省會及最大城市都有成立客家社團。本文在 2020 年 8 月 1 日至 2021 年 3 月 30 日期間，在網路上蒐集加拿大客家社團相關資料，並在 2021 年 4 月 16 日線上訪問溫哥華客家會劉士榮會長以及張麗娜前會長。根據客委會網站資料顯示在加拿大有五個客家社團，包括多倫多台灣客家同鄉會、多倫多客屬聯誼會、魁北克客屬崇正會、溫哥華台灣客家會、溫哥華客屬崇正會（客委會 2020），本章以這五個客家社團為基礎，廣泛蒐集網路資料，整理出 14 個客家社團組織。西部英屬哥倫比亞省有溫哥華客屬崇正會、全加客屬聯誼會，溫哥華台灣客家會、溫哥華客屬商會和維多利亞客屬人和會館五個客家會館。東部安大略省有多倫多台灣客家同鄉會、安省崇正總會、安省惠東安會館、多倫多客屬聯誼會、加拿大客家聯誼會、多倫多梅州市同鄉會等七個客家社團，魁北克省有魁北克客屬崇正會以及亞伯達省的愛城客屬崇正會和卡爾加里客屬崇正會等，成立時間、會員人數與別名等資料如下表所示。另有加拿大贛州客家聯誼會，但因相關資料闕如散失，因此本表不予列入。

表 6-1　加拿大客家社團資料

社團名稱	區域	成立時間	別名	會員人數
致公堂	英屬哥倫比亞省	1876	維多利亞致公堂 域多利埠致公堂 域多利致公堂	400
譚公廟	英屬哥倫比亞省	1877	維多利亞譚公廟 域多利埠譚公廟 域多利譚公廟 加富門街譚公廟	
維多利亞客屬人和會館	英屬哥倫比亞省	1905	客屬人和會館 維市客屬人和會館 客屬人和崇正會 人和崇正會	
溫哥華客屬崇正會	英屬哥倫比亞省	1971	溫哥華崇正會	2,000
多倫多台灣客家同鄉會	安大略省	1973	多倫多台灣客家會	210戶
安大略惠東安會館	安大略省	1978	安大略省惠東安會館 安省惠東安會館 加拿大惠東安會館 多倫多惠東安會館 安省穗東安會館	600
安大略省崇正總會	安大略省	1984	安省崇正總會 安省崇正會 多倫多崇正總會 多倫多崇正會	30,000
卡城客屬崇正會	亞伯達省	1986	卡爾加里客屬崇正會	
愛城客屬崇正會	亞伯達省	1988	埃德蒙頓客屬崇正會	
全加客屬聯誼會	英屬哥倫比亞省	1994		
多倫多客屬聯誼會	安大略省	1995	多倫多客屬聯誼會	700
溫哥華台灣客家會	英屬哥倫比亞省省	1997	溫哥華台灣客家同鄉會	200
加拿大梅州同鄉會	安大略省	1999		

續表 6-1

社團名稱	區域	成立時間	別名	會員人數
魁北克客屬崇正會	魁北克省	2000	魁省客屬崇正會	40戶
溫哥華客屬商會	英屬哥倫比亞省	2009	加拿大客屬商會	
加拿大客家聯誼會	安大略省	2017		

資料來源：本文整理。

（一）客屬人和崇正會

　　第二次世界大戰（1939-1945）前，加拿大華人被排斥在主流社會之外。他們被限制在唐人街，唐人街成為他們的家、避難所、學習西方生活方式的訓練基地，以及融入加拿大主流社會的跳板。為瞭解決加拿大華人社會對外以及內部問題，1884 年在唐人街建立了中華會館（維多利亞）（Victoria Zhonghua Huiguan；Chinese Consolidated Benevolent Association；CCBA）。維多利亞的客家人於 1905 年在唐人街所創立客屬人和崇正會（Yen Wo Society，又稱人和公司），初期成立的目的是為了保護移民至此的客家鄉親，免受西方偏見所迫害，客屬人和崇正會後來依據英屬哥倫比亞省《社會法》，於 1993 年 5 月 20 日正式申請立案[4]。在加拿大的華人會館通常有自己的建築物，在上層設有會議廳和辦公室，下層設有租賃店面。根據 1887 年中華會館 CCBA 統計資料，維多利亞共有餘慶堂（祖籍原鄉為台山、新寧）、福慶堂（新會）、廣福堂（開平）、昌厚堂（中山、番禺）、福善堂（恩平、香山）、仁安堂（增城、順德）、福蔭

4　http://contentdm.library.uvic.ca/cdm/singleitem/collection/collection20/id/394/rec/2，取用日期：2021 年 7 月 1 日。

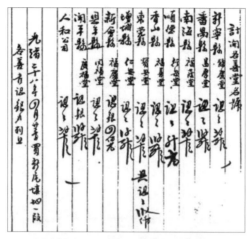

圖 6-2　早期維多利亞華人會館
資料來源：（Lai 2010, pp. 25, 102）

堂（南海）、寶安堂（東莞）、同福堂（恩平）、恒安堂（順德）等 10 個
善堂以及客家人成立的人和公司，合計 11 個華人會館（Lai 2010）。

　　加拿大客家人重要的信仰——譚公廟，歷史可追溯至 1860 年代，當
時一位來自廣東省客家人將一尊譚公雕像帶到維多利亞。當他前往弗雷澤
河（Fraser River）淘金時，將雕像放置在約翰遜街（Johnson Street）沿
線的一個木製壁龕中供其他人崇拜。幾年後，維多利亞客家人魏思（Ngai
Sze）夢到譚公讓他建廟。1876 年 1 月，他先在政府街（Government
Street）拐角處的出租物業上，有一座小廟供奉譚公。蔡清（Tsay Ching）
和董桑（Dong Sang）在 1877 年於政府街 1713 號購買了這處房產作為寺
廟。1911 年人和會館購買了譚公廟所在的物業，成為加拿大最古老的華
人廟宇譚公廟的保管人，後拆除了磚廟，並於 1912 年興建會館[5]。客屬人

5　https://chinatown.library.uvic.ca/index.html%3Fq=yen_wo_society.html，取 用
　　日期：2021 年 7 月 1 日。

和崇正會有許多別名，也稱為維多利亞客屬人和會館，網路上的資料並不多，本章並未將此會館列入社會網絡分析的對象。

圖 6-3　客屬人和崇正會現址[6]

資料來源：Victoria Online Sight Seeing Tours 2016，取用日期：2021年7月1日。

（二）溫哥華客屬崇正會

溫哥華客屬崇正會（Tsung Tsin Hakka Association；Vancouver Tsung Tsin (Hakka) Association；Vancouver Tsung Tsin Association）成立於 1971 年，積極參與華人社團及加拿大主流社會活動。該會宗旨為聯絡客僑鄉親

6　http://www.victoriaonlinesightseeing.com/1713-government-street-yen-wo-society-victoria-british-columbia，取用日期：2021 年 7 月 1 日。

圖 6-4　溫哥華客屬崇正會

資料來源：Google map 〈Tsung Tsin Association, 542 Keefer St, Vancouver〉，取
用日期：2021年7月1日。

及社會友好人士，並發揚中華及客家文化。在溫哥華算是較大的客家社
團，在 1986 年購置會館[7]，會館是四層樓的獨棟建築，建於 1905 年，購買
後對結構進行重大翻新，作為會館行政辦公室和會員聚會場所，還為低收
入家庭提供娛樂設施和住宿空間。會員人數有 2000 人以上，歷任會長有
張富和、鍾蘭英等，曾出版過《溫哥華客屬崇正會會訊》、《加拿大溫哥
華崇正會成立十週年紀念特刊，1983》及《加拿大溫哥華客屬崇正會成
立三十周年紀念特刊：1971-2000》[8]，典藏在溫哥華中文圖書館華人歷史
資料室。根據網頁資料顯示，本社團會舉辦會員大會、元旦團拜，在中秋

7　https://www2.gov.bc.ca/assets/gov/british-columbians-our-governments/our-history/
　　historic-places/documents/heritage/chinese-legacy/clan-associations-pdfs/vancouver_
　　clanassocandsocietybldgs_web_final.pdf，取用日期：2021 年 7 月 1 日。

8　http://vancouvercommunity.net/clibrary/historyroom/organazations.htm，取用日
　　期：2021 年 7 月 1 日。

節、春節舉行宴會、晚會等活動。網頁活動資料顯示與外部聯繫的單位有溫哥華老年華人協會、全加中華總會館、溫哥華中華會館等。

（三）多倫多台灣客家同鄉會

多倫多台灣客家同鄉會（Taiwanese Hakka Association of Toronto，簡稱 THAT）成立於 1973 年，最初命名為「加拿大客家協會」，後改名為「多倫多台灣客家同鄉會」，會員人數約 300 人，家庭會員約為 210 個家庭。定期舉辦的活動有會員大會及理事會，在歐美地區的客家同鄉會有一項共同點，就是有許多觀光休閒的活動，例如透過邀請家庭一起參與野餐、旅遊等方式進行聯誼，促進彼此之間的感情，多倫多台灣客家同鄉會也經常舉辦賞楓、釣魚、烤肉等活動。社團宗旨為促進台灣客家鄉親會員間交誼及文化活動、促進其他社團之團體性交流活動及傳承台灣客家文化之薪火。舉辦各種活動傳承客家文化、美食、語言及傳統精神、推廣客家文化在主流社會的能見度、促進客家鄉親的團結及互助、增進台灣自由民主文化的價值觀、爭取少數民族文化、語言的權益及尊嚴及提升台灣客家在國際的發展空間。為了傳承客家文化，多倫多台灣客家同鄉會也經常舉辦藝文活動，邀請國內的客家表演團體或是文藝作家等共同參與。例如舉辦「2000 年全美洲客家夏令營」及「客家戲曲之夜」邀請到國家級的表演團體「榮興客家採茶劇團」蒞臨多倫多表演[9]。

2016 年 6 月 4 日成立「多倫多台灣客家同鄉會」粉絲專頁[10]，為公開

9　https://www.hakka.gov.tw/Content/Content?NodeID=2769&PageID=43709， 取用日期：2021 年 7 月 1 日。

10　https://www.facebook.com/groups/146316675783637，取用日期：2021 年 7

的社團形式，成員有 252 位。粉絲專頁則是更新活躍大約每周有六則貼文，粉絲專頁之貼文很關心台灣的時事，也有轉發分享歌曲、疫情資訊和客委會之貼文，而社團本身事務和活動資訊較少，社團活動如在 2019 年 6 月 11 舉辦的「客家行動灶下」—多倫多客家美食料理教學 [11]。除了每年舉辦會員大會及理事會外，也經常舉辦大型的藝文活動，並每年都按季節舉辦賞楓、釣魚、烤肉等活動，聯繫鄉親的感情，在 2018 年 7 月 1 日代表台灣於前往馬偕故鄉舞蹈表演 [12]，並且與多個美加社團有接觸，例如北美洲台灣婦女會多倫多分會、多倫多台灣同鄉會、多倫多台灣婦女會、多倫多台灣青籐會、加台傳統協會、加拿大台灣人權協會、加拿大台灣人公共事務會、多倫多台灣人教會協會、福爾摩莎長青學苑，並且為多倫多台灣人社團聯誼會和台僑社區服務協會之成員。

（四）安大略惠東安會館

安大略惠東安會館（Fui Toong On Society），也稱為多倫多惠東安會館、加拿大惠東安協會，成立於 1978 年，會館會址 102 D'Arcy St, Toronto, ON M5T 1K1 加拿大，會館另有收租公寓可以出租。惠東安協會是惠陽、東莞、寶安三縣客屬僑民組成的同鄉會，這三縣目前已經成長為福州市、東莞市和深圳市大型現代化工業城市。主要的活動有農曆新年、

月 1 日。

11　https://www.epochtimes.com/b5/19/6/10/n11313053.htm，取用日期：2021 年 7 月 1 日。

12　https://www.youtube.com/watch?v=DrQS-jc_nAw，取用日期：2021 年 7 月 1 日。

圖 6-5　惠東安會館

資料來源：Google map（惠東安會館，102 D'Arcy St, Toronto），取用日期：
2021年7月1日。

中秋節、重陽敬老節（Senior's Day）、周年慶（Anniversay）、新年晚宴
（New Year Banquet）等，也會在夏季舉辦野餐活動（Summer Picnic），
以及聖誕節活動等。這些活動強化了年輕人對於客家文化的認識以及會員
之間的情感。惠東安會館會員人數約600多人，致力於慈善事業、族群
和諧、支持多元文化等工作，也獲得加拿大政府頒發多項獎項及榮譽，包
括加拿大勳章（The Order of Canada）。加拿大勳章，是加拿大的最高平
民榮譽勳章，也是最重要的加拿大榮譽制度。勳章的資格是授予那些堅守
勳章的拉丁格言「期望有個更好的國家」的人。

　　惠東安協會在 Facebook 成立粉絲專頁（Fui Toong On Society -
Hakka）[13]，內容以英文為主，追蹤人數約有 140 多人，粉絲專頁有許多客

13　https://www.facebook.com/fuitoongon，取用日期：2021 年 7 月 1 日。

家相關的貼文，以及紀錄會館相關活動的照片。除了粉絲專頁，惠東安協會也有專屬的網站，http://www.fuitoongon.com/，網站內容豐富，詳細記載社團相關活動。設有理事長、副理事長（三位）以及監事長、監事等，部門則包括外交、租務、財政、總務、老年福利 / 文化事務、青年社交事務以及中英文秘書長，理事和監事每三年選舉一次，現任惠東安協會主席為陳禮明。與中國大陸友好，在慶祝活動中有中國駐多倫多總領事、副總領事及副領事參加，新聞中提及到該會館對 2013 年四川蘆山地震賑災捐款 3000 加元 [14]。在 2001 年 7 月參與加拿大是我家（I LOVE CANADA）遊行，約有 40 個華人社團共同參與 [15]。對外活動部分，該會館組織回鄉尋根探親團到中國深圳探訪以及廣東省客屬海外聯誼會到惠東安會館探訪並進行交流 [16]。目前積極參與第 31 屆世界客屬懇親大會（31st World Hakka Conference）的相關活動。

（五）安大略省崇正總會

安大略省崇正總會（Tsung Tsin Association of Ontario），又名加拿大安省崇正總會，簡稱 TTA，成立於 1984 年，是加拿大多倫多當地的傳統僑界社團，會員主要為從牙買加、千里達和多巴哥、東南亞各國及中國香港等地移居的客家人。會員祖籍多為廣東惠陽、東莞和深圳 [17]。2017 年

14　http://szszfw.gov.cn/bl/lszl/201711/t20171108_18851754.htm，取用日期：2021 年 7 月 1 日。

15　http://news.sina.com.cn/c/291640.html，取用日期：2021 年 7 月 1 日。

16　https://www.hakka.com/article-20593-1.html，取用日期：2021 年 7 月 1 日。

17　http://www.chinanews.com/zgqj/2010/11-19/2668482.shtml，取用日期：2021

圖 6-6　安省崇正總會

資料來源：Google map（安省崇正總會，3880 Midland Ave, Scarborough），取
用日期：2021年7月1日。

梅州時政報導有該會會員約有 3 萬人，每年須繳 30 美元會費。出版品有
《加拿大安省崇正總會成立 18 週年紀念特刊》。社團意旨在增進客家人情
感，加強聯繫，相互幫助，敬老愛幼，慈善公益，保障會員權益。鼓勵
客家家庭代間的相互連結，傳承客家文化，強化協會功能，成為安大略
省客家社團的領導者。該社團非常積極經營，有專屬網站，https://www.
tsungtsinontario.ca/，語言以英文為主。2011 年 9 月在 Facebook 成立社
團（Tsung Tsin Ontario），374 位成員 [18]。內部活動相當頻繁，每周和每月
都有舉辦多項語言、音樂、歌唱教學課程、麻將、橋牌俱樂部以及其他聚
會活動，也會舉辦活動來分享牙買加習俗和美食。此外該社團會在中國傳

年 7 月 1 日。

18　https://www.facebook.com/groups/tsungtsinontario，取用日期：2021 年 7 月 1
日。

統新年、中秋節舉辦重要的慶祝活動。也有針對會員家庭舉辦各式餐會及
慶祝活動，而每年 11 月社團會舉辦客家傳統日（Hakka Heritage Day）展
示中國傳統技藝、中文命名、相關客家文藝，還有客家菜餚，以促進客家
特色文化的保存及培養會員後代對於客家文化的興趣[19]。社團對外聯絡單
位包括中國駐多倫多總領館、加聯邦眾議員，萬錦市市長、多倫多市市議
員、約克區區議員等加國政要，跟北美客家上杭同鄉會有互動往來。

（六）卡城客屬崇正會

卡爾加里客屬崇正會（Calgary Tsung Tsin Benevolent Association），
也稱卡城客屬崇正會。此社團創立於 1986 年，宗旨是傳承客家文化傳統
及價值觀，活動有理監事會、新春敬老團拜。社團組織有會長、理監事、
中英文秘書、財政、文化康樂、公關、總務、福利以及婦女各組。成員
來自許多不同的地方，如越南、柬埔寨、老撾、新加坡、馬來西亞、泰
國、文萊、台灣和中國。創立這個社團是以客家移民為主，當時沒有穩
定的收入，因此資金是一個大問題，董事會成員憑藉著熱情和合作的態
度經營本社團，在 2001 年 11 月購置會館。1998 年，全球客家・崇正會
聯合總會（Global Union for Tsung Tsin and Hakka Association (GUTTHA)
Limited）成立，此會加入並擔任其永久執行委員會的成員。目前提供太
極課程、社交舞蹈課程、觀光旅遊行程以及其他有助於促進其成員福祉的
活動，也為學生會員提供獎學金。此社團出版品有《加拿大亞省卡城客屬
崇正會廿週年紀念特刊（1986-2006）》一書，社團之經濟來源主要是來自
於會員自籌捐款、各地贊助及其他社團贊助，也曾在 2016 年參與聯合籌

19　https://www.tsungtsinontario.ca/events-1，取用日期：2021 年 7 月 1 日。

圖 6-7　卡省客屬崇正會

資料來源：Google map （卡省客屬崇正會，114 3 Ave SW, Calgary），取用日
期：2021年7月1日。

款賑災活動。此社團有專屬的粉絲專頁，中英文貼文皆有[20]。但專頁中僅
有重大事項公布之貼文，因此活躍度不高，最近的活動因 2020 年疫情而
決定延期，除此之外網路上之最新資訊為在《卡加利生肖及星座運程特刊
2021》[21] 發表祝賀詞，可知其社團在 2021 年時仍營運狀況良好。社團舉辦
之活動在資料中多為晚宴性質的活動，但也曾協辦過全加中國象棋錦標賽
和聯合賑災，在與外部的聯繫上與美加多個民間社團有著聯繫，如中加文

20　https://www.facebook.com/hakkacalgary，取用日期：2021 年 7 月 1 日。

21　https://www.singtao.ca/editions/calgary/Magazine/Chinese_Zodia_Horoscope_
Magazine/index.html，取用日期：2021 年 7 月 1 日。

教協會、卡爾加里龍珠會[22]、愛城客屬崇正會、愛城越南華僑聯誼會、愛城越東寮華裔敬老培英協會、卡城中國象棋會、越棉寮華裔聯誼會、卡城福建同鄉會、越南華僑聯誼會、亞省華人社團聯誼會、中華協會、卡城潮州同鄉會、卡城海南同鄉會、卡城佛學居士林、馬星汶聯誼會、卡城抗日史實維護會、點問頓中華文化中心（Edmonton Chinatown Multicultural Centre）、點問頓余風采堂等。

（七）愛城客屬崇正會

艾德蒙頓客屬崇正會（Hakka Tsung Tsin Assn of Edmonton Alberta Canada），又稱埃德蒙頓客屬崇正會或愛城客屬崇正會。成立於 1988 年，經費來源透過各方捐款、申請博彩基金會每兩年一次博彩金，以及申請聯邦政府、省政府、市政府等公部門的支助。該社團組織有麒麟團，醒獅團，早前組織過民族舞蹈團。社團舉辦各類文化娛樂活動，如春節聯歡餐舞會、歌唱比賽、亞省華人小姐大會、全僑花車遊行、麒麟舞獅團節慶、古箏表演等。2016 年 6 月 25 日艾德蒙頓客屬崇正會成立 28 周年慶，來自卡爾加里等地的各界來賓 400 餘人出席了晚會[23]。

22　卡爾加里龍珠會是由主要來自香港的移民組成，成立於 1992 年。「龍」寓意「龍的傳人」，「珠」寓意香港是「東方之珠」。http://calgary.china-consulate.org/chn/xwdt/t1443911.htm，取用日期：2021 年 7 月 1 日。

23　http://calgary.china-consulate.org/chn/xwdt/t1376038.htm，取用日期：2021 年 7 月 1 日。

圖 6-8　愛省客屬崇正會

資料來源：Google map（愛省客屬崇正會，1 11035 95 St, Edmonton），取用日
期：2021年7月1日。

（八）全加客屬聯誼會

　　全加客屬聯誼會（All Canadian Fellowship）在 1994 年於溫哥華列
治文市成立，該會成員來自於廣東、廣西、江西、福建、河南、香港、澳
門、台灣與馬來西亞等地，會員可分為團體會員、企業會員及個人會員。
主要為開展客家聯誼，傳承客家文化，弘揚客家精神，以及為會員提供
服務，協助安家置業，並參與當地公益事業等 [24]。宗旨為團結聯繫全加客
屬社團，促進中西文化交流及學術發展，培養客屬專業人才，積極支持華
商，鼓勵客家青年參政。出版品有中英文年刊，內部會員活動有在中國傳

24　http://y.meizhou.cn/meizhou/p/4594.html，取用日期：2021 年 7 月 1 日。

統新年舉辦的新春聯歡會活動，其中 2019 年全加客屬聯誼會會長為朱展倫，新春聯歡會與溫哥華客屬商會共同聯辦，2021 年於卑詩省列治文市舉辦世界客屬懇親大會 50 周年誌慶暨全加客屬聯誼會 27 周年晚會。聯繫對象有許多中國政商人士、廣東省政協、中國駐溫哥華總領事、全國人大常委、香港民建聯顧問等、梅州市長等。聯繫的社團有加拿大客家聯誼會、香港崇正總會、世界客屬懇親大會 [25]、溫哥華客屬商會等 [26]。

（九）多倫多客屬聯誼會

　　加拿大多倫多客屬聯誼會（Canada Toronto Hakka United Association）成立於 1995 年，與寧化石壁客家祖地有著深厚的感情，會長張其勇先生出生於印度，祖籍梅州，1994 年移居加拿大 [27]。多倫多客屬聯誼會經過理監事的不懈努力和眾多會友鄉親的鼎立支持，會員逐年增加，會務蒸蒸日上，正在穩健發展中。社團宗旨以崇尚正義、友愛互助之精神聯絡加拿大各地客家鄉親，敦睦鄉誼、謀求鄉親福址，遵守加拿大政府法律，融入當地社會與華人社團團結合作，共謀社會公益，發揚中華優秀文化，傳統美德，促進加、華民間友誼與宗旨。目前社團會員數約 700 人，而在社團活動或特色方面，每年固定舉辦社團活動，元宵節、端午節、中秋節辦聚餐等活動，以及定期舉行理監事改選。而社團會長與理監事改選為每 2 年改選一次。在外部關係上能發現與寧化縣政府有較親密之關係，此外也

25　https://twgreatdaily.com/yxeBFm4BMH2_cNUgCLaq.html，取用日期：2021年 7 月 1 日。

26　http://bbs.mzsky.cc/thread-2276632-1.html，取用日期：2021 年 7 月 1 日。

27　http://www.kjzdw.com/Item/96629.aspx，取用日期：2021 年 7 月 1 日。

和世界客屬懇親大會和世界客屬總會有聯繫。與之名稱相近的多倫多客家聯誼會（Toronto Hakka Heritage Alliance，簡稱 THHA）是在 2013 年8 月成立，由參加 2012 多倫多客家大會的十個客家相關團體所組成的 [28]，包括多倫多模里西斯協會 Club M (Regroupement Mauricien de Toronto Incorpore)、安大略惠東安會館（Fui Toong On Society）、加拿大贛州客家聯誼會（Ganzhou Hakka Association of Canada）、客家長者服務隊（Hakka Helping Hands）、多倫多客家青年協會（Hakka Youth Association of Toronto）、安大略省模里西斯華人協會（Mauritius Chinese Association of Ontario）、加拿大馬來西亞人協會（Malaysian Association of Canada）、多倫多客家長者協會（Toronto Hakka Seniors Association）、安大略省崇正總會（Tsung Tsin Association of Ontario）、加拿大安大略印華聯誼會（Yin Hua Association of Ontario, Canada）等，並設有專屬網站 [29]。多倫多客家聯誼會是大多倫多地區（及周邊地區）聯盟性質的客家組織網絡，其成員來自印度、牙買加、模里西斯（Mauritius）、千里達（Trinidad）和世界各地的客家僑民。目標是為客家社團建立一個合作和支持網絡，並通過文化、教育和社會活動共同努力保護、延續和傳承客家文化和遺產。

（十）溫哥華台灣客家會

溫哥華台灣客家會（Vancouver Taiwan Hakka Association）是一個在溫哥華地區非常活躍的客家社團。1996 年 3 月，范姜雲鶴先生、宋善青

---

28 https://www.singtao.ca/2628631/2018-11-06/post-《客家漫長艱辛之旅》展-細訴族群全球遷徙事跡，取用日期：2021 年 7 月 1 日

29 https://www.torontohakkaheritagealliance.com，取用日期：2021 年 7 月 1 日。

教授與陳隆森先生共同於台加文化協會召開第一次旅溫台灣客家鄉親春節聯歡會，至 1999 年共有 192 位會員參加第二次會員大會，當時通過並修改該會名稱為溫哥華台灣客家會。現任會長為劉士榮並且設有理事數人，係由台灣移民至加拿大溫哥華的客家人所組成，會員人數逾 200 人，每年召開一次會員大會。會長任期一年一任，得連任一次。

　　每年定期活動包括舉辦全國客家日暨春節團圓聯歡會、端午節鄉親聯誼會、中秋節鄉親聯誼等。社團宗旨為促進台灣客家鄉親之間的聯誼及互助，並發揚傳承客家文化，提倡休閒活動，同時舉辦台灣節慶相關活動等。每年召開會員大會，在春節、端午、中秋暨重陽、客家相關節慶如天穿日及其他節日亦會舉辦活動，也會與客委會合作，開辦海外客家美食料理研習班等課程，活動多供應節慶相關特色食品，此外也定期舉辦一日遊等其他休閒活動。在與外部組織關係上，與溫哥華僑教中心、台加文化協會、全加中華總會館、溫哥華合家歡聯誼會、大溫哥華台灣僑界聯合會、大溫哥華台灣同鄉會、卑詩台灣商會等美加當地組織常有聯繫，此外亦是美洲台灣客家聯合會的團體會員之一。有專屬的 Twitter[30]，也有粉絲專頁 [31]，並且持續活躍當中，刊登了許多海內外客家活動相關訊息，大約每月有七八則貼文，例如在 2021 年 3 月 6 日在 Webex 平台舉辦的新春活動「客家傳統宴客料理四炆四炒」線上講座。社團經營狀況良好，但因許多會員陸續回流台灣，年老鄉親病逝或不便出席，每次活動出席人數約為 40 至 70 人。

30　https://twitter.com/ihakkas，取用日期：2021 年 7 月 1 日。

31　https://www.facebook.com/groups/vancouver.hakka，取用日期：2021 年 7 月 1 日。

（十一）加拿大梅州同鄉會

在加拿大最有名的梅縣客家人就是黃遵憲，黃遵憲於 1883 年前往美國派駐美國三藩市領事兼管加拿大卑詩省維多利亞華僑事務。在 1882 年（光緒八年）至 1885 年（光緒十一年）間，做了許多保護華僑移工的工作權益。加拿大梅州同鄉會於 1999 年 8 月 29 日在多倫多成立，所以又稱為多倫多梅州同鄉會，或是多倫多梅州市同鄉會，歷任的會長有曾森興、王炳中等。梅州同鄉會成立的宗旨是敦睦鄉誼，弘揚客家傳統，特別是繼承客家人勤奮刻苦和勇敢進取的精神，並為加拿大繁榮及民族和諧而努力，同時熱心梅州家鄉建設[32]。

（十二）魁北克客屬崇正會

加拿大魁北克客屬崇正會（Quebec Chung Cheng Hakka Association in Canada）由呂學清（創會會長）和詹昌森籌備，於 2000 年 5 月 22 日在加拿大魁北克省成立，社團會員約 40 戶家庭，歷任會長有呂學清、詹昌森、羅華、曾斌等。宗旨為以客家文化為紐帶，聯絡團結來自世界各地的客家人，鞏固並推廣客家團體意識，弘揚客族群固有的敦親睦族，團結協作和開拓進取的精神，以經驗和網絡為本會鄉親親提供幫助，會員人數約 50 餘人[33]。此社團在資料中顯示每年定期與不定期舉行相關活動，如野餐、母親節、重陽節、舉辦音樂會，並會參加世界各地的客屬懇求親活動

32　http://www.jslsdx.net/zwsc/31318.html，取用日期：2021 年 7 月 1 日。

33　https://www.hakka.gov.tw/Content/Content?NodeID=2769&PageID=43736，取用日期：2021 年 7 月 1 日。

及接待到加拿大訪問的客家團體。與美國中西部客家同鄉會、美洲台灣客家聯合會、巴西崇正總會較有聯繫，此外前會長詹昌森亦是全國台聯特邀理事及蒙特利爾中國和平統一促進會共同主席。此社團沒有相關的專屬活動資訊網站，僅有在客委會網站有介紹網頁，網路上若用繁體字搜尋找不太到相關資料，相關資料多半為簡體書寫。活動紀錄有詹昌森會長出席 2017 年 12 月 18 日「希望亮麗科技城竹縣方程式」新書分享會 [34]。

（十三）溫哥華客屬商會

溫哥華客屬商會（Vancouver Hakka Business Association）成立於 2009 年，創會會長黃永東，歷任會長黃永東、范偉、彭偉苗。成立宗旨是建立全新平台，團結客屬商人及其親戚朋友，崇商論道，聯誼合作，共謀發展；創造更有利的營商環境；立足溫哥華，面向全球，加強地區與國際間溝通及聯繫，促進經濟交流合作，創造商機；集客商之力，促客屬崛起，強民族興盛 [35]。社團活動主要是春節舉辦聯歡會活動或宴會活動，與中國往來密切。在外部關係上可發現其與全加客屬聯誼會、溫哥華中華會館、全加洪門、溫哥華洪門、大溫哥華中華文化中心、溫哥華華埠商會，中僑基金會、加拿大華人社團聯席會、加拿大華人聯合總會、加拿大四川同鄉總會、加拿大中國工商聯合會等社團有所往來。

34　https://www.hsinchu.gov.tw/News_Content.aspx?n=139&s=99333，取用日期：2021 年 7 月 1 日。

35　https://baike.baidu.com/item/ 加拿大温哥华客属商会 /54412936，取用日期：2021 年 7 月 1 日。

（十四）加拿大客家聯誼會

加拿大客家聯誼會（Hakka Canadian Association；Canada United Hakka Association，CUHA）在 2017 年成立，由多位知名客家社團領袖在加拿大成立，旨在促進加拿大客家人之間的友誼，共同努力改善客家社區，並加強與世界的客家人互動。於香港舉行的「世界客屬第 27 屆懇親大會」上與萬錦市共同獲得第 31 屆大會舉辦權。在 2019 年馬來西亞吉隆坡「世界客屬第 30 屆懇親大會」上，加拿大客家聯誼會迎回大會會旗。第 31 屆世客會將是該盛會首度在加拿大舉行[36]。加拿大客家聯誼會主席李國賢、加拿大客家聯誼會會長朱展倫表示，第 31 屆「世客會」將以「客聚萬錦，家和天下」為主題，弘揚客家精神、展示客家風采，增進全球客家人團結，促進經濟合作與文化交流，推動中加兩國交往，共促世界持久和平[37]。聯誼會秉承熱愛祖先祖國，全心全意為客家人服務的宗旨，努力擴大服務範圍，積極倡導各種舉措，造福社會，造福於客家人和中國人民和加拿大。聯誼會的任務是促進加拿大客家社區的發展，延續和發展客家文化傳統，贊助文學、音樂及其他教育和文化活動以促進客家文化的發展，促進會員的利益，並在必要時互助，發展和培養社區精神，促進有組織的藝術、娛樂、教育、體育、公益、社會服務和其他社區活動，建構教育、娛樂和體育設施及設備，以造福社區，維護加拿大客家文化，並為慈善活動和社會活動做出貢獻，以維護社區的利益。

---

36 http://www.chinaqw.com/hqhr/2021/05-22/296747.shtml，取用日期：2021 年 7 月 1 日。

37 https://iview.sina.com.tw/post/25783168，取用日期：2021 年 7 月 1 日。

（十五）加拿大贛州客家聯誼會

加拿大贛州客家聯誼會（Ganzhou Hakka Association of Canada）於2014 年 2 月在加拿大正式註冊[38]，是多倫多客家聯誼會的成員之一，在網站上雖有幾篇新聞報導，但是資料太少，且無相關社團活動等記述。

四、社會網絡分析

透過社會網絡分析法來進行客家社團研究主要可以分為五個步驟：第一，界定研究的母體也就是研究對象的範圍。第二，蒐集行動者或相關節點。第三，確立連結的關係，也就是彼此的活動連結。第四，繪製社會網絡圖。第五，進行社會網絡各項特性與關係分析（蕭新煌、張陳基 2018）。在進行加拿大客家會館社會網絡研究時，必須一併納入，並且將每一個客家會館組織定義為一個行動者，透過調查或訪談，瞭解行動者與行動者之間的關係（張陳基 2021）。由於是透過社會網絡分析的研究方法，設定本章的對象是加拿大所有客家社團。因此，本章的第一步就是要確認加拿大客家社團的範圍以及清單。在觀察個案的選擇上，社會網絡分析不採取抽樣方式，而是以整個母體做直接觀察，可以更確實掌握全面性社會關係。

38　https://www.can1business.com/company/Active/Ganzhou-Hakka-Association-Of-Canada，取用日期：2021 年 7 月 1 日。

（一）加拿大客家社團資料檢索策略

本書作者先在網路上搜尋相關的資料並且以客家委員會目前所收集到加拿大的客家社團為基礎，經查在加拿大地區總共有 14 個客家社團。下表 6-2 就是本章在搜尋這 14 個社團時所採用的檢索關鍵字以及它所檢索結果的網頁數量。但是由於加拿大客家社團有些社團的名稱或者是網頁的內容不是以華文撰寫，因此本章也有可能會有所遺漏，分析的內容範圍是以華文網頁的資料為主。

表 6-2　加拿大客家會館檢索關鍵詞

社團名稱	檢索關鍵字	結果網頁
溫哥華客屬崇正會	溫哥華客屬崇正會	212
	溫哥華崇正會	821
多倫多台灣客家同鄉會	多倫多台灣客家同鄉會	883
	多倫多台灣客家會	486
安大略省惠東安會館	安大略省惠東安會館	28
	安省惠東安會館	206
	加拿大惠東安會館	115
	多倫多惠東安會館	4
	安省穗東安會館	6
安大略省崇正總會	安大略省崇正總會	4
	安省崇正總會	286
	安省崇正會	84
	多倫多崇正總會	2
	多倫多崇正會	3
卡城客屬崇正會	卡爾加里客屬崇正會	216
	卡城客屬崇正會	226

續表 6-2

社團名稱	檢索關鍵字	結果網頁
愛城客屬崇正會	愛城客屬崇正會	122
	埃德蒙頓客屬崇正會	6
全加客屬聯誼會	全加客屬聯誼會	1620
多倫多客屬聯誼會	多倫多客屬聯誼會	481
溫哥華台灣客家會	溫哥華台灣客家會	712
	溫哥華台灣客家同鄉會	269
加拿大梅州同鄉會	加拿大梅州同鄉會	48
魁北克客屬崇正會	魁北克客屬崇正會	88
	魁省客屬崇正會	2
溫哥華客屬商會	溫哥華客屬商會	1130
	加拿大客屬商會	70
加拿大客家聯誼會	加拿大客家聯誼會	34700
加拿大贛州客家聯誼會	加拿大贛州客家聯誼會	28

（二）蒐集行動者資料

　　整理完以上 14 組加拿大客家社團檢索關鍵字詞後，開始進行網頁的爬蟲工作，透過 Google 的檢索引擎來收集每個關鍵字所查詢到的結果網頁，透過網頁爬蟲程式來將結果網頁蒐集回來，轉成文字檔並加以斷詞。

（三）建立關係連結

　　本章採用的中心性是點度中心性。例如以「溫哥華台灣客家會」作為檢索關鍵字，檢索結果有上百頁的資料，而這些資料裡就會有許多的組織名稱，檢索到的網頁裡出現過客委會、多倫多台灣客家同鄉會以及溫哥

華客屬崇正會，則定義為溫哥華台灣客家會跟客委會、多倫多台灣客家同鄉會以及溫哥華客屬崇正會有主動關聯，稱為對外發送點度，也就是「溫哥華台灣客家會」跟這些組織都有相關，數量越多也代表著對外發送點度越高。而這些點度越高是因為有很多組織會重複出現，每出現一次，代表向外點度增加一點。客委會出現在以「溫哥華台灣客家會」作為檢索關鍵字所檢索到的網頁之中，客委會跟溫哥華台灣客家會之間的關係則稱為被動關聯，稱為向內接收點度。

　　雖然在網頁的檢索過程當中無論是客委會出現在「溫哥華台灣客家會」的相關網頁或者是「溫哥華台灣客家會」出現在客委會的相關網頁，都僅僅代表著兩個單位或者是組織同時出現在共同的網頁之中，主動或者是被動的意義並不明確。但本章是透過這 14 個客家社團關鍵字進行資料檢索，所以還是區分了主動關連與被動關聯，強調在使用不同的關鍵字去進行資料檢索的過程當中，可以取得不同關聯的組織名稱。對外點度中心性排序可以參閱下表 6-3。本章使用 UCINET6.0 網路分析軟體進行「點度中心性」的分析，繪製加拿大客家會館社會網絡圖，經過 UCINET6.0 軟體做整體的加權後，及利用 NetDraw 的功能將網路圖繪出，就能看出個別節點呈現大小不同的結果。最後根據網路圖及中心性進行資料的分析，藉此瞭解哪些客家會館是加拿大客家會館社會網絡中的重要組織。

（四）對外點度中心性分析

　　由於本章是透過 14 個客家社團的名稱作為關鍵字進行資料檢索詞，只有這 14 個客家社團可以出現向外點度，而向外點度的高低也跟這個客家社團的網路聲量有關係，如果客家社團舉辦的活動，或者是相關的新聞出現的次數較多，則他們的向外點度也會相對較高，所取得的網頁資料也

較多。在本章中可以發現溫哥華台灣客家會、多倫多台灣客家會、溫哥華崇正會、全加客屬聯誼會、安省惠東安會館的資料量遠多於其他 9 個客家社團，他們在網頁上所呈現的資料相當多。其他的社團數量就比較類似，包含安省崇正會、多倫多客屬聯誼會、溫哥華客屬商會、魁省客屬崇正會、加拿大客家聯誼會等，屬於網路聲量第二高的客家社團。有些崇正會的客家社團網路聲量不高，例如愛城客屬崇正會、卡城客屬崇正會，或是以大陸原鄉為名的客家社團，例如加拿大贛州客家聯誼會、加拿大梅州同鄉會，可能是因為他們較少舉辦活動，或者是他們舉辦活動的時候並沒有將相關的訊息發佈在網頁上，或是沒有相關的新聞報導，請參閱表 6-3。

表 6-3　對外點度中心性排序

Nodes	Outdeg	Indeg	Constraint
溫哥華台灣客家會	4063	54	0.13
多倫多台灣客家會	2930	28	0.18
溫哥華崇正會	2293	19	0.15
全加客屬聯誼會	1880	207	0.11
安省惠東安會館	1669	15	0.06
安省崇正會	873	6	0.11
多倫多客屬聯誼會	856	24	0.15
溫哥華客屬商會	843	66	0.40
魁省客屬崇正會	686	20	0.26
加拿大客家聯誼會	547	42	0.48
卡城客屬崇正會	481	25	0.15
加拿大梅州同鄉會	333	13	0.15
愛城客屬崇正會	171	9	0.38
加拿大贛州客家聯誼會	7	0	

（五）向內點度中心性分析

　　向內點度是指這些組織的名稱出現在其他組織網頁的次數。因此，網絡節點資料並沒有侷限在 14 個組織名稱之中，相反地，他們的資料比較多元化，而且不受限制。透過向內點度分析可以很清楚的瞭解哪些組織單位會出現在加拿大客家社團的社會網絡之中，點度的高低也代表他們重要性的程度。首先，點度最高的是僑委會，說明在這些客家社團的網頁當中經常出現僑委會，也就代表著僑委會在加拿大客家社團的各項活動及新聞報導中扮演著很重要的角色。其次是客委會、行政院、世界客屬懇親大會、溫哥華僑教中心等關鍵字，代表著客委會、行政院、世界客屬懇親大會、溫哥華僑教中心在加拿大客家社團網絡當中扮演著相當重要的角色，不管是舉辦活動或是相關的新聞報導，他們都是同時出現，也就是這些客家社團在舉辦活動時，可能會邀請僑務委員會、客家委員會來參加或給予經費的資助，也代表不管是相互的交流或者是參訪，他們的關係非常密切。其他如台商會、世界客屬懇親大會也是重要的關鍵活動或組織之一。另外比較特殊的是可以看到世界惠州同鄉懇親大會、北美洲台灣商會聯合總會出現在加拿大客家社團的網絡中，代表著世界惠州同鄉懇親大會、北美洲台灣商會聯合總會雖然是不同區域的客家社團，但卻跟加拿大的客家社團保持著極為密切的關係。全加客屬聯誼會同時具有高度向內點度以及向外點度，表示全加客屬聯誼會在主動連結其他客家社團之外，也經常在其他社團的網頁中被提及，顯示有其重要性，值得進一步探究。

表 6-4　向內點度中心性排序

Nodes	Outdeg	Indeg	Constraint
僑委會	0	1648	0.4
客委會	0	1134	0.42
行政院	0	669	0.48
世界客屬懇親大會	0	499	0.66
溫哥華僑教中心	0	410	0.56
中華會館	0	370	0.46
經文處	0	358	0.51
台商會	0	313	0.43
世界惠州同鄉懇親大會	0	306	-
駐溫哥華辦事處	0	272	0.53
崇正會	0	238	0.37
外交部	0	222	0.36
加拿大華人社團聯席會	0	214	1.2
全加客屬聯誼會	1880	207	0.11
溫哥華中華會館	0	203	0.95
客語生活學校	0	200	0.68
駐多倫多總領館	0	198	0.52
僑教中心	0	188	1.02
台灣同鄉會	0	183	0.68
北美洲台灣商會聯合總會	0	172	0.98
內政部	0	170	0.65
大溫哥華台灣同鄉會	0	170	0.7
香港崇正總會	0	158	0.61

（六）結構洞限制性分析

結構洞討論主要是以限制性（constraint）指標為主，限制性越低，要連到其他社團的限制比較低，表示可以扮演結構洞的角色，可以較不受限制聯繫到其他社團，具有關鍵性聯絡功能。本章的結構洞分析的範圍是指連結到其他社團還有組織，包括北美的客家社團，以及社團以外的組織也計算在內。因此，這一部分可能會有一些誤差，結構洞是指聯繫到其他所有組織單位最有可能或者是最有效率的情況，所以在計算時標的是指2,340個關鍵字分析出來的社團或者是組織，而並非只是連結到這14個客家社團所形成的限制。結構洞在這邊主要是用來凸顯連結到性質不同社團的效率性或者是它的限制性，也就是說相同性質社團當然可以彼此連結在一起或者是經常聯繫，但是具有結構洞特色的節點則可以強調可以聯絡到更多不同性質的社團或者是組織。如果一個社團它可以同時連接熱門的社團、知名度高的社團以及連結到一些冷門的社團就是比較不被重視的或者比較不容易去聯絡到的社團，就稱此為社群網絡中間的結構洞。對於結構洞的計算，會忽略重複出現的關係，重視關係的連接而不是次數。在分析北美地區重要的客家社團的時候，採用的指標會用向外點度以及向內點度，如果進一步想要瞭解在整個北美客家社團中，何者扮演著同時聯絡了不同性質社團角色的社團，則會以結構洞分析的方式進行，為了指出哪一個社團可以聯絡到不同性質的組織單位。

在加拿大的客家社團網絡中，因為彼此關係都相當緊密，所以可以看出限制性較低的客家社團或者是組織單位，大部分都是這14個客家社團。除了這些社團外，就是台灣的外交部、僑委會、客委會、台商會，他們出現在不同的客家社團網頁當中。有些組織經常出現在不同的加拿大客家社團的網頁當中，也具有結構洞的特性，他們跟加拿大的客家社團中可

以扮演著重要的聯繫角色，包括越南崇正會館、新加坡南洋客屬總會、香港嘉應商會、馬來西亞雪隆惠州會館、馬來西亞客家公會聯合會等。

表 6-5　結構洞限制性排序

Nodes	Outdeg	Indeg	Constraint
安省惠東安會館	1669	15	0.06
安省崇正會	873	6	0.11
全加客屬聯誼會	1880	207	0.11
溫哥華台灣客家會	4063	54	0.13
加拿大梅州同鄉會	333	13	0.15
卡城客屬崇正會	481	25	0.15
多倫多客屬聯誼會	856	24	0.15
溫哥華崇正會	2293	19	0.15
多倫多台灣客家會	2930	28	0.18
魁省客屬崇正會	686	20	0.26
外交部	0	222	0.36
崇正會	0	238	0.37
愛城客屬崇正會	171	9	0.38
僑委會	0	972	0.40
溫哥華客屬商會	843	66	0.40
越南崇正會館	0	33	0.41
新加坡南洋客屬總會	0	67	0.42
客委會	0	1134	0.42
台商會	0	313	0.43
香港嘉應商會	0	26	0.44
馬來西亞雪隆惠州會館	0	33	0.46
馬來西亞客家公會聯合會	0	82	0.46
中華會館	0	370	0.46

（七）整體社會網絡分析

　　首先，加拿大 14 個客家社團大致以溫哥華崇正會為核心，連結關係較強的為安省惠東安會館、多倫多客屬聯誼會、全加客屬聯誼會。其餘連結較弱，加拿大客家聯誼會、愛城客屬崇正會屬於較邊緣的組織。加拿大贛州客家聯誼會在網絡分析中顯示與其他客家會館並無連結，但進一步由網頁內容分析可以發現，加拿大贛州客家聯誼會是多倫多客家聯誼會（Toronto Hakka Heritage Alliance，簡稱 THHA）的聯盟成員之一，跟安大略惠東安會館、安大略省崇正總會應該也有聯繫，只是在網頁連結中無法辨識。

　　在客委會的網站上所列五個加拿大客家社團分別為多倫多台灣客家同鄉會、多倫多客屬聯誼會、魁北克客屬崇正會、溫哥華客屬崇正會以及溫哥華台灣客家會。以客委會為中心點，觀察與加拿大 14 個客家社團之

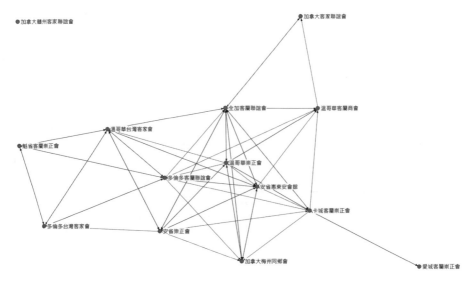

圖 6-9　加拿大客家會館社會網絡圖

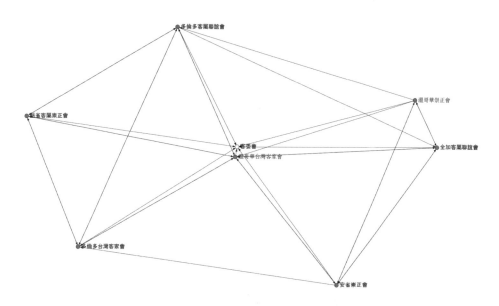

圖 6-10　加拿大客委會社會網絡圖

間的關係，可以發現關係最緊密的是溫哥華台灣客家會，其餘包括多倫多
台灣客家會、溫哥華崇正會、魁省客屬崇正會、多倫多客屬聯誼會、全加
客屬聯誼會、安省崇正會也都有連結關係，全加客屬聯誼會、安省崇正會
未列在客委會網站上，但觀察網路資料可以發現其中仍有交集。但是與其
他國家或地區不同，客委會跟加拿大的客家社團，竟然有一半社團是沒有
關聯性的，包括安省惠東安會館、溫哥華客屬商會、加拿大客家聯誼會、
卡城客屬崇正會、加拿大梅州同鄉會、愛城客屬崇正會、加拿大贛州客家
聯誼會等，建議客委會在推展全球客家文化時，可以透過加拿大當地的台
灣客家社團聯繫這些社團，擴展台灣客家的影響力。

　　觀察加拿大 14 個客家社團所扮演的結構洞角色，其中僅有二個社
團，跟其他社團的連結限制性較高，其中一個是跟所有社團都沒有連結
的加拿大贛州客家聯誼會，另一個則是在 2017 年在安大略省剛成立的加

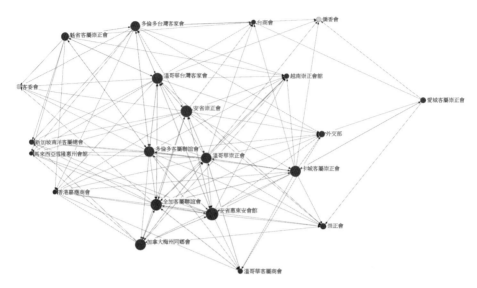

圖 6-11　加拿大結構洞社會網絡圖

拿大客家聯誼會。除了 12 個客家社團外，可以看出台灣的外交部、僑委會、客委會、台商會也具有結構洞特性，出現在不同的客家社團網頁當中。其他區域的客家社團，則包括越南崇正會館、新加坡南洋客屬總會、香港嘉應商會、馬來西亞雪隆惠州會館、馬來西亞客家公會聯合會等。

（八）個別社團自我網絡分析

在個別社團自我網絡分析上，首先依據向內點度來定義圖中的圓點大小，向內點度越高，則圖形越大。中間圓點為加拿大 14 個客家社團。「圖形較大」的節點為本社團向內點度較高的社團或組織，這表示「溫哥華客屬崇正會」在 14 個客家社團的網頁中出現的情形較多。關於加拿大其他客家社團的網絡關係分析圖，請參閱附錄。

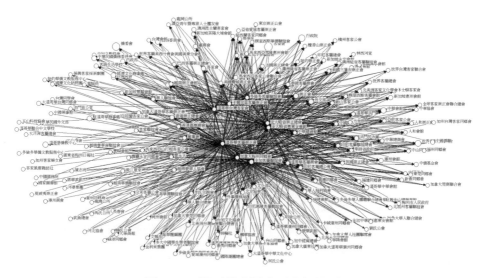

圖 6-12　溫哥華客屬崇正會網絡圖

五、台灣客家社團在加拿大的發展

　　本書作者於 2021 年 4 月線上訪談溫哥華當地客家社團領袖。目前台灣客家社團在加拿大的發展以溫哥華台灣客家會、多倫多台灣客家同鄉會為主。台加文化協會（Taiwanese Canadian Cultural Society）對於台灣社團在加拿大的經營上，有很大的幫助。溫哥華台灣客家會辦活動的時候都會跟他們借用場地，台加文化協會是台灣在加拿大溫哥華最早的一個社團，也是屬於民間的一個經濟文化辦事處。所參與的人員包括客家人、閩南人及外省人等族群。由於台加文化協會有永久會館，且規模較大，包括台灣的僑委會辦活動也會跟他們借用場地。

　　溫哥華台灣客家會所接觸的客家社團以多倫多台灣客家同鄉會為主。在尚未成立溫哥華台灣客家會時，會去參加大溫哥華台灣同鄉會，也有部

分台灣客家人會去參加溫哥華客屬崇正會。溫哥華客屬崇正會使用的語言以廣東話比較多，客家話也是比較偏向廣東與台灣的客家話並不相同。目前在加拿大的台灣客家社團與大陸原鄉或是以崇正為名的客家社團關係並不密切，如果社團名稱有「客屬」或者是「崇正」二字跟台灣客家沒有關係，如果是台灣過去的客家人所組社團，大部分都會加台灣兩個字。台灣的客家社團會刻意跟中國區分，因為語言還是有許多隔閡，文化上不相同的地方。其他地區的情況則有不同，例如在巴西聖保羅這個地區，客屬崇正會參加的人大多都是台灣的客家人。或是在非洲這個地區，也不會刻意使用「台灣」兩個字，在非洲這個地方的客屬崇正會也是以台灣人為主。如果使用台灣兩個字的話，其實會造成某種程度的隔閡。溫哥華台灣客家會所參與的大溫哥華僑界聯合會是以台灣的社團為主，由僑團負責人、榮譽職選出理事所成立的社團，溫哥華台灣客家會也是其中的理事，理事席次有 4 位僑務委員、10 位社團會長、15 位榮譽職。

　　溫哥華台灣客家會會員人數約有 200 人，平常會參加活動人數大概是 70 到 100 位之間，客家會成員人數並不一定，因為大部分都是第一代和第二代參加，而這些人有些會回流到台灣。目前並沒有永久會館，但有成立 FB 的粉絲專頁、Twitter 以及 Line 群組，Line 群組總共有 86 位成員。成立的時間是 1997 年，客家會的活動包括會員大會、農曆新年聯歡會、端午節、中秋節，也會舉辦一日遊活動，後來端午節跟一日遊合辦，重陽節跟中秋節合在一起辦。9 月份的台灣文化節是客家鄉親或者是客家之友都可以參加，客委會兩年會來一次舉辦活動客委會「行動灶下」，跟過年的最後一天「天穿日」合在一起辦。主要的活動都是客家鄉親聚在一起，團結溫哥華的客家人。開會時三成說客家話、七成說華語。盡量鼓勵說客語，但因為有客家之友，所以有用華語溝通。想參加活動、喜歡客家美食就可以參加客家之友。因為客家話有多個腔調，所以會以華語溝通，也有

時會說閩南語。

　　年輕人不願意參與社團活動是目前比較大的危機，網路時代資訊交流非常方便，所需資訊都可以在網路上面獲得，資訊暢通，所以不需要這個社團。新客家移民大概是 40 多歲，他們直接上網去找答案，希望能夠迅速的融入這個異國的社會，比較少會來社團中尋求幫助或者是找一些相關的訊息。社團功能從過去的資訊交換與族群凝聚中心，轉換為休閒的場所。而新移民的客家人比較容易融入當地的生活，也就比較不會參加客家社團。社團剩下的功能就是老一輩的客家人可以在這邊找一些老朋友聚聚。經費來源有收取會費，過去有客委會的補助、不過現在的補助越來越少。由於客委會要求把客家文化推廣到當地主流社會才會補助經費，對於客家會來說，舉辦活動要有外國人參加，相對比較困難。比較能吸引外國人參加的活動是戶外舉辦的台灣文化節。台灣文化節之前會邀請客家會來設立一個攤位（擂茶、手工藝），現在直接跟客委會申請經費。客家會交流的組織有台灣駐溫哥華經濟文化辦事處、台加文化協會、經文處的溫哥華僑教中心、台光教會。早期常在台光教會辦活動，康牧師和女兒經常協助加拿大台灣人，後來女兒當選台裔省議員。還沒有大溫哥華台灣僑界聯合會時，所有官方活動，都是由全加中華總會館辦理，屬於國民黨體系。溫哥華合家歡聯誼會也有交流，會員有台灣人、客家人、外省人。卑詩台灣商會則是有活動才會聯繫，平常沒有特別活動就比較少聯繫。美洲台灣客家聯合會，雖然在 LINE 群組內，但基本上以美國為主，加上美加邊境封鎖，無法參加相關活動。

　　跨國婚姻方面上，客家人比較內向，與白人通婚的比例較低，但第二代（很小就來加拿大的華人）與加拿大人通婚的機會比較高。社團交流困難點主要是語言上的隔閡，加拿大人喜歡玩冰球（曲棍球），所以興趣不同，比較難融合。移民很多是攜家帶眷，所以第二代（小學前）移民才

會有跨國婚姻的機會。國高中之後來的移民,就比較難跟當地融合,隨著資訊交通愈來愈方便,跟原鄉交流頻繁,會產生國家及族群認同上的問題。移民在台灣的居住地以桃竹苗最多,屏東也有。下一代雖會聽客家話,但是不會講客家話了。

參考文獻

李毓中、關恆安，2018，〈北美客家移民史的重構和整理：田野考察紀要〉。《全球客家研究》11：163-186。

張陳基，2021，〈客家研究社會網絡分析方法〉。頁 312-337，收錄於張維安、潘美玲、許維德主編《客家與族群研究的技藝》，新竹：陽明交通大學出版社。

張陳基、蕭新煌，2018，〈新加坡客家社團的社會網絡模式〉。頁 139-160，收錄於黃賢強編，《會館、社群與網絡》。新加坡：八方文化。

Cooper, M. J., Jackson III, W. E., & Patterson, G. A., 2003, "Evidence of predictability in the cross-section of bank stock returns." *Journal of Banking & Finance* 27(5): 817-850.

Freedman, M., 1960, "Immigrants and associations: Chinese in nineteenth-century Singapore." *Comparative studies in society and history* 3(1): 25-48.

Lai, D. C, 2010, *Chinese community leadership: Case study of Victoria in Canada.* World Scientific.

Moya, J. C., 2005, "Immigrants and associations: a global and historical perspective." *Journal of ethnic and migration studies* 31(5): 833-864.

Wickberg, E., 1979, "Some Problems in Chinese Organizational Development in Canada, 1923-1937." *Canadian Ethnic Studies= Etudes Ethniques au Canada* 11(1):88-97.

Willmott, W. E.,1969, "Congregations and associations: the political structure of the Chinese community in Phnom-Penh, Cambodia. " *Comparative studies in society and history* 11(3): 282-301.

網路資料

中華人民共和國外交部駐卡爾加里總領事館，2017，《高振廷副總領事出席卡爾加里龍珠會成立 25 周年聯歡晚會》。https://www.mfa.gov.cn/ce/cgcal//chn/xwdt/t1443911.htm，取用日期：2021 年 7 月 1 日。

中國新聞網，2010，《加拿大安大略省崇正總會到訪深圳共謀兩地發展》。https://www.chinanews.com.cn/zgqj/2010/11-19/2668482.shtml，取用日期：2021 年 7 月 1 日。

中國僑網，2021，《世界客屬第 31 屆懇親大會延期至明年 6 月在加拿大舉行》。http://www.chinaqw.com/hqhr/2021/05-22/296747.shtml，取用日期：2021 年 7 月 1 日。

客家委員會，2007，《加拿大多倫多臺灣客家同鄉會》。https://www.hakka.gov.tw/Content/Content?NodeID=2769&PageID=43709，取用日期：2021 年 7 月 1 日。

客家委員會，2007，《加拿大魁北克客屬崇正會》。https://www.hakka.gov.tw/Content/Content?NodeID=2769&PageID=43736，取用日期：2021 年 7 月 1 日。

客家委員會，2020，《海外客家社團》。https://www.hakka.gov.tw/Block/Block?NodeID=2769&LanguageType=CH，取用日期：2020 年 9 月 14 日。

客家資訊，2017，《"客聯客家" 海外行　相約加拿大惠東安會館》。https://www.hakka.com/article-20593-1.html，取用日期：2021 年 7 月 1 日。

房學嘉，2012，（海外客家人的文化認同）。《The 5th WCILCOS International Conference of Institutes and Libraries for Chinese Overseas Studies, Vancouver, B.C. Canada.》。https://wcilcos.sites.olt.ubc.ca/files/2011/12/S5_GuoS_Paper.pdf，取用日期：2021 年 3 月 27 日。

星島日報，2018，《客家漫長艱辛之旅展細訴族群全球遷徙事跡》。https://www.singtao.ca/2628631/2018-11-06/post-%E3%80%8A%E5%AE%A2%E5%AE%B6%E6%BC%AB%E9%95%B7%E8%89%B1%E8%BE%9B%E4

%B9%8B%E6%97%85%E3%80%8B%E5%B1%95-%E7%B4%B0%E8%A8%B4%E6%97%8F%E7%BE%A4%E5%85%A8%E7%90%83%E9%81%B7%E5%BE%99%E4%BA%8B%E8%B7%A1/?variant=zh-hk，取用日期：2021 年 7 月 1 日。

星島日報，2021，《2021 牛年生肖運程特刊》。https://www.singtao.ca/editions/calgary/Magazine/Chinese_Zodia_Horoscope_Magazine/index.html，取用日期：2021 年 7 月 1 日。

新竹縣政府，2017，《深耕在地、邁向國際希望亮麗科技城竹縣方程式新書分享會》。https://www.hsinchu.gov.tw/News_Content.aspx?n=139&s=99333，取用日期：2021 年 7 月 1 日。

寧化在線，2015，《寧化縣首次組團赴北美促銷客家祖地》。http://www.kjzdw.com/Item/96629.aspx，取用日期：2021 年 7 月 1 日。

Amos, R., & Wong, K, 1950, Inside Chinatown : ancient culture in a new world 域多利華埠：歲月留痕古貌新風 . https://www.yumpu.com/en/document/read/50629242/inside-chinatown-aaacea-heritage-bc.，取用日期：2021 年 6 月 14 日。

Baidu，2021，《加拿大溫哥華客屬商會》。https://baike.baidu.com/item/%E5%8A%A0%E6%8B%BF%E5%A4%A7%E6%B8%A9%E5%93%A5%E5%8D%8E%E5%AE%A2%E5%B9%9E%E5%95%86%E4%BC%9A/54412936，取用日期：2021 年 7 月 1 日。

Facebook，2021，《多倫多台灣客家同鄉會》。https://www.facebook.com/groups/146316675783637，取用日期：2021 年 7 月 1 日。

Facebook，2021，《FuiToong On Society - Hakka》。https://www.facebook.com/fuitoongon，取用日期：2021 年 7 月 1 日。

Facebook，2011，《TsungTsin Ontario》。https://www.facebook.com/groups/tsungtsinontario，取用日期：2021 年 7 月 1 日。

Facebook，2011，《Calgary TsungTsin Benevolent Association》。https://www.

facebook.com/hakkacalgary，取用日期：2021 年 7 月 1 日。

Facebook，2020，《溫 哥 華 台 灣 客 家 會 VANCOUVER TAIWAN HAKKA ASSOCIATION》。https://www.facebook.com/groups/vancouver.hakka， 取 用日期：2021 年 7 月 1 日。

Guo, Shibao., 2012, "Immigration, Ethnicity and Diaspora Communities: The Study of Three Chinese Cultural Centres in Canada." The 5th WCILCOS International Conference of Institutes and Libraries for Chinese Overseas Studies, Vancouver, B.C. Canada. https://wcilcos.sites.olt.ubc.ca/files/2011/12/S5_GuoS_Paper.pdf，取用日期：2021 年 7 月 1 日。

Statistics Canada, 2017, "Census Profile, 2016 Census." https://www12.statcan.gc.ca/census-recensement/2016/dp-pd/prof/details/page.cfm?Lang=E， 取 用日期：2021 年 6 月 14 日。

Statistics Canada, 2017, "Asian Heritage Month... by the numbers." https://www.statcan.gc.ca/en/dai/smr08/2021/smr08_250，取用日期：2021 年 7 月 1 日。

Sina 新聞中心，2001，《近兩千華人參加"加拿大是我家"國慶大遊行》。http://news.sina.com.cn/c/291640.html，取用日期：2021 年 7 月 1 日。

Victoria Online Sightseeing Tours,2016," 1713 Government Street – the Yen Wo Society Building." http://www.victoriaonlinesightseeing.com/1713-government-street-yen-wo-society-victoria-british-columbia/， 取 用 日 期：2021 年 7 月 1。

Twitter，2013，《溫哥華台灣客家會》。https://twitter.com/ihakkas，取用日期：2021 年 7 月 1 日。

附錄：加拿大各客家社團網絡關係分析圖

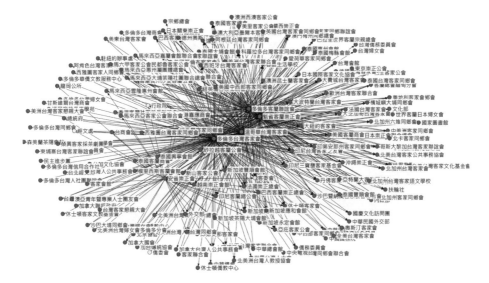

圖 6-13　多倫多台灣客家同鄉會網絡圖

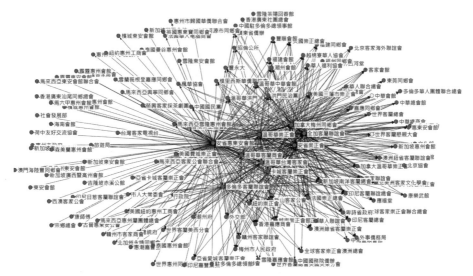

圖 6-14　安大略省惠東安會館網絡圖

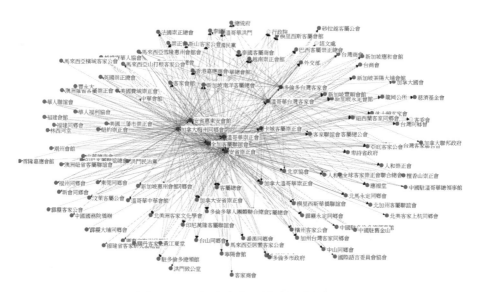

圖 6-15 安大略省崇正總會網絡圖

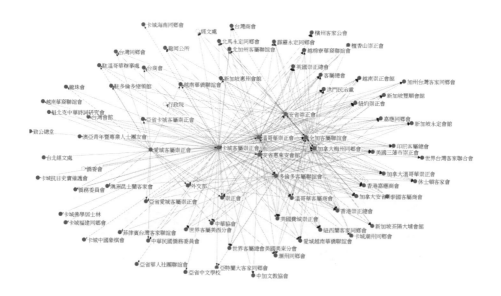

圖 6-16 卡城客屬崇正會網絡圖

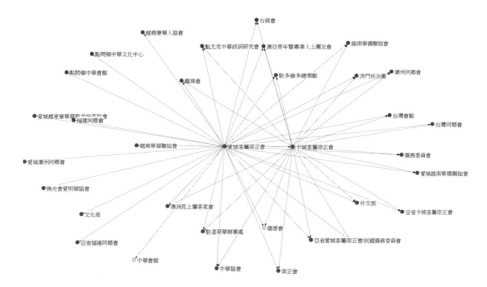

圖 6-17　愛城客屬崇正會網絡圖

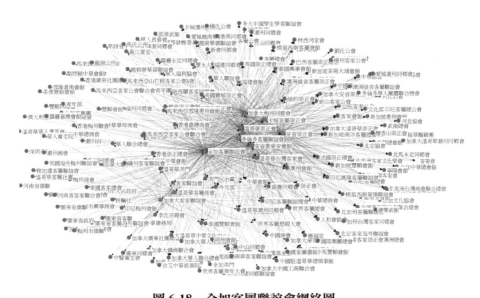

圖 6-18　全加客屬聯誼會網絡圖

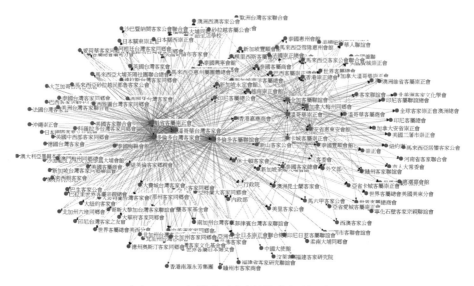

圖 6-19 多倫多客屬聯誼會網絡圖

圖 6-20 溫哥華台灣客家會網絡圖

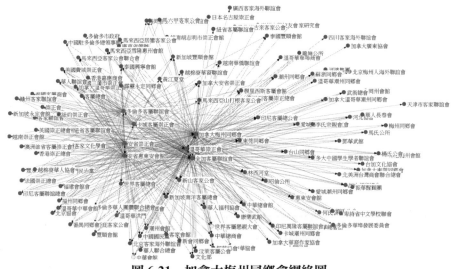

圖 6-21　加拿大梅州同鄉會網絡圖

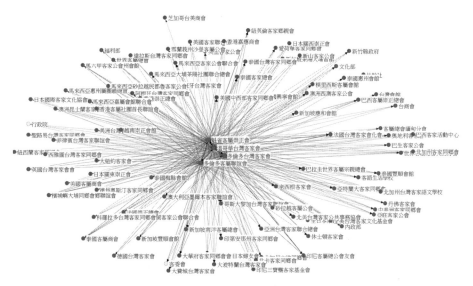

圖 6-22　魁北克客屬崇正會網絡圖

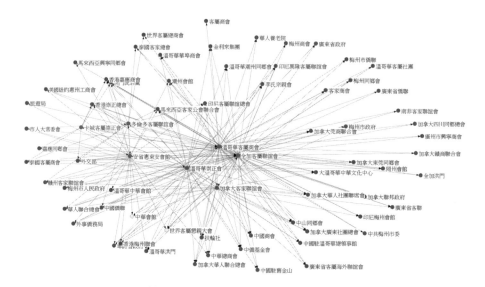

圖 6-23　溫哥華客屬商會網絡圖

圖 6-24　加拿大客家聯誼會網絡圖

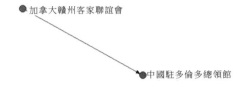

圖 6-25　加拿大贛州客家聯誼會網絡圖

第 7 章

夏威夷客家移民今昔之社群與家庭生活

蔡芬芳

一、前言

　　移民是客家文化的標記，客家認同因移民而形塑以及再形塑（Leo 2015：85）。在中國內部，客家人自 16 世紀開始大規模遷移，除了是歷史事件使然之外，最主要的原因是客家人有移動的準備，構成了客家遷移模式的特徵（Wang 2003：223，轉引自 Leo 2015：85）。Wang（2003）認為這是客家人具有冒險犯難精神所致，同時他們在中國史上皆在偏遠地區營生，只要有需要，即可遷移（Wang 2003：220-222，轉引自 Leo 2015：85）。當然亦因客家人往往是「晚到者」，平原肥沃的土地早就被其他人捷足先登，所剩僅存貧瘠山地，因此為求生存，有遷移尋求新天地之需，亦因如此，在如此循環中，移民變成客家文化的特徵（Leo 2015：85）。客家人的移民歷史構成了中國移民歷史的一部分，與其他族群相較，客家人的移動可說最為頻繁，除了前述的環境因素外，位居巨觀經濟的邊緣亦促成了移動的發生（Leong 1997）。近代客家人大規模移民海外的時間，始於 19 世紀，足跡遍布西印度群島、中南美洲與東南亞。

　　本章所要探究的夏威夷，在 19 世紀時有零星人數前往，直到該世紀中期因《主僕法案》（Act for the Government of Masters and Servants）而開啟了華人（包括客家人）至夏威夷擔任契約勞工之門（湯錦台 2014：203）。其中前往的勞工，因清末巴色會（Basel Mission）在廣東向客家人傳教，有些移民在移民夏威夷之前就在中國受洗為基督徒，有些則是到了夏威夷後受到影響而參與教會或改信，因此基督教及教會在移民過程，以及在定居夏威夷之後的移民生活上，具有某些程度的影響力。20 世紀時，華人醫院、教會與學校開始出現。台灣客家人則多於 1965 年美國《移民國籍法修正案》（Amendment to the Immigration and Nationality Act）施行之後移民美國，移民背景多為留學生，雖在美國多年，然直到 2013 年方始成立第一個台灣客家人組織「美國夏威夷客家協會——桐花之友」。在本章中，以夏威夷早期客家移民作為研究對象，台灣客家移民則另文處理，請參照下一章。

　　如前所述，客家移民先後在不同的時間移至夏威夷，透過最早到夏威夷的客家人之歷史。及其透過後代回顧父母（第一代移民）的生活，如本文中夏威夷大島（Big Island，即夏威夷島〔Hawaii Island〕）的林嬌家族，有助於勾勒夏威夷早期客家移民與社群之生活，這是目前台灣的夏威夷客家研究較為缺乏之處。本章首先針對美國華人、美國台灣移民研究與夏威夷客家研究進行文獻回顧，以瞭解夏威夷客家研究與美國華人及台灣移民研究的關係。其次，夏威夷華人與客家移民歷史提供我們移民原因與過程。第三部分[1] 從夏威夷華人、客家與台灣社團網絡瞭解當地社團之間的樣貌與關係。最後，本章透過林嬌家族，描繪夏威夷客家移民之今昔。

1　該部分由本書作者之一張陳基教授執筆。

二、美國華人、美國台灣移民研究與夏威夷客家研究

　　台灣海外客家研究自 1990 年代以來，以東南亞客家居多，包括新加坡、馬來西亞、印尼、泰國等。劉堉珊（2016）整理台灣東南亞客家研究的主題以及對族群性與認同的關懷，分為以下七項：客家認同的區域特色；會館、社團與客家社會；經濟活動與族群產業；宗教／信仰、族群認同與族群關係；社群、聚落、家庭；人物與客家認同；性別、移民與客家性。其他零星的海外客家研究包括日本、北美、大溪地、東帝汶，與本研究相關的夏威夷客家研究，台灣更是缺乏，目前僅有呂萍芳博士論文《美國夏威夷檀香山台灣客家移民社群之建構》（2015），為瞭解夏威夷台灣客家社群提供較完整的輪廓，作者以 1990 年代後的「離散」（diaspora）理論，輔以「文化社區」（cultural community）概念，透過實地訪談探討夏威夷台灣客家移民之適應認同情形，以及分析社群特性。不過，呂萍芳（2015）並未處理夏威夷崇正會、在地出生華人以及客家基督徒，無法瞭解來自不同原鄉（中國與台灣）的客家移民，在不同階段的移民歷程與在地化過程，更無法凸顯國家政策在客家移民身上產生的作用。

　　基本上，探究夏威夷華人的歷史與在地化過程，不可避免會以美國華人史或相關研究為基礎。然而，如此會面臨一個問題：如何處理來自台灣與中國的客家人之認同。尤其在 1970 年代出現「台美人」（Taiwanese American）認同，甚且美國人口統計局族裔人口普查將台灣人列為 "Formosan"（福摩薩人）（許維德 2013）之後。"Formosan" 亦見於夏威夷的語言調查所列的項目 [2]，一共有 622 位使用 "Formosan" 語言（Hawaii

---

2　此項目放在 Asian and Pacific Island Languages 之下，其他在這個類別中的語言尚包括中文（Chinese）包括廣東話（Cantonese）漢語（Mandarin）

State Data Center, Research and Economic Analysis Division, Department of Business, Economic Development and Tourism, STATE of HAWAII 2016：17）[3]。因此，本章以下須從美國華人、美國台灣人研究著手。

　　美國華人研究大多與早期華人在美國的各種發展相關，例如華埠發展、各項移民法令與規定、社團組織、經濟、文教、宗教活動、社會習俗及華僑對祖國的貢獻等（劉伯驥 1981、劉伯驥 1984、吳元黎、廣樹誠 1985、陳懷東 1991、汪樹華 2001）。大部分的書籍以美國整體為主，而後有以單一社區作為研究對象，例如陳祥水《紐約皇后區新華僑的社會結構》（1991）、陳靜瑜《紐約曼哈頓華埠：一個美國華人社區之個案研究》（2000）。然而，即便是台灣的學者的研究，仍將在美台灣人放在「華人」的架構下來談，如陳祥水（1991）。許維德（2013）仔細回顧了台美人的研究，1990 年代之前相關研究極為缺乏，通常僅能在「華人」研究中找到些微「台美人」的研究。1990 年代之後，開始有台灣留學生在美國以英語為書寫語言的博士論文出現，研究主題包括社區的研究、小留學生的心理健康、族群經濟、雙文化能力與雙文化認同發展等，2000 年之後逐漸增多，許維德（2013）認為這與 2000 年台灣政黨輪替有關，官方開始投入研究，如台灣僑委會，在學術界的研究除了學位論文外，主題包含以特定社區的台灣移民為研究對象、台灣移民的社會適應與發展、中文學校、華文報業和社團發展、台灣的僑務政策對台灣移民之影響等研究，尚

　　與其他，細分語言選項為中文（Chinese）、廣東話（Cantonese）、漢語（Mandarin）、福州話（Fuchow）、福摩薩（Formosan）以及吳語（Wu）。

3　依據 2011 年美國人口統計局資料，台灣移民約 2,000 餘人。夏威夷全州以單一血統認定的台灣移民人數為 777 人，其中 736 人集中在檀香山市及檀香山郡。以全州混合血統認定的台灣移民人數則計 1,056 人，其中 982 人分布於檀香山市及檀香山郡（呂萍芳 2015：56）。

有其他直接以「美國台灣移民」為題的英語著作，主題包括台美人的模塑、跨國家庭等。

就上述與台灣人有關的著作來說，涉及台灣人內部差異的研究涉及政治意識形態、性別、宗教。如以政治意識形態來探討作為「一個」華人社區概念的有效性、或以女性做為研究對象（如母職或女留學生的身體經驗）、或以新教基督教與族群認同作為研究主題。雖然已注意到台灣人內部的差異性，但仍未見以客家人為題與作為主要研究內容，這亦是本章希冀補上的研究缺口。

在夏威夷華人研究中，大多仍從歷史出發，探究華人到夏威夷的歷程，其中因為初到夏威夷的華人多為來自廣東中山縣，因此多以中山籍移民為題進行討論，然值得一提的是，與美國華人研究相較之下，夏威夷客家人相關的研究較多。如 Clarence E. Glick 在著作 *Sojourners and Settlers: Chinese Migrants in Hawaii*（1980）中，區分本地（Punti 或 Bendi）與客家移民的差異，以及特別描述客家移民的來源，客家移民及客家婦女的獨特之處等。或如在夏威夷出生的華人史家謝廷玉（Tin-Yuke Char 1905-1990），曾出版多部有關早期夏威夷華人的著作（Char 1975、1977），其中包含部分關於早期客家移民的論述。

此外，初期到夏威夷的客家移民以基督徒居多，Carol C. Fan（2010）之 "A Century of Chinese Christians: A Case Study on Cultural Integration in Hawaii" 可供本章瞭解夏威夷華人宗教信仰與涵化之關係。Fan（2010）檢視 1875 年至今，夏威夷華人基督新教教會的歷史發展，並聚焦於不同過程，不同教會自我管理以及自我支持的程度。Fan（2010）提出教會提供移民一種歸屬感以及給予支持，透過付出時間、金錢以及貢獻一己所長，移民展現出投入主流社會，建立新的文化天堂之意願，對夏威夷華人移民來說，參加教會在過去與現在皆是最有意義的經驗。華人教會的成立與夏威夷當地

的政治、社會與經濟條件有關，早期到夏威夷的華人願意上英文課學英語，而且透過傳教士可以獲得較佳的工作。因此，早期華人的涵化程度尤其快速。然而，教會領袖卻仍持續慶祝華人傳統節慶，教導下一代華文，而且特別在慶祝的場合，喜愛享用中國食物。即言之，Fan（2010）認為華人基督徒快速涵化於夏威夷，然同時又能保有傳統文化與認同。Fan（2010）提供本章瞭解夏威夷華人基督新教教會的歷史與發展過程，同時探究華人基督徒身處主流社會與保存傳統華人文化之間的實踐。

三、移民歷史

在 19 世紀之前，因美國商船往返中國，美國人於 1788 年在廣州招募的大批中國船員，在隨船航行美國途中首度航經夏威夷，停留三個月，當中可能有一部分人留了下來，因為在 1794 年，有英國航海家看到了夏威夷國王的隨員中有中國人（湯錦台 2014：202）。1802 年，名為王子春（譯音）的華人到夏威夷的拉奈島（Lanai）從事製糖，成立了可能是夏威夷群島最早出現的製糖作坊，然 1803 年返回中國。之後，更多華人陸續到此落腳定居（湯錦台 2014：202）。因此，19 世紀初，就有零星華人移民到夏威夷從事製糖與貿易，自 1830 年代起，部分會製糖的華人受雇於白人蔗糖業主，負責榨糖與管理糖廠，其中有些與當地婦女通婚而留下。然而，華人真正大規模移民夏威夷的歷史，則始於 1852 年，一方面係因 1850 年《主僕法案》通過，另一方面則是夏威夷蔗糖業興盛卻缺乏勞力，因此引進華工（呂萍芳 2015：16、23），契約華工主要來自珠江三角洲的香山縣（今中山縣）和新寧縣（今台山市）（湯錦台 2014：203）。其中檀香山第一位華人首富陳芳（1825-1906，廣東省香山縣人，1849 年抵達檀

香山）即是靠蔗糖起家（呂萍芳 2015：23）。1852 年，已有上百華人在檀香山從事商業活動，亦有華人種植水稻與甘蔗（呂萍芳 2015：23）。

　　1852 年到 1864 年之間，一共有 704 名華工抵達夏威夷，移民方式分為兩類，一為自費，另一種為園主引進（Glick 1980：12）。美國南北戰爭後對蔗糖的需求，讓夏威夷原來銷售利潤不佳的蔗糖業再度興起，因此 1865 年之後再度引進華工，1865 至 1875 年之間的人數較前期多出一倍以上，一共 1,921 人（呂萍芳 2015：24-25）。1876 年美國與夏威夷王國之間的互惠條約促進夏威夷農業發展（Char and Char 1990：4）。從夏威夷運往美國的糖免關稅，糖業興盛，對華工需求增多。1852 年至 1898年間，華人幾乎皆以契約農工的身分進入（參照下方契約），多數移民是在 1875 年到 1898 年之間抵達，男性青年移民占 95%，在 1880 年代初

檀香山　夏威夷群島

1870 年

本人＿＿＿＿＿＿＿（簽約兩方）第一方，是中國人，自由和自願乘船前往三明治群島（夏威夷群島的舊名稱），願意受第二方或者他們的經紀人的約束，到任何一個島上去做工，做任何指定的工作。依本約條件，從本約開始，做滿五年。

＿＿＿＿＿＿＿方，即第二方，同意受到他們自己或經紀人與契約約束，完全遵守合同條約。

見證人＿＿＿＿＿＿

簽約者＿＿＿＿＿＿簽名

簽約者＿＿＿＿＿＿簽名

資料來源：Glick 1980：29

期,甚至占夏威夷所有農園成年男性人口的一半以上;期間亦有華人婦女移入,然直到 1890 年到 1910 年間,才有大批婦女前往夏威夷,也因為婦女的移入,在當地出生的華人人口方始成長,估計約有 46,000 名中國人是在夏威夷與美國合併前移民到夏威夷的(呂萍芳 2015:41)。但在 1890 年代,因為有日本、葡萄牙,還有其他勞工進入,華工人數降至 10%,到了 1924 年,總勞工 44,378 中,華人占 1,421 名。

本章認為,在客家移民夏威夷的過程中,有五個值得注意的現象:一是出現客家女性移民,二為客家移民中的基督徒,三是客家人以家庭為單位移動,四為客家人有別於其他華工,大多落地生根,且融入當地社會,五是客家基督教組織與教堂先於客家組織而存在。以下分述之。

由於夏威夷政府鼓勵婦女同行,移民的行列中出現了婦女與孩童,這些婦女皆是客家人(呂萍芳 2015:26)。此外,基督教會在移民過程中扮演招募與協助的角色,而具有教徒身分的移民會被分配到相同的農場工作。基督教與客家移民的關係,始於 19 世紀中葉巴色會在客家地區傳教,尤其是廣東客家人因生存壓力不斷外擴,與操廣府話的本地人發生衝突(即土客械鬥),再加上太平天國事件,使客家人在土客衝突加劇下離開家鄉,巴色會此時除了協助客家人移民逃往西印度群島,亦安排客家人前往夏威夷。首批大多來自廣東寶安地區的基督徒客家人在黎力基牧師協助下,於 1876 年抵達夏威夷大島。這些客家基督徒的到來,是由於茂宜島的 Elias Bond 神父(1813-1896)和他的妻子 Ellen,在 1841 年從波士頓到 Kohala 傳教。Kohala 傳道部於 1837 年成立,Bond 神父認為可以透過種甘蔗自給自足,在 1863 年共同參與 Kohala Sugar Company 的成立,當時有些華人契約工到他的蔗園工作,他很關心工人的福利而且認為家人也應該一起前來,所以找黎力基牧師幫他從寶安招募基督徒,舉家移民夏威夷。這群移民在 1878 年 1 月抵達 Kohala(Char and Char 1990:98)。

　　黎力基鼓勵客家人以家庭為單位移民，同行未纏足的客家婦女亦可投入農場工作。與美加相較，夏威夷華人婦女較多的原因，包括兩地移民狀況不同，以及美加排華政策使然——華人婦女纏足、移民航程危險、人頭稅大增（1885 年 50 加元到 1903 年的 500 加元）、華人女性工作機會不多、北美地區種族暴力與歧視、婦女留在家鄉照顧長幼的傳統職責、男性根深蒂固的衣錦還鄉觀念、華人婦女多為妓女的文化刻板印象、為防止華人婦女移民所制定的歧視性限制移民法等（陳美淑，2017：304-305，Lee, 2016: 78-80）。然而，夏威夷農場主人歡迎華工妻子一同前來，一方面可提供勞動力，另一方面也對男性華工產生穩定情緒與控制力量（Lee 2015，轉引自陳美淑 2017）。至於其他常見的解釋則指向族群文化差異，認為加州華工多本地人（Punti），而夏威夷則多為不纏足的客家婦女，行動方便，可從事勞動工作。然而，陳美淑（2017）以《百年金山》與《金山》中鐵路華工的妻子，反駁如此論點。本章認為，夏威夷婦女較多的原因，需從多重角度思考，但陳美淑（2017）或 Lee（2016）並未提及黎力基牧師鼓勵以家庭為單位的移民方式，因此本章認為，除了前述多重因素之外，可從基督教對客家人的影響進行思考，期以更為深入析究夏威夷的女性移民較多的因素。

　　由於農場客家移民增多，本身推動福音工作的農場主人便要求巴色會派遣華人牧師協助。客家基督徒在農場契約期滿之後，開始創業並建立教會，融入當地社會。1879 年向夏威夷政府註冊、1881 年建立了夏威夷第一所以客家話講道[4]的華人教堂——「中華基督教會」，此即「夏威夷第

4　自 1889 年為向來自廣東中山的華人傳道，開始有以廣東話者傳道，以英文傳道則始於 1979 年，後隨著來自香港、台灣、東南亞與中國各省的新移民增多之後，1980 年代發展中文堂（程星 2013）。

一華人基督教會」（The First Chinese Church of Christ In Hawaii）的前身。
相較於 1918 年成立的客家組織「人和會館」，後於 1937 年更名為「檀香
山崇正會」，基督教會早了三十九年成立[5]。教會除了提供移民精神上的支
援，移民亦受惠於教會所設立的教育、醫療等機構。由此觀之，對於此時
期的客家移民來說，可暫時推論宗教網絡的重要性高於同屬客家身分。然
而，此論點須待深究歷史資料、檔案以及田野調查，方能深入瞭解是否如
此。1852 年到 1965 年之間的夏威夷客家基督徒移民由中國移出，值得注
意的是，有些是由移居地再次移民至夏威夷，如沙巴的基督徒移民。

　　在瞭解 1852 到 1898 年之間的客家移民的上述五個值得注意的現象
之外，此時期的客家移民祖籍地包括香山縣（今中山縣）、新寧縣（今台
山市）、新安、歸善、東莞、寶安、惠陽、惠州、嘉應州、華興、梅縣
（呂萍芳 2015：28）。然根據統計，1895 年至 1897 年，獲准登陸檀香山
的 7,097 名契約華工中，有 6,223 名來自操廣東話地區，另有 671 名則為
來自新安、歸善、東莞和其他客家縣（湯錦台 2014：202）的客家人。其
從事的職業除了農業（蔗糖、水稻）之外，還有專業人士，如商人、銀行
家、醫師、華文教師、神職人員等。這有別於同時期移出中國前往東南亞
的客家移民不同，他們多擔任礦工或勞力工作。

　　從 19 世紀末夏威夷華人人口的變化，凸顯了夏威夷與美國本土不同
之處。尤其是 1898 年排華法案的實施，導致原本要到加州的華人轉往夏
威夷，使得夏威夷的華人劇增（呂萍芳 2015：42）。在 1880 年代初，夏
威夷尚未禁止華工入境，甚至因經濟發展仍到中國招募。但 1898 年因夏
威夷併入美國，華人人口下降，但綜觀之，夏威夷與美國其他州比較之
下，華人人口在夏威夷比例最高。此外，值得注意的是，華人在此時從鄉

5　相同情形見於馬來西亞沙巴客家基督徒。

村轉往都市發展，因此多數華人集中於都市。以 1940 年來說，78% 的華人集中在檀香山（呂萍芳 2015：43）。這點與東南亞客家人比較起來是不同的，如印尼或馬來西亞，客家人多在鄉村發展。另一個與美國本土不同之處，則是夏威夷華人工商業較多元化，且較早發展為商人組織，於 1911 年成立「中華商會」（Chinese Merchants' Association，1926 年更名為 Chinese Chamber Commerce of Honolulu）（呂萍芳 2015：43）。華人除了從事金融業之外，尚包括雜貨、木材、釀酒、保險、農產品加工、咖啡。綜觀到第二次世界大戰前的夏威夷華人發展，較美國本土華人成功，且促進夏威夷經濟繁榮（麥禮謙 1992：110）。

另一個與美國本土華人不同之處，在於因政府未執行種族隔離措施，華人獲得較多受教育的機會。由於夏威夷華人信仰基督教，接受西方思想，再加上中產階級增多，以及與其他族群混居，融入當地，華人與他族間的族群界線鬆動，異族通婚亦促使同化發生（Gordon 1964），1930 至 1940 年間，28% 的華人與他族締結婚姻（麥禮謙 1992：152）。當地出生的華人亦逐漸增多，由他們所構成的新興中產階級迫切要求參政，目的在於爭取華人的地位，並維護與促進自身的利益，於是於 1925 年成立「華人土生會」（Hawaiian Chinese Civic Association）（麥禮謙 1992：155）。

由上觀之，以華人為主的組織占多數，且成立原因多與華人在夏威夷的權益、權利與利益有關。然而，與華人組織不同之處，是夏威夷客家人於 1918 年所組成的「人和會館」，首要在於促進客家人之間的團結與傳承客家文化。人和會館於 1853 年在舊金山成立，主要成員為廣東新安（今寶安）客家人，尚包括一小部分的粵裔（寶安西路的安平公所）成員（麥禮謙 1996）。不論是舊金山、紐約與夏威夷的人和會館，後來皆因客籍崇正總會在 1921 年於香港成立，而後分別於 1928 年、1935 年、1937 年更名為崇正會。由於客家人在 20 世紀初被稱為「非漢種」及「野蠻部

落」，香港的客籍菁英認為有必要團結客家，因此在 1921 年成立香港崇正總會，除了反駁客家人非漢說之外，亦推動客家人之間的連結，世界各地的客家組織受到影響，紛紛更名為崇正會。

　　若與美國其他華僑華人組織主要的互助功能相比，客家組織多了為客家正名與去除汙名的目的。然而，美國客裔組織事實上由不同國家的客家人所組成，例如來自中國（廣東梅縣、興寧、五華、蕉嶺、平遠、惠陽、寶安、中山、東莞、博羅、赤溪等）、中南半島（中南半島客裔於 1980 年在舊金山成立北加州越棉寮客屬聯誼會，1984 年在洛杉磯成立南加州第一個客屬社團南加州崇正會，祖籍廣西南部的難民同一年在舊金山成立欽廉同鄉會）（麥禮謙 1996）。當然也有台灣的客家人在全美各地成立客家組織，但麥禮謙（1996：8）認為，美國各地台灣客家組織的成立，是對以閩南人為主並鼓吹台灣獨立的台灣同鄉會所做出的反應。麥禮謙並未繼續深入說明其過程，但的確可以看到由於台灣同鄉會中多為閩南人，對客家人來說，是將原本在台灣隱形化的情形延伸到美國，因而成立客家組織以改善如此情形。

四、夏威夷華人、客家與台灣社團網絡[6]

（一）夏威夷華人社團社會網絡

　　夏威夷中華總會館張新縈主席（Theodore Chong）表示，夏威夷的華人會館主要分為兩種類型：原鄉型社團與功能型社團。最早的華人社團

6　本部分由張陳基教授執筆。

是國安會館（Ket On Society），同時也是客家會館，成立於 1859 年。中山同鄉會、北台同鄉會、四邑會館、和興會館、崗州會館、龍岡公所、龍頭環同鄉會、潮州會館等，屬於原鄉型社團。功能型社團設立目的各有不同，有政治、宗教、宗族、慈善、保安、商業等性質，有萬那聯義會、林西河堂、中華總工會、檀香山華人養老院、崇正會、三思會、以義堂、華人婦女會、甘氏同宗會、清韻音樂戲劇研究社、中華青年商會等等。

　　夏威夷華人社團的社會網絡，基本上是階層式架構，但彼此沒有絕對的權利義務。全夏威夷有一百多個華人社團，大部分社團都登記在中華總會館名冊下。中華總會館目前的個人會員數約有 800 人左右，積極參與會務者約 524 人，但會館沒有很詳細的統計，實際上的會員數不是很清楚。會員年繳會費 20 美元，繳交終身會費 200 美元即為永久會員。總會館成立於 1884 年，跟其他的會館經常聯繫，主要的活動僅限於夏威夷，對於在美國本土或是跨國的活動則由其他會館各自參與。目前有永久的會館，所以有利息、財產跟租賃收入。雖然稱為總會館，約束力不其實高，所有的會館成員都可以自由參加相關活動，例如舉辦餐會時，所有會館的成員都可以自由參加認桌，不一定要是總會館的個人會員，會員間的交流則 100% 以英語為主。

　　中山同鄉會會員約 300 人，於 1949 年成立，全球各地均有中山同鄉會。中山同鄉會每三年到其他國家（如古巴）舉辦活動，參與人數約有二十多位，時間是四月至五月。中山同鄉會主要的任務是幫同鄉找工作、提供獎學金給年輕人，順便也讓年輕人有機會認識同鄉會。六月會舉辦晚宴，會費每年 10 美元。目前中山同鄉會沒有相關的產業或永久會館，希望未來有機會購置，其他中山縣的會館有些已置產，如：四大都會館、恭常都會館、隆都港頭同鄉會。中山同鄉會是個階層化的組織，其下有七都：四大都會館、黃梁都會館、恭常都會館、良都會館、穀都同鄉會、得

都會館、隆都港頭同鄉會等，但是會館的財務、人事、會務均各自獨立運作，僅有中山同鄉會會長由七都的會長輪流選舉擔任。在權力結構上屬於沒有實質權力關係，主因是財政相互獨立，參與其他會館的事務也都是各自參加，會員各自提供經費。在語言的使用上完全以英文為主，私下會員間的聚會除了以英文為主外，一小部分是用廣東話或華語。會館聯繫上，除了以七都為主之外，跟福建還有廣東方面的會館也有相關合作。雖然中山同鄉會的七都中不乏客家人，但在跟客家會館的聯繫上，中山同鄉會幾乎沒有跟客家相關會館、崇正會或國安會館聯繫。

四邑會館於 1897 年成立，約有 300 位會員，一般例會參加人數為 20 多人，四邑是台山、開平、恩平、新會四縣市的總稱，在廣東省的西南面四縣，屬於廣府人的一支。加上鶴山，則成為五邑，2004 年成立有五邑海外聯誼會。目前有一永久會館，財源為租賃和利息收入，收取一次性入會會費，女性 10 美元，男性 20 美元，因為男性還需另外加入以義堂。在 1921 年成立的以義堂，是以團練及保護四邑人為主。溝通以英語、廣府話、華語為主，會館二樓設有關帝廟，與台灣關係密切，2012 年曾受邀至台灣接受電視台訪問。兩年會回原鄉一次，四邑中也有許多客家人，因此四邑會館與客家社團，包括崇正會、國安會館都有聯繫。

1981 年成立的越棉寮華人聯誼會，在全世界有 162 個聯誼會，越棉寮華人聯誼會與台灣政府非常友好，越棉寮華人聯誼會世界大會在 2011 年於台灣舉行。目前的會館在 2003 年購買，目前會員數有 1,100 人。會長需要支付一半的經費來舉辦相關活動，目前經營有義山，主要工作是幫助老人，還有每年提供 15 個獎學金給中學生，會員中越南的華人占 60%，緬甸的華人占 30%，寮國的華人占 10%，約有 10% 到 20% 是客家人。開會時最常使用的語言是廣東話，跟福建、廣東、潮州、客家人都有聯繫。

　　林西河堂目前經營天后宮，也就是媽祖廟。在 1889 年成立，女性以及子女都可以入會，每個月都有定期的聚會，約有 8 到 10 個會館在美國，全球有 100 多個會館。主要的活動有天后誕辰、中元節、清明掃墓還有比干紀念日。會員溝通語言多為英文，跟中華商會、中華總會館、崇正會、客家協會都有來往。會員人數有 150 人，積極參與的會員約有 40 人。從下圖 7-1「中華總會館社會網絡圖」的向外點度大小可以發現，明倫學校（務學俱樂部）、夏威夷越棉寮華人聯誼會、夏威夷中中同學會、夏威夷中國大陸同胞聯誼會、夏威夷中華總商會、檀香山中山同鄉會、古代同宗會、夏威夷中華佛教總會（檀華寺）、快怡島華裔協會等社團，都是比較積極發展的組織。而下表 7-1「中華總會館社會網絡點度表」中的 19 位人物代表：CHU LAN SHUBERT KWOCK、郭秋蘭、DOUGLAS D.L. CHONG、LILY SUI-FONG SUN、WAH LUN WONG、STANFORD B.C. YUEN、BEN K. TRAN、CAROL S.Y. MUN SUZUKI、JAMES G.Y.

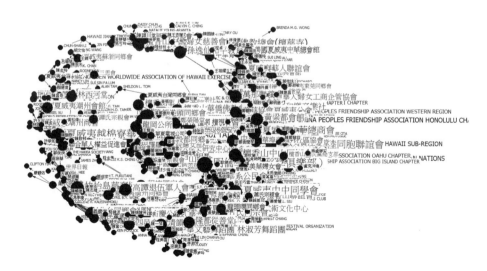

圖 7-1　中華總會館社會網絡圖

HO、歐黃艷婷、MICHAEL K.W. CHUN、RODNEY K.F. CHONG、張帝倫、
DONNA B.K. NIP CHANG、HARVEY MAN HEE WONG、LEONARD
J.K.H. KAM、THOMEAS SUM、甘錦雄、黃華倫則是會館中重要的人物，
可能擔任不同會館組織的領袖，或者是擔任多年的社團領袖。

表 7-1　中華總會館社會網絡點度表

Nodes	Outdeg	Indeg
CHU LAN SHUBERT KWOCK	0	34
郭秋蘭	0	24
DOUGLAS D.L. CHONG	0	15
LILY SUI-FONG SUN	0	12
WAH LUN WONG	0	12
STANFORD B.C. YUEN	0	11
BEN K. TRAN	0	10
CAROL S.Y. MUN SUZUKI	0	10
JAMES G.Y. HO	0	10
歐黃艷婷	0	10
MICHAEL K.W. CHUN	0	9
RODNEY K.F. CHONG	0	9
張帝倫	0	9
DONNA B.K. NIP CHANG	0	8
HARVEY MAN HEE WONG	0	8
LEONARD J.K.H. KAM	0	8
THOMEAS SUM	0	8

續表 7-1

Nodes	Outdeg	Indeg
甘錦雄	0	8
黃華倫	0	8
ALBERT M.C. CHUN	0	7
CHARLENE S.T. CHANG	0	7
CHARLES T.Y. WONG	0	7
GIFFORD K.F. CHANG	0	7
LENA C.K. CHOW HIGA	0	7
LI MAY TANG	0	7
RENA YOUNG OCHSE	0	7
ROBERT W.C. WONG	0	7
TINA AU	0	7
WILBERT CHEE	0	7
古侯定錦	0	7
孫穗芳博士	0	7
張程笑檀	0	7
萬秀英	0	7

（二）夏威夷客家社團社會網絡

夏威夷中華總會館指出華人社團登記在中華總會館名冊中，有許多社團都有客家人，包括：國安會館、林西河堂（Lum Sai Ho Ton，1889年成立）、夏威夷黃江夏堂（Wong Kong Har Tong Society of Hawaii，1902年成立）、四大都會館（See Dai Doo Society，1905年成立）、得都會館（Duck Doo Society，1905年成立）、龍岡公所（Lung Kong Kung

Sha，1915 年成立）、甘氏同宗會（Kam's Society，1929 年成立）、台灣客家協會（Taiwan Hakka Association of Hawaii，2016 年正式立案成立）。歷史最悠久，且完全以客家人為主的社團，是國安會館與崇正會館，最新成立的則為台灣客家協會。國安會館與崇正會（Tsung Tsin Association，1918 成立）會員人數互有增減，主要原因是崇正會要求必須是客家人，才可以成為會員具有投票權，國安會館只要夫妻其中一位是客家人，即可入會成為會員並具有投票權。目前崇正會溝通都是以英語為主，除了入會費 20 美元外，其他費用都不用繳交，依靠的是財產跟租賃的收入。比較特別的是，會長不需要有太多的捐款，主要的活動是年會及相關的客家美食活動，曾經參加台灣客家協會。他們也提供獎學金，希望有年輕的會員參加。台灣客家協會在 2016 年正式登記註冊成立，目前已經是第三任會長，會員有 153 人，成員目前只有 10% 到 20% 是客家人，但是聯誼內容有很多都是以客家文化、音樂、美食為主題。

（三）夏威夷台灣社團社會網絡

台灣人在夏威夷也成立了許多社團，其中全美台灣同鄉會夏威夷分會的會員有 300 多人，最多時達 600 多人。舉辦活動有二二八紀念會、夏威夷相關在地的慶典活動、台灣傳統節慶以及黨外活動等。出版過《台灣鄉訊》，目前已停刊二十年，家庭年費每年 20 美元、個人年費每人 10 美元，主要的收入來源為捐款及晚會的認桌收入。主要的會務有理事會改選、舉辦台灣文化節、台灣傳統週、頒發獎學金等。溝通主要是英語、閩南語還有華語，經常聯絡的有同鄉會裡的長青會、北美洲婦女會、世界華人工商婦女會、華人聯誼會、客家協會、台灣人文化中心還有學生會，以及新僑、越棉寮同鄉會。主要遇到的問題也相同，年輕人在夏威夷很難找

到工作，大多到美國本土工作或就學，所以留在夏威夷的年輕人較少。目前夏威夷的人口以日本人跟菲律賓為多。台灣同鄉會跟華盛頓、紐約、加州、德州等多個同鄉會都經常聯繫。台灣商會的主席是僑務委員，每個月都有聚會，每年舉辦年會及台灣美食節，主要的會務是台商聯誼、社交活動、年會以及生意來往，與台灣經濟辦事處、大陸同胞會、潮州會、大陸同胞會、華人聯誼會、世界婦女會、客家協會、台灣同鄉會都有聯繫。北美洲台灣婦女會會員數原有 20 人，目前成長到 50 人，跟其他國家的交流主要有日本、哥斯大黎加、歐洲、英國、紐西蘭與德國。會長吳惠芳說明會務主要是關懷家暴受害婦女，所以跟勵馨基金會有密切關係。其他也有反人口販運、關懷退伍軍人、老人長照，以及舉辦相關的文化藝文活動，每年有例行會員大會，還有舉辦演講與台灣總統大選的觀選團，出版《夏威夷台灣婦女會會刊》，創刊號是 2005 年 12 月，總共發行 60 期。與台灣同鄉會、世界華人工商婦女會、客家協會、東西文化中心、台灣經濟辦事處有許多交流。

五、夏威夷客家人林嬌（Lim Kyau, 1856-1946）及其家族

（一）19世紀時夏威夷大島之客家人生活

在華人 1852 年大規模抵達夏威夷之前，有一群華人早在 1840 年就抵達大島的 Hilo（位於島上東部），他們擁有製糖知識，經營蔗園，被稱為 tongsee（「製糖大師」，sugar masters），與當地高階家庭的女性通婚，他們變成夏威夷王國子民及地主，例如 TANG Hung-Sin（Akina, Hung-

Sin 夏威夷華的名字為 Akina)、TANG Chow（Akau)、LUM Jo（Aiko)、
LAU Fai（Hapai)、CHEE In（Aina)、LAU Cheong（Keoni Ko)、ZANE
Shang In（Keoni Ena)、In Peggi Kai（是 Attorney Ernest Kai 的妻子，
Attorney Ernest Kai 本身是 TANG Hung-Sin 的後代，家庭選擇中間名 Kai
作為姓)（Kai 1974：39-40)。在 Peggy Kai（1974）所撰寫的 "Chinese
Settlers in the Village of Hilo before 1852" 一文中，描繪華人與夏威夷人
之間的情誼與關係，他們一起工作，彼此會互相租賃、抵押典當、買賣土
地。亦因就學、社交、通婚產生關係，目前仍有後代住在 Hilo。華人在
地化的表現，包括名字夏威夷化，這從第一代移民的墓碑上可以看到；夏
威夷的客家人會在他們稱為家的新天地落葉歸根，最後埋葬於夏威夷；透
過與當地人的互動，加上生活所需，會向夏威夷原住民朋友或鄰居學習捕
魚等在地知識，包括知道潮水規則、魚群在那些季節聚集、鯊魚行為。

　　首批蔗園契約勞工從廈門搭船出發，1852 年抵達。如前所述，在黎
力基牧師的協助下，第一批基督徒客家人在 1876 年抵達夏威夷島，在
Kohala 農場工作。夏威夷島的面積比夏威夷其他島嶼加起來的面積大上

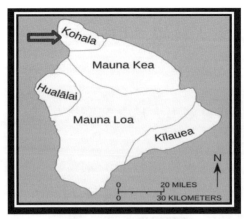

圖 7-2　Kohala 位置圖
資料來源：Wikipedia 2010，取用日期：2021年1月31日。

圖 7-3（左）　同和會館
資料來源：Historic Hawaii Foundation 2014，取用日期：2021年1月31日。
圖 7-4（右）　今日同和會館
資料來源：林永福先生提供[7]。

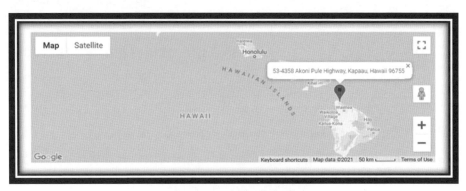

圖 7-5　同和會館位置圖
資料來源：Historic Hawaii Foundation，取用日期：2021年1月31日。

兩倍，因此又稱為「大島」。該島也是來自新英格蘭的美國傳教士在 1820
年 2 月 4 日首次登陸之地（Char and Char 1990：3）。夏威夷華人除了在
Hilo 或第一大城檀香山，其他地方早期的農業勞工都住在孤立的種植園

7　在此感謝林永福先生（Keith W. F. Lim）提供筆者照片與文中所引用由林貴
　　瓊撰寫的 *Lim Kyau 1856-1946*。

營區與社區內，他們會形成會館或社團以滿足社交與休閒娛樂的目的，但通常是祕密會社，如洪門、三合會、三點會、共濟會。會員彼此稱兄道弟互相扶持、慶祝節慶，協助生病與需要幫助的人，或協助身後事（Char and Char 1990：6）。原來在中國興起的祕密會社，到了海外稱為「公司」（Kung Ssu），通常執行道教儀式與哲學，奉關公與關公手下將軍為神明（Char and Char 1990：157-158），具有維繫華人社會秩序的功能，解決紛爭，還有提供當地政府不會提供給華人的措施，在鄉村地區特別多，能滿足移民需求，尤其是因為語言關係，無法對外與非華人溝通，所以愈趨向內凝聚（Char and Char 1990：155）。會社組織亦給予同胞金錢上的幫助，也保護在蔗園的華工免受不合理的對待與欺負，會社支持孫中山革命，1912 年大肆慶祝民國建立（Char and Char 1990：157-158）。

　　大島上的同和會館（Tong Wo Society），或稱同和公司，建於 1886年，是客家人的會館，位於 Kohala 的 Halawa，專屬男性（Char and Char 1990：6）。Kohala 其他地區，包括 Waimea、Kahua、Mahikona、Hawi、Halawa、Kapaau、Makapala、Pololu 的居民，都會來參加同和公司（Char and Char 1990：158）。在民國建立之前，同和會館只允許男性成為成員，雖然他們也在另一個建築物的樓上空間供奉觀音，但仍不接收女性入會。不過，如果是非正式的祭拜，不論男女老幼皆可參加，但正式的儀式與祭神，只限男性參加（Char and Char 1990：157-158）。島上另有樂善堂（Lock Shin Tong Society），建於 1896 年，通常不喜歡到同和會館賭博，或是不喜以男性為主的活動，就會到樂善堂，可以在比較安靜的聚會場所中與朋友喝茶聊天（Char and Char 1990：6）。

　　Tin-Yuke Char 與 Wai Jane Char 在其合著的 *Chinese Historic and Pioneer Families of the Island of Hawaii*（1990：155）中，詳細描繪同和會館內的空間設置。內有分別祭拜關公與觀音的廳堂、社交大廳、聚會空

間、在主建築的後方有兩個住屋空間，讓無住所者（通常是單身漢）居住。在社交大廳旁邊是廚房，以石頭和灰泥塗抹建造而成的柴燒爐灶，上頭擺置大鍋（wok），只要有宗教慶典或節慶，廚房內的婦女總是準備食物以饗鄉親。同和會館在 1886 年到 1930 年，約有五十年可說是興盛時期，移民在會館內歡度節慶，慶祝新年、元宵、端午、中元、中秋、重陽節、關公聖誕（農曆五月十三，會員會在這天捐獻）、觀音聖誕（農曆二月十九），如果當地有男嬰出生，整個 Kohola 的人都會前來慶祝（Char and Char 1990：157-158）。有人過世時，會館幫忙治喪，春秋兩祭會祭拜亡者，會館旁邊有墓園，幾乎所有的華人會館都有墓園（Char and Char 1990：155）。特別是夏威夷的客家人，會在他們稱為家的新天地落葉歸根，但如在加州的本地人（Punti），就會回到中國原鄉埋葬。[8]

　　林嬌家族子孫——林嬌的女兒（排行十四）林貴瓊（Blodwyn Goo，Kui Kyhun 於 1915 年 4 月 13 日出生）回顧小時候在同和會館的情形，當有活動時，在同和會館的後院婦女們用大鍋煮飯，小孩就會在後院吃飯（Lim 1981：22）。1924 年 7 月 3 日，林嬌的妻子余英（Yee Yin）女士過世，當時貴瓊才九歲。林貴瓊在其所著家族史（Lim 1981：22-23）中回憶，母親余英因中風而過世。在臨終前，她已經被放在客廳的墊子上，周圍已燒香並點了許多蠟燭，余英已無法言語。林貴瓊還記得有人來丈量門口，以確認棺材是否能夠進入屋內。在過世前一天（7 月 2 日），余英被送往醫院，貴瓊記得當他們聽到母親死訊時，她和哥哥貴祥（Wallace）與妹妹瓊娣（Amy）坐在開放式的卡車上，伴著母親那沒有加工的木頭棺木。排行第六的姊姊元嬌（Nyen）從檀香山回來安慰他們。貴瓊回憶，在當時有許多迷信的時代，她充滿恐懼。到了晚上，她害怕的看著窗外，

8　感謝崇正會會員 Luther Chang 提供資料。

因為怕有惡魔或媽媽的鬼魂會回來,夜裡樹葉因為風而發出聲響,再加上以前是點煤油燈,更擴大了她的恐懼想像,最後用毯子蒙住臉睡覺。

雖然母親在生前到教堂做禮拜,然而因為父親是同和會館的成員,所以葬禮仍用傳統華人儀式舉行。早晨時,母親生前結交的夏威夷朋友來哀悼,他們帶著從自家花園摘下來的花做成花圈前來弔謁。當道士在屋內為母親做儀式時,這些夏威夷朋友坐在外頭的樹下靜候。由母親葬禮可以觀察到他們與當地夏威夷人的關係。家中廚房一直在忙著,以讓前來弔謁的親友鄰居有食物可吃。同和會館的廚房也在準備食物,而且在會館院子裡,已備妥巨大烤豬和其他食物,在葬禮結束後,會將食物分給大家,每人都會獲得一塊豬肉。送葬隊伍很長,華人的葬禮相當耗時且讓人疲累。母親過世後,1924 年夏末,全家搬到檀香山。許多年之後,遵循撿骨風俗,母親遷葬,與父親同葬於 Diamond Head Memorial Cemetery。

隨著第一代移民過世及大家逐漸移往大城市,同和會館在 1940 代關閉,直到 1970 年 University of Hawaii-Hilo 校區的人類學系教授 Bonk 執行計畫而開始重建。1976 年重新運作,當時還請道士進行儀式。會員不限男女,很多會員是因為父祖輩是本來的會員,後代子孫也跟著入會,至今家族子孫甚至會回到大島進行家族聚會,例如林嬌家族。

(二) 林嬌家族

本章以夏威夷林嬌(Lim Kyau)家族,作為呈現夏威夷第一代到第三代客家移民生活樣貌的個案。在此感謝在 2020 年 2 月接受訪問的林永福先生,提供由其姑姑林貴瓊女士所撰寫的 *Lim Kyau 1856-1946*,讓筆者有機會瞭解夏威夷早期移民的生活。

林先生出生於 1955 年,他的父親是林貴祥(Kui Seong Lim,出生

於 1907 年，卒於 1960 年），母親姓賴
（Lai），名 Hing Oi（出生於 1907 年）
也是客家人。祖父母與外祖父母皆住在
大島務農，但祖父一家在祖母 1924 年
過世後，搬到檀香山，而外祖父母仍留
在大島。如林貴瓊所提的，林家第二代
仍多為勞工階級，第三代很多已經上大
學，為白領階級並進入主流社會。林先
生則是夏威夷大學畢業，自營公司。

　　林先生在一開始接受訪談時，即相
當清楚告知筆者祖父林嬌是來自廣東惠
陽田寮鎮，外祖父賴丙（Lai Bang）來
自廣東惠陽金錢鎮。他們都是在 1921
年加入人和會館（之後於 1937 年更名

圖 7-6　林嬌家族2019年在同和公司聚會
資料來源：林永福先生提供。

後的崇正會名冊上，看到林嬌為編號 126 號的會員，賴丙的編號不甚清
楚，但可以判斷為六百多號的會員）。林先生也提到他母親的兩位叔叔李
芳與李房生（籍貫登記為廣東惠陽）是在 1920 年加入人和會館。

　　林先生相當清楚自己就是客家人，他相當熱衷於參加華人組織。他
給了筆者兩張名片，一張是夏威夷林西河堂，上有標示他身為副主席的頭
銜，另一張則是他公司的名片，背後則寫了五個組織的職務——分別是林
西河堂主席（President: Lum Sai Ho Tong）、互助社主席（President: Hoo
Cho Sha）、致公堂前任主席（Past President: Chee Kung Tong）、崇正會董
事會會員（Director: Tsung Tsin Association）、檀香山廣東同鄉聯誼會司
庫（Treasurer: Kwang tung Community Lin Yee Hui）。他在 1999 年加入
崇正會，2012 年擔任崇正會主席，2017 年加入夏威夷台灣客家協會。

　　雖然祖父林嬌是獨自一人先到舊金山，後來才到夏威夷，而且他並非基督徒，但值得注意的是，他結婚後才搬到大島，移民的路徑與巴色會引入的客家基督徒舉家遷移，且在大島上岸的路徑不同，而且在大島上加入的是同和會館（或同和公司），遵從道教儀式。但祖母如前所述，生前到教堂做禮拜，卻因祖父是同和會館的成員，所以葬禮仍用傳統華人儀式。不過，林先生的父母親已經是基督教徒，根據林先生描述，他父母在第一華人基督教會舉行結婚儀式，林先生自己本身也受洗為基督徒。後來父親在 1960 年代晚期過世，當時身為老大的林先生才大約 8 歲，還有兩個年幼的妹妹，母親沒時間帶他們去教會，他因此後來再也沒到過教會。

　　因為父親早逝，母親無暇照顧他們，假期時會將他們送回大島外祖父母家，向外祖母學習到傳統文化，而且大島上還有母親的其他親戚，他也因此對華人或客家文化有興趣。他對外祖母的教導印象最深的是「做人永遠要誠實」。外祖父母都務農，但外祖父後來到檀香山與其他親戚一同居住。外祖母總是自己相當辛勤的工作，直到 78 歲還在養雞、鵝，種菜或其他農作物。林先生對外祖母的印象還包括她可以相當快速的殺雞。外祖母殺雞時，他要在旁邊將雞頭朝下而且抓住，雞被殺後有時還會跑，最後他必須眼睜睜看雞死掉，這讓小小年紀的林先生相當害怕。其他讓他印象深刻的是外祖母做的鹹菜與鹹魚，還有每天早上在神壇前燒香、奉茶與祈求，但林先生不確定是否有祖先牌位。

　　如同其他第三代的客家人，林先生說英語及夏威夷語。他父母與他們的孩子說英文，而且以美式或西式的教育方式教導他們。有感於他們在夏威夷客家人的客語流失，所以特別欣羨台灣客家人都能流利的說客家話。由於林先生本身在 2017 年加入台灣客家人創立的夏威夷客家協會，在參加活動的過程中，他認為台灣客家人讓客家文化保持活力，能夠維繫傳承，可以成為其他客家人的榜樣。對於台灣客家人保存客家文化的作為

留下深刻的印象，除了語言之外，特別是客家菜餚與音樂。

　　林先生的客家認同是來自於小時候與外祖父母相處的經驗，他們在他很小的時候會告訴他，而且他個人認為客家人如同吉普賽人到處遷徙，但總是帶著自己的文化一起移動，例如外祖母所做的鹹菜，他也認為客家人重視教育也是特色之一。最重要的是，客家人在移動的過程中，因其文化而改變了世界。

　　從林貴瓊女士撰寫的 *Lim Kyau 1856-1946*，當中所附的資料 Application for Verification of Information from Immigration and Naturalization Service Records，得知林嬌又名為林玉清（Lim Yuk Tsin）。林嬌於 1856 年 11 月 23 日生於廣東順德龍江村，其夫人余英，出生於 1871 年 8 月 23 日，52 歲（1924）逝世，擁有多種語言能力，除了客家話，尚操持其他中國語言，還會說夏威夷語與洋涇浜英語。林嬌於 89 歲（1946）辭世，中文書寫流利。

　　在林貴瓊女士的著述中有許多關於該家族的珍貴照片，其中有一張是林嬌身著清朝官服，但無法辨認出官階。1932 年林嬌返回中國原鄉，為祖先建造墳墓重新安置祖先。貴瓊幫她爸爸縫製藏金子與錢的袋子，兒子 Wallace 陪伴林嬌一起回中國。因為從夏威夷回來的人通常被視為有錢人，為避免被搶，他們雇用了一些男性親戚從廣東 Kowloon 到 Loong Kong 龍江村的時候保護他們（Lim 1981：4），這些地方都在深山，保鑣們晚上徹夜未眠站崗，以防土匪搶劫。所幸，沒有發生任何不幸。

　　林嬌於 16 歲（1872）搭捕鯨船到舊金山淘金，當船抵達時卻沒有人可以上岸，因為當時正值排華氛圍，所以船轉向檀香山。林嬌並非契約工，他短暫在夏威夷卡拉卡瓦國王（King Kalākaua，在位期間 1874-1891）的馬廄幫忙，後來成為 Young Young 裁縫店的學徒。29 歲時（1885）與余英結婚，婚後搬到大島上 Kohala 的 Halawa。

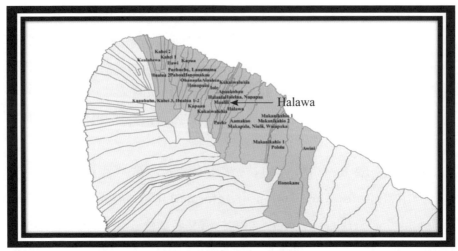

圖 7-7　Halawa 位置圖
資料來源：Michael W. Graves 2012，取用日期：2021年1月31日。

　　林嬌與余英一共生了 15 個小孩，以前的生活非常困苦，林嬌都是用煤油燈縫紉，所以眼力必須很好才有辦法。根據貴瓊的兩位姊妹回憶以前的生活情景，林嬌兩夫婦廚藝佳，常有鄰居的孩子到家裡和林家小孩一起吃飯。雖然林嬌是佛道信仰，但仍慷慨捐錢給教會（Lim 1981：18）。林貴瓊在 1979 年帶著 16 歲的孫子重返 Kohola，舊家早已不在那裡，她記得以前家前面有條小河經過，在小河裡抓鯰魚和青蛙。他們旁邊鄰居有稻田，有自然泉水可供每天使用。家裡種蔬菜與各種水果，母親有一個自己的花園，有 pakalana，pak lan 用來做玻里尼西亞人常見的花圈（lei）。家裡養鴿子、雞、鴨、鵝，也會從檀香山訂購罐頭食物。因為貴瓊較小，所以她是跟著姐姐 Mabel、Katherine 和 Wallace 一起去華文學校。她就在教室旁邊爬樹，但也跟著一起學習老師所教的歌。

　　根據 *Lim Kyau 1856-1946* 中所寫的，直到 1980 年的統計，該家族已到第五代，第二代 15 人、第三代 46 人、第四代 90 人、第五代 37 人以

上。林嬌自營裁縫店，長達 38 年。

　　林嬌到達 Halawa 的年代，該地區有四間由白人經營的商店，還有三十到四十間由華人經營的店鋪，頗有規模，商店的存在見證當地糖業的重要性。Kohala 還有專收女生的神學院，當時有 37 個學生。林嬌於 46 歲時（1902）剪掉辮子，以美國方式教育孩子，生活方式也與主流社會相同，常向 Roebuck & Co-Sears.、Montgomery Ward 購物。撰寫該家族歷史的作者林貴瓊女士本身就從 Sears 退休。

　　移民第二代通常有許多仍是藍領（Char and Char 1990：131）。林氏家族亦不例外，從 *Lim Kyau 1856-1946* 中所列出的家族成員職業，不論是從事勞力工作（如開卡車）、或具一技之長的裁縫、廚師，還有教師，各種職業皆有。有兩人曾參加第一次世界大戰。第一位林姓家族中的女性成員擔任教師，則說明女性受了教育後進入就業市場。根據「1890 年到 1970 年夏威夷華人女性職業分布」表格（Glick 1980：120），1930 年代女性就業的人數從 1910 年代的 352 人到 1,208 人，林家女性成員的就業也說明了當時社會中的趨勢，而且多擔任教師，亦符合當時女性多從事教師與文書工作。此外，作者提到，她為了撰寫家族歷史，與家中年長姊妹交談（部分以客家話進行談話），其中一位是夏威夷大法官 Chief Justice Wilfred Richardson 的母親 Amy Lan Kyau Wung。但第二代沒有人出國，全在檀香山發展，無人大學畢業，只有林貴瓊女士在 1977 年（62 歲）重返學校，在 1981 年 12 月從 Manoa 的 University of Hawaii 獲得藝術系學士學位，後來繼續攻讀碩士。第三代已多人就讀大學，許多就讀美國本土知名大學，如 Stanford, University of Michigan, Wisconsin, Columbia, Pennsylvania, Harvard Law School, Hawaii，較多從事白領工作。

　　第二代與夏威夷人通婚的是 1890 年出生的 Fook Sin（福新），排行老三，前面有兩位姊姊，是男孩中的第一人，所以算是長子，是媽媽的

最愛，與夏威夷人 Lydia Kamuloa 結婚。排行第八的 Kui Sung（1899 年出生）與 Martha Sniffen 結婚。到了第五代，家中成員持續與其他族裔通婚，包括夏威夷人、日本人、愛爾蘭人、猶太人、韓國人、菲律賓人以及其他高加索種人。

表 7-2　1890 年到 1970 年夏威夷華人女性職業分布

職業 ＼ 年度	1890	1910	1930	1940	1950	1960a	1970a
Preferred classes 高階	3.0	31.6	70.8	61.6	77.2	73.7	72.5
Professional 專業人士	2.0	7.5	36.6	23.5	20.9	21.4	19.0
Proprietary 業主	1.0	4.8	7.4	6.8	7.5	6.3	5.4
Clerical andsales 文書人員、銷售員	—	12.5	23.1	29.7	47.5	44.9	46.2
Skilled 技術性人員	—	6.8	3.7	1.6	1.3	1.0	1.9
All other classes 其他階級	97.0	68.4	29.2	38.4	22.8	26.4	27.5
Framer 農人	21.4	—	2.6	0.4	—	0.4	0.1
Semiskilled 半技術性人員	—	0.3	6.4	16.3	8.6	9.5	7.9
Domestic, service 家務服務	—	14.9	16.0	16.5	12.6	11.5	17.9
Unskilled laborer 非技術性勞工	65.4	53.2	4.2	5.2	1.2	0.8	1.6
Occupation not specified 非特定職業	10.2	—	—	—	0.4	4.2	—

續表 7-2

年度 職業	1890	1910	1930	1940	1950	1960a	1970a
Total　總計	100.0	100.0	100.0	100.0	100.0	100.0	100.0
Number women employed 就業女性人數	98	352	1,208	2,835	3,803	5,775	9,819

資料來源：Glick 1980：120。

參考文獻

呂萍芳，2015，《美國夏威夷檀香山台灣客家移民社群之建構》。國立中興大學歷史學系博士論文。

汪樹華，2001，《美國華人政治參與之研究》。台北：財團法人海華文教基金會。

吳元黎、廣樹誠，1985，《美國華人經濟現況》。台北：正中。

陳美淑，2017，〈《百年金山》與《金山》中鐵路華工家庭辛酸史〉。頁293-336，收錄於黃心雅編《北美鐵路華工：歷史、文學與視覺再現》。台北：書林。

陳祥水，1991，《紐約皇后區新華僑的社會結構》。台北：中央研究院民族研究所。

陳靜瑜，2000，《紐約曼哈頓華埠：一個美國華人社區之個案研究》。台北：稻鄉出版社。

陳懷東，1991，《美國華人經濟現況與展望》。台北：世華經濟出版社。

許維德，2013，《族群與國族認同的形成：台灣客家、原住民與台美人的研究》。桃園：中大出版中心、台北：遠流。

麥禮謙，1992，《從華僑到華人——二十世紀美國華人社會發展史》。香港：三聯書局。

麥禮謙，1996，〈走向多元化的當代美國華人社會：在變化中的美國華人地緣性社團系統〉，《華僑華人歷史研究》3：1-13。

湯錦台，2014，《千年客家》。台北：如果出版社。

劉伯驥，1981，《美國華僑史續編》。台北：黎明文化事業。

劉伯驥，1984，《美國華僑史》。台北：黎明文化事業。

劉堉珊，2016，〈台灣客家研究中的東南亞視野〉，《民俗曲藝》193：155-207。

Char, Tin-Yuke, 1975, *The Sandalwood Mountains: readings and stories of the early Chinese in Hawaii*. Honolulu: University Press of Hawaii.

Char, Tin-Yuke, 1977, *The bamboo path: life and writings of a Chinese in Hawaii*. Honolulu: Hawaii Chinese History Center.

Char, Tin-Yuke and Wai Jane Char, 1990, *Chinese Historic and Pioneer Families of the Island of Hawaii*. Hawaii Chinese History Center.

Fan, Carol C., 2010, "A Century of Chinese Christians: A Case Study on Cultural Integration in Hawaii." Pp. 87-93 in *Chinese America: History & Perspectives*.

Glick, Clarence E., 1980, *Sojourners and Settlers: Chinese Migrants in Hawaii*. Honolulu: University of Hawaii Press.

Gordon Milton, 1964, *Assimilation in American Life: The Role of Race, Religion, and National Origins*. New York: Oxford University Press.

Hawaii State Data Center, Research and Economic Analysis Division, Department of Business, Economic Development and Tourism, State of Hawaii, 2016, Detailed Languages Spoken at Home in the State of Hawaii. Hawaii State Data Center, Research and Economic Analysis Division, Department of Business, Economic Development and Tourism, State of Hawaii.

Lee, Jonathan H. X., 2016, *Chinese Americans: The History and Culture of a People*. Santa Barbara, Calif:ABC-CLIO

Leo, Jessica, 2015, *Global Hakka: Hakka Identity in the Remaking*. Leiden: Brill.

Leong, Sow-Theng, 1997, *Migration and Ethnicity in a Chinese History: Hakka, Pengmin and Their Neighbors*. Standford: Standford University Press.

Lim, Blodwyn Goo, 1981, *Lim Kyau, 1856-1946*.

網路資料

程星，2013，〈夏威夷第一華人基督教會簡史〉。http://www.firstchinese.org/about/brief-history-of-fccc，取用日期：2021 年 1 月 30 日。

Kai, Peggy, 1974, "Chinese Settlers in the Village of Hilo before 1852." *Hawaiian Journal of History* 8: 39-75. http://hdl.handle.net/10524/221，取用日期：2021 年 1 月 30 日。

Wikipedia, 2010, "File:Mapmaunaloa.svg." https://en.wikipedia.org/wiki/File:Mapmaunaloa.svg.，取用日期：2021 年 1 月 31 日。

Historic Hawaii Foundation, 2014, "Tong Wo Society." https://historichawaii.org/2014/01/27/tong-wo-society/#.，取用日期：2021 年 1 月 31 日。

Michael W Graves, 2012, "Map of north Kohala, Hawai'i Island, featuring northeastern(windward) ahupua'a territories." In ReseachGate. https://www.researchgate.net/figure/Map-of-north-Kohala-Hawaii-Island-featuring-northeasten-windward-ahupuaa_fig1_260294139，取用日期：2021 年 8 月 22 日。

第 **8** 章

夏威夷台灣客家移民社群生活與客家認同

蔡芬芳

一、前言

　　有別於 18 世紀下半葉到 20 世紀初之前的客家移民，當代台灣客家移民大多於 1965 年美國移民政策鬆綁之後，因為求學或工作而前往美國，或是有些前往日本與歐洲，由於具有高等教育程度與專業技能，大多亦能憑一己之力進入主流社會，不像昔日從中國原鄉移出的客家人需要會館組織協助，才能在異鄉站穩腳步。雖然台灣客家移民已能在地化，散居於當地，擁有當地社交圈，然在異鄉仍需讓身心獲得安頓。

　　由於處在現代社會之中，再加上移民未聚居，因此透過符號象徵、儀式、節慶與記憶來想像所屬社群，在此過程中建構社群（童元昭2002），一方面強化自己與我群認同，另一方面與他族區隔。夏威夷客家人多為散居，他們以象徵、節日或慶典的方式，進行社群情感的連結，例如中秋、過年等重要節日，群聚會所，透過食物（客家米食）、符號（例如台灣客家人受客委會影響，多將桐花當成客家意象，以桐花花布佈置會場，或身穿桐花圖案衣服）等，建構 Gans（1979）所提出的象徵性族群意識（symbolic ethnicity）。

　　這些多圍繞在移民所參加的客家組織及其舉辦的活動上，當代台灣客家移民如何在夏威夷彼此連結，是本書所欲探討的主題。首先在連結的過程中，移民所認知的文化、網絡與社群之內涵為何？以此作為我們瞭解海外客家移民的基礎。其次則從成立過程與活動內容來介紹夏威夷台灣客家協會。由於該協會以女性成員為主，最後就以客家女性為主題，瞭解移民的生活經驗及客家認同。

二、跨國脈絡下的文化、網絡與社群概念

　　移民離開自己的家鄉，進入移入社會時，皆需要經過一段心理層面上的文化適應過程。在移出與移入之間，由於心理轉換，面臨在雙邊社會、雙重存在的不確定感，對未來何去何從亦感困惑（Hahn 2016：205-219）。尤其是移民離開原來所熟悉的意義體系，社會行為、文化理解與語言溝通，在移入社會大多需要重新調適，否則無法與移入社會成員互動。再則，移民的認同亦會經歷轉變，隨著移民的跨國生活，出現在其所屬社會的各個層面，包括家庭、社區、場域及組織。然而，由於移民一方面需要適應與融入移入社會，在過程中會發展出以移入社會文化為基礎的認同；另一方面則透過跨國生活，以象徵的方式再製其族群與文化認同，例如常見的節慶或宗教慶典等。因此，移民有多重且多變的認同，他們在不同的位置來回變動，移民個人也身處適應與對抗之中（Glick-Schiller et al. 1992：4）。此外，移民想法上的變化也是我們必須關注的，因為移民同時且持續涉入兩邊的社會場域，在想法上會從原來的民族國家框架，轉為跨國主義，其核心標記則是移民同時與兩邊社會發生關聯以及投入的現象（Glick-Schiller et al. 1992：IX. 4）。

　　移民在移入社會尚須面對職業角色的適應，由於移民在移出國原本從事的職業，或原來擁有的職業資格，在移入國很少能繼續從事相同工作，或因移入國的相關職業規定，而讓移民無法持有原有的資格執業。因此，移民大多會從事移入社會人民不願碰觸的行業，如低工資、低階、不被社會認可、需要大量勞力、危險的工作（Hahn 2016：218）。移民的類型有很多種，如移工、婚姻移民、依親移民、難民、少數族群移民、留學生、非法移民等，但基本上都會面臨上述問題，只是不同類型的移民依各自在移入社會中所處的位置，可能遭遇相異的困難。

　　移民在移入國的社會互動、文化價值觀、語言學習、社會角色、個人認同與社會認同上，皆面臨「去社會化」的過程。「去社會化」發生在移民生活的各個層面，最初因語言問題而使溝通受限，進而孤立、自我隔離，可能對未來沒有信心，或變得被動，對任何事提不起興趣（Hahn 2016：218）。因此，移民在移入社會的新生活初始階段，需要在新的生活環境中重新定位自我、重新社會化，以及轉化認同。此時，來自外界的心理支援可以減低移民在適應上的困難。其中，在移入國社會中的鄉親或同胞可以提供一大助力，當然也可能因鄉親支持過久，延長新來的移民融入移入國社會的時間（Hahn 2016：219）。

　　綜觀之，移民在跨國過程中，面臨來自心理、社會、文化、制度上的衝擊，在移民初期相當需要網絡支援，以逐漸適應新生活。移民連結了原生社會與移入社會，支持的力量來自透過跨越國界，由家庭、社會、經濟、政治、宗教與文化形式所構成的多重關係，在這些關係中，移民開創了跨國社會場域（Glick-Schiller et al. 1992：1、4）。換言之，個體絕非單獨行動，而是「鑲嵌」（embedded）在社會關係網絡中（Granovetter 1985）。跨國社會網絡的形成有階段性，在初始階段是透過個別倡議而成，後來可以擴張至跨國組織的團體層次，在個別跨國場域

的跨國社群發展前進階段中形成、有效率擴張與密集運作（Hahn 2016：70）。社會網絡的創造對移民來說具有重要性，我們需要瞭解由行為者本身所創造的跨國網絡與空間；以及在移出國與接收國之間經濟資源的交易（transactions），象徵（symbol）、政治與文化實踐之交流；這些交流又是如何影響移出國與接收國的在地發展、社會實踐與文化規範（Lu and Yang 2010：25）。從移民的日常生活中，如何在移入國與母國的文化規範之間來回與建構認同，以及他們在公民社會中如何面對結構限制，發展出協商或對抗策略，還有他們的社會實踐與國家制度的關係，這顯現在人與人之間、人與組織、組織與組織之間、組織與國家之間的連結，以及這四個不同層次之間的關係。

一般說來，「文化」概念通常與特定人群、地理區域範圍、語言、宗教、風俗習慣、價值觀、行為等相連，然而如此概念，隨著全球化、跨國人群流動（如：移民、難民、移工、觀光客）、媒體科技發達、資本配置、意識形態（例如民主、自由），而使昔日所理解的「文化」概念產生變化。「文化」原指「共用且經過協商的意義體系，係根據人類學習以及透過詮釋經驗和產生行為所付諸實踐的知識而來」（Lassiter 2010：62），但是，由於人們的移動會帶著人們從行為與實踐中所賦予的意義一起流動，即便人們停駐某地，這些意義卻在傳播之中，文化無法再固定於特定的地理疆界內（Hannerz 1996：8）。

本章的台灣客家移民，他們身上的文化意義隨之流動。然而，矛盾卻存在。文化的確在流動，亦在全球化的過程中受到許多影響，文化的樣貌雜然流形，但原生情感依舊有作用，成為人們生活中的一部分。本章欲借用阿帕度萊的「族群景觀」概念來理解這個矛盾。首先，在定義方面，他從族群政治切入：「族群景觀一詞指涉著構成了我們這個變動世界的人所形成的地景：旅行者、移民、難民、流亡者、外來勞工以及其它流動的

團體和個人，他們構成了世界的本質特徵，且似乎能影響民族裡（及民族間）的政治，其程度前所未見。這並非意味，相對穩定的共同體或由親族、友誼、工作、休閒、家世、住處等親緣形式所構成的網絡不復存在。實際上，這類穩定性四處都與人的流動經緯交錯。越來越多人和群體都在面對必須遷移的現實，或是想要遷移的幻想。」（阿帕度萊 2009：48）。接下來，阿帕度萊（2009：57）提到，從族群景觀來談，「今日世界族群政治的核心矛盾乃在於，原生情感（無論是對語言、膚色、鄰人或親族的情懷）已然全球化了。……由於商業、媒體、國家政策和消費者幻想斷裂而不穩定的相互作用，族群性從原本封閉於地方性（無論它有多廣袤）的瓶中精靈脫身而出，成了全球動力之一，在國家和邊界的裂隙間遊走」。雖然本章並非從族群政治作為探討的切入點，但是阿帕度萊的觀點描繪了穩定性與流動的交錯或互相影響，則是本章以定居在民族國家疆界內已久的族群或民族作為研究出發點的原因。當部分成員開始向外遷移時，在穩定與流動之中會產生何種碰撞？尤其，本章首要的研究關懷，在於如何理解跨國脈絡下的文化概念及其角色、作用。此外，對如「客家」這種具有「文化焦慮」（Grillo 2003）的群體來說，文化與族群性常常畫上等號，如阿帕度萊所言，從原來圍於地方性而進入全球場域之後，會發生何種變化？遷移者如何理解這些意義？再製這些意義？以本章的客家移民來說，其所理解的客家文化意涵為何？文化意涵與展現又如何受到所處社會脈絡與環境的影響？

除了上述問題，本章的研究目的之一，在於瞭解夏威夷台灣客家移民在與台灣客家互動之後，對於客家文化概念是否有任何影響？在哪些層面發生影響？跨國文化的過程為何？雖然 Clifford（1998）認為「二十世紀的認同再也無法預設持續的文化或傳統。到處可見個人或是群體會依據外來媒體、象徵符號、語言，即興演出（再）蒐集的過去」（Glifford

1988：14），意即文化邊界難以持續固定，遑論如同以往桎梏於特定地理
區域範圍內。若以台灣客家人為例，隨著客家人的遷移，文化或傳統的確
跨越了地理界線，或受到許多所處外在環境的影響，他們的文化實踐是否
有別於台灣客家？然而，在某些層面上，客家文化或傳統依舊會持續，只
不過文化或傳統原來附著的實體物理空間，意義逐漸微弱，取而代之的可
能是一種情感或想像。想像具有某種投射性意義，而且想像具有能成為行
動的能量，尤其是在集體想像的情況下更是如此（阿帕度萊 2009：12）。
因此，本章欲嘗試理解在跨國網絡中，想像的根源與力量為何？對客家移
民產生何種作用？

　　對於身為移民的客家人來說，他們的組成不是因為血緣、地緣或
業緣，而是對客家文化的情感凝聚成一個「社群」。在本章中，「社群」
（community）之意脫離了傳統人類學所定義，具有清楚地理界線且封閉
的範圍，如部落、村落，而是思考「社群」是如何被想像，且想像基礎為
何？在此過程中，如何建構與再現集體認同（陳文德 2002）。由於客家移
民散居夏威夷各地，大多透過組織活動或節慶而齊聚一堂，在此過程中需
瞭解他們透過何種符號象徵、儀式與記憶來想像與建構社群[1]。

　　然而，值得注意的是，客家社群並非均質整體，因為根據呂萍芳
（2015）針對夏威夷台灣客家社群的研究，有些台灣客家人並不願意加
入客家組織，甚至不願意被貼上台灣客家移民的標籤；有些卻抱持正面
態度，積極投入組織活動。再者，如李毓中與關恆安（2018）的北美客
家研究所整理的訪問內容，研究對象可粗略分為來自台灣的北客（桃竹
苗）、南客（美濃）與外省客（隨中華民國遷台）；來自中國、香港的難民
客（改革開放前）與中國客（改革開放後）；來自中南半島的越南難民客

1　參考童元昭（2002）。

（越戰赤化後）、印尼客（排華以後）、緬甸客（排華以後）等。本章雖以台灣客家為主要研究對象，也需注意客家內部的異質性。如前所述，不同背景的客家人因原生社會、政治與文化環境的影響，對於身為客家人，客家文化之於本身的意義，以及如何展演客家文化，在觀點與實踐上也許有差異。

三、夏威夷台灣客家協會

在 1965 年之前，美國幾乎很少看見台灣的客家移民，直到美國《移民和國籍法修正案》於 1965 年施行後，台灣客家人才多以留學生的身分前往美國。夏威夷的台灣客家人則在如此背景下，開啟了移民的生活。1980 年之後，才開始有非留學生身分的台灣客家人移民。台灣移民散居，客家移民亦然。台灣移民組成相當多的社團，雖遠離華埠而居，但常在華埠舉行重要活動或與社團相關事務（呂萍芳 2015：58）。客家移民所參加的社團可粗略分為專業性社團、宗教性社團及聯誼性社團（呂萍芳 2015：87）。在「夏威夷台灣客家協會」成立之前，「夏威夷崇正會」雖說是當地唯一的客家組織，但值得注意的是，還有其他早期移民所形成的祕密會社，以協助移民在異鄉的生活，如：大島上的同和會館、茂宜島上的國興會館。崇正會的前身是 1918 年成立的人和會館，後於 1937 年更名為崇正會館。但經過田野調查後發現，當地還有其他的客家組織，例如國安會館或大島上的同和會館。不過這些會館其實是會黨組織，由於當時社會中並無其他支持或保護的力量，特別是對單身前來的移民而言，這些組織因此有存在的必要。夏威夷崇正會以老華客及其後代（土生華人）為主，但是會與台灣客家交流，例如 2014 年到台灣拜會客委會，參觀客家

文化園區、苗栗客家大院等[2]。然而，夏威夷台灣客家人與夏威夷崇正會卻少有互動與交集，根據呂萍芳的研究（2015：94-97），夏威夷崇正會成員多為當地第三或第四代的客家華人，不會說客家話，需透過英文溝通。

夏威夷台灣客家人會在活動時透過語言、食物與服裝，展演客家認同。一般說來，客家人除了華人傳統節慶（農曆新年、端午、中秋等），還會特別參加台灣人的活動（二二八和平紀念日、雙十國慶日）。值得注意的是，在 2015 年的檀香山文化節活動中，部分台灣客家移民及台灣新移民，首次以客家傳統服飾展現台灣客家文化特色（呂萍芳 2015：92）。

（一）成立過程

由台灣客家人成立的美國夏威夷客家協會——桐花之友，在 2013 年成立，若以人和會館成立的時間計算，台灣客家組織在其九十五年後才出現。目前根據田野調查發現，成立美國夏威夷客家協會的原因之一，是台灣的博士生呂萍芳前往夏威夷進行調查與訪問，夏威夷台灣人中心呂華蕙（Flora Lu）女士熱心帶她到處找尋可能受訪的台灣客家人，在此機緣下，大家開始認為有必要成立客家組織[3]。值得注意的是，呂女士本身是澎湖閩南人，因弟妹是苗栗客家人，才開始認識客家人。她對客家人的印象很好，雖然本身不是客家人，卻認為將海外台灣人團結在一起很重要，因此

---

2 客家委員會，2018，〈夏威夷崇正會 返台交流客家文化〉。《客家委員會全球資訊網》。https://global.hakka.gov.tw/News_Content4.aspx?n=E3B279C452B2D5EF&sms=F789803074976549&s=9E4511F8E6DB98C5，取用日期：2019 年 4 月 26 日。

3 參見呂萍芳博士論文（2015）致謝詞。

積極投入凝聚同胞的活動（2020 年 2 月 5 日訪談）[4]，協助籌辦各項活動。

創會會長吳淑蓮女士[5]，本身具有相當強烈的客家認同（2020 年 2 月 4 日訪談）[6]。她本身是苗栗公館人，姊姊先到美國後，希望吳女士也到美國發展，因此在台灣讀完大學後，於 1977 年到美國東部，1982 年舉家遷移到夏威夷。吳女士從抵達夏威夷到 1988 年經營旅行社之前，只認識兩個在華埠經營餐廳的客家人。根據吳女士回憶，其中一間餐廳不完全是客家餐廳，但是每個人都知道他是客家餐廳，她記得有賣客家釀肉，而且餐廳老闆還請吳女士到家享用梅菜扣肉。除了上述的客家人，後來吳女士也發現自己的鄰居也是客家人。在這之前，吳女士並未加入客家組織，後來在一次的活動聚餐，鄰坐者得知吳女士是客家人，就推薦她參加崇正會。當時吳女士對崇正會瞭解不多，也沒放在心上，但因恰巧經過華埠，心想直接到崇正會瞭解組織的情形，當下（2000 年）立刻加入該組織。

吳女士認為「我們客家人非常的憨厚，非常的嚴肅，非常的保守，如果你不問，他是不會告訴你我是客家人」。吳女士相當強調客家身分對她的重要性，自從她經營旅行社之後，接觸的人增多，她通常會主動向台灣人表明自己的苗栗客家身分，對方也會表明自己的客家身分，在這過程中，一個一個客家人慢慢出現在吳女士的客戶名單中。之後深感有必要成立社團，因為「這樣子我們才能互動，然後才能知道我們在哪裡？我們的文化才不會失守」。由於吳女士很清楚知道「光是客家人是不太可能變成一個組織，你需要一個 support，local support，所以後來我們越辦越大，

4　該訪談由戴國焜先生執行，特此致謝。

5　本研究除了社團負責人之外，其他研究對象姓名一律變更處理，以保護研究對象隱私。

6　該訪談由張翰璧教授執行，特此致謝。

所有的活動都參加」。此外，會員也不限定血統上的客家人，只要是對客家文化有興趣或有需求，都可以參加。

　　在吳淑蓮女士 2013 年創立協會之後，直到 2016 年 7 月 17 日正式成立，當時會長為林秀琴女士，任期從 2016 年到 2018 年，2020 年拜訪協會時的會長為鄧美麗女士，從 2018 年 12 月[7]至今。2016 年 8 月 17 日正式向夏威夷商業與消費事務部（Hawaii Department of Commerce and Consumer Affairs）商業登記為「夏威夷台灣客家協會公司」（Taiwan Hakka Association of Hawaii, Inc.），屬非營利組織，在部會登記時言明的宗旨為「提倡與保存客家文化、語言以及傳統精神；促進所有客家家庭與親友之間的合作」[8]。在台灣客家委員會網站上的宗旨則為「聯繫由台灣來夏威夷的客家人、推動客語、展開客家文化傳承」[9]。雖然在兩個網頁上的宗旨大同小異，但在客委會網頁上的對象是從台灣到夏威夷的客家人，目的在於聯繫（或可說是聯絡感情），而在夏威夷商業與消費事務部的對象則為客家家庭與親友或朋友，希望促進合作。這是因為來自台灣的客家人不多，必須含括其他對客家文化有興趣的非客家人，再加上如前述吳女士所言，需要有在地的支持，因此根據現任會長鄧女士在 2020 年 2 月 4

7　夏威夷台灣客家協會於 2018 年 12 月 2 日舉辦 2018 年會員大會暨聯歡餐會及新舊任會長交接。

8　夏威夷商業與消費事務部檔案號為 269277 D2，資料來源 https://hbe.ehawaii.gov/documents/business.html?fileNumber=269277D2，2021 年 8 月 8 日取用。宗旨原文為 promote and preserve the Hakka culture, language, and traditional spirit; promote cooperation among all Hakka family and friends.

9　資料來源為客委會海外客家社團的網頁，https://www.hakka.gov.tw/Content/Content?NodeID=2769&PageID=43835，2021 年 8 月 8 日取用。

日所接受的訪談[10]中提到，目前 153 個會員中，僅有 10% 到 20% 是客家人，「因為客家協會當初我們成立的時候，只要你是夏威夷當地人就可以加入客家協會，可是我們還是以客家為主來宣傳我們的傳統精神文化。」（2020 年 2 月 4 日訪談）。

（二）活動內容

該會在活動方面依會長可能會有所調整，但基本上以客家事務為主，然而，因為尚有其他非客家的當地人，再加上目的在於吸引別人來參加活動，活動內容是朝多樣發展。活動基本上分為兩大類，一為社團內的活動，另一類為向外擴展、走入當地，參加台灣僑團活動，以及檀香山當地的節慶遊行。

1. 客家活動

在正式立案前，吳女士於 2014 年 12 月 1 日至 14 日舉辦「客家文化之旅」（Hakka Cultural Tour），在行程表的封面上寫著「參觀福建、廣東與台灣最重要的客家文化景點」（Visit the most important Hakka cultural sites in the provinces of : Fujian, Guangdong and Taiwan）。[11]吳女士表示，這趟旅程主要是崇正會的成員一起參加。客家文化之旅的行程從廈門鼓浪嶼開始，後到永定參觀福建土樓（包括高北土樓群之承啟樓、初溪土樓群）、連城、廣東梅州客家博物館、拜會香港崇正會、台灣客家委員會與僑務委員會、苗栗客家文化園區、客家大院與客家圓樓。在 2016 年正式

10　該訪談由張陳基教授執行，特此致謝。

11　感謝吳淑蓮女士提供「客家文化之旅」手冊。

登記之後的活動，主要是董事會決定展開的各項活動，首先是每月舉辦下
午茶品茗活動，讓董事們各展所長，互相學習各類客家有關事物，諸如：
語言、歌謠、美食、技藝等傳統文化[12]。

　　從台灣移民的客家人大多還能說客家話，這是崇正會的會員所不能
的，而對於本章所接觸的研究對象，例如兩任會長吳女士與林女士，都提
到語言是最基礎，也是文化最重要的部分，認為如果失去了語言，文化也
會隨之消失，因此教授客語是重要的關懷之一。

　　林女士擔任會長後，首先想做的就是教大家客家話，她自己出身於
桃園內壢，父母都是海陸腔的客家人，小學時舉家遷到台北。她在 1999
年來到夏威夷之前，先到美國加州，除了會說海陸客家話，也會說四縣。
林女士本身也是崇正會會員，亦在 2015 年或 2016 年受邀於崇正會，教
授客家歌，例如〈客家本色〉、〈天公落水〉。由於崇正會會員大多是當
地出生，且已是移民的第三或第四代，很多早已不諳客語，只會零星單
字。因此，林女士在教授時，「我就是要把這個客家話翻譯成中文，翻譯
成英文，那個英文是意思，然後是什麼樣的調，教他們唱。〔……〕後來
很難，我放棄了，我大概教了幾次，我發覺他們唱的也不是好，然後又花
很多精神」。林女士也曾經在通訊軟體 line 群組上，以「每日一句」的方
式教授客語，群組內以台灣人為主，也有少數崇正會會員。例如教「食飽
冇？」、「恁仔細！」等簡單客語，但反應也不是很熱烈。後來發現大家
反而對客家菜表現高度興趣，林女士就從客家菜着手，例如：包粽子、過
年做鹹湯圓。食物還是傳遞文化的重要媒介，而且大家都興致盎然，因此

12　資料來源：〈Hawaii Chinese News 檀報〉，2016 年 7 月 23 日，https://www.
　　facebook.com/HawaiiChineseNews/posts/1158426557513857/，2021 年 8 月 13
　　日取用。

林女士一邊料理食物，一邊以食物讓大家感受到客家文化。而且也與崇正會一起合辦活動，共享美食。

圖 8-1　客家美食
資料來源：林秀琴女士提供[13]。

　　除了食物之外，音樂也是協會的發展重點之一，不只是唱歌，還彈奏烏克麗麗，在穿著上也融入夏威夷當地風情。現任會長鄧美麗女士在2020 年 1 月邀請台灣客家歌手到夏威夷表演，以饗鄉親或其他會員。有些崇正會會員雖然不諳客語，但他們喜歡台灣客家協會所舉辦的活動，例

13　感謝林秀琴女士提供本研究相關照片。

圖 8-2 活動照
資料來源：林秀琴女士提供。

如歌唱、演奏烏克麗麗等。尤其是每年的大會都有會員彈奏烏克麗麗，演唱〈客家本色〉、〈細妹按靚〉、〈天公落水〉等客家歌曲。

　　海外的台灣客家組織在辦活動時，會使用台灣的客家意象，如夏威夷台灣客家協會使用的桐花，或是穿客家藍衫祝賀新春。若是在客委會2001年設立之後所成立的海外客家組織，常見桐花作為協會標誌的意象。台灣的客家發展與客委會的成立息息相關，政府制度裨益於族群發展，亦是台灣多元文化主義的現象之一。海外客家人亦受益於此，例如林女士也因為在台灣的弟媳是客家人，有客語薪傳師資格，本身具教育背景，致力客家傳承。林女士擔任會長時，請她的弟媳手工製作「柿柿平安」，開會、宴客時當成摸彩的禮物，或是有人生日時可當禮物送人。

圖 8-3 手作柿子
資料來源：林秀琴女士提供。

2. 走入當地

在吳女士創會時，她清楚瞭解到客家組織必須有在地人士的支持，走入當地或與其他僑團合作是必要的。例如 2016 年 9 月 25 日參加台灣自行車節園遊會（2016 Taiwan Cycling Festival），租攤位售客家麻糬及邀請捏麵人及龍鬚糖表演。2017 年 3 月 12 日參加檀香山遊慶節（Honolulu Festival）遊行。2017 年 10 月 9 日參加國慶遊行。2017 年 11 月 16 日參加檀香山辦事處與僑界共同舉辦之「阿里山杯高爾夫球賽」。2018 年 3 月 11 日參加檀香山遊慶節（Honolulu Festival）遊行。2018 年 6 月 28 日至 30 日，國畫班參加「中國文化服務中心」舉辦之書畫展。2018 年 10 月 7 日參加國慶遊行。2018 年 11 月 15 日參加檀香山辦事處與僑界共同舉辦之「阿里山杯高爾夫球賽」。對台灣客家協會來說，參加檀香山遊慶節相當重要，能夠增加曝光度，讓當地人士認識該組織。

從這些活動可以觀察到，夏威夷台灣客家協會與台灣其他社團或其他僑團的合作，包括台灣商會、台灣同鄉會、世華工商婦女企管協會夏威夷分會、北美台灣婦女會夏威夷分會、華人聯誼會會、中華文化服務中

圖 8-4　客家協會相關報導
資料來源：林秀琴女士提供。

心、夏威夷越棉寮華人聯誼會。例如 2019 年 7 月 7 日在夏威夷台灣客家協會現任會長鄧美麗女士家中，歡送兩位外交部駐檀香山台北經濟文化辦事處官員，會中有來自僑界各社團的與會者。[14] 或是隨著每任會長的社交圈不同，除了有客家會員加入，大多為非客家人，或是依每任會長私人的交情，而可能邀約到當地重要人物參加聚會。但如創會會長吳女士強調，該組織不談政治與宗教，雖有政治人物參加，但純粹是私人關係而前來。除了與其他社團合作或參加當地活動之外，走入當地的方式還包括了夏威夷當地非客家人的加入，由於該組織的活動（例如歌唱、彈奏烏客麗麗、美食、打乒乓球）具聯誼性質，因此讓人至少知道有客家協會。

四、客家女性

夏威夷台灣客家協會中的主要成員皆為女性，從創會開始，會長與理事皆為女性。根據創會會長吳女士觀察，一方面是夏威夷的台灣男性較少，約占兩成，而且男性多為教授或其他專業人士，因工作而沒時間。另一方面是夏威夷的台灣客家女性本來就較多，占八成，通常是與美國人通婚，或是與台灣人結婚。在 2020 年的調查訪問對象中，接觸到的研究參與者女性多於男性，若以總體 34 位計算，女性 19 位，男性 15 位。研究參與者可分為三類，一為當地第三、第四代，二為台灣客家移民，三為其他國家的客家人，如：越南、馬來西亞等地，其中台灣客家人共 10 位接

---

14 高振華，2019 年 7 月 9 日，〈台灣客家協會歡送 副處長廖烈明、組長王裕宏異動 歌聲中互道珍重再見〉https://www.pressreader.com/usa/world-journal-san-francisco/20190709/282832192677642，2021 年 8 月 13 日取用。

受訪談，9 位為女性，僅有 1 位男性。女性居多或由女性主導的現象，可說是夏威夷值得注意的特色之一，這也是在 19 世紀末客家移民與其他多為單身的非客家移民的差異之一，特別是在巴色差會的影響下，客家基督徒以家庭為單位移往夏威夷，因此出現女性與孩童。在獲得美國普立茲文學獎作家 James Michener 小說《夏威夷》（*Hawaii*）中的人物，則可見到客家女性勤奮與不纏足的身影。在訪談過程中，不論是夏威夷當地第三代或第四代，抑或是與從在 1970 年代從他處移民到夏威夷的客家人，或是台灣客家移民，常會提到「祖母」的角色。

在前一章所提到的林永福先生，也提到勤勞於農事與家事的外祖母[15]。檀香山華人婦女會會長 Gayanne Ching Abafo 女士（第四代）也是提到從小父母工作忙，在習俗或飲食上受到祖母影響甚深，例如新年初一「食齋」，祖母烹煮的酸菜、糕，還有清明掃墓（2020 年 2 月 10 日）[16]。在訪談過程中，當 Abafo 女士提到「食齋」[17]時，以客家話表達，雖然她已經不諳客語，但這個詞彙是以日常生活文化為底蘊，因此以客語表示。一位 1943 年出生於廣西（因其父親曾於廣西擔任重要軍職），祖籍為廣東東莞（寶安），於 1955 年因美國 1953 年頒發《難民救濟法》（Refugee Relief Act），從香港到美國的 John，提到小時候有很多客家風俗，而且客家家庭的家教嚴格，他印象最深刻的是祖母每晚要兒子向她問安，還要從

15　請參照前篇內容。

16　與 Gayanne Ching Abafo 女士的訪談分為兩個部分，一個是由張陳基教授訪問檀香山華人婦女會的組織與網絡部分，另一個個人部分則由筆者進行。

17　筆者在夏威夷華埠的中國餐廳門口「家鄉小館」（Little Village Noodle House）也看見販售「齋」的字樣，表示當地華人仍有此飲食（2020 年 2 月 7 日）。

三十個孫輩中選出兩個向她跪著問安，John 是其中之一，他充分感受到在祖母眼中只有兒子與孫子，重男輕女（2020 年 2 月 8 日訪談）[18]。一名台灣客家女性（1957 年出生，出生於桃園中壢，丈夫為美國人）也提到，相當驕傲於自己的祖母，是個很能幹的人，不僅很會做生意，亦會持家，而且子輩是醫學院畢業，表示祖母的教育成功。受祖母影響，她從小就有客家認同。更值得注意之處在於，她的美國丈夫和公婆稱她為客家人，並非華人，因為他們認為客家人是很優秀的民族（2020 年 2 月 2 日訪談）。

（一）研究參與者基本資料與生活

19 世紀，在夏威夷的客家女性移民與家庭一起移動，從事農作與勞動。或是在中國原鄉，或在台灣，客家女性在家庭中對兒孫產生重要影響。20 世紀的客家女性，因為教育程度、職業而有不同的生活，或是具備移動的能力，而開創另一個階段的人生。本章在 2020 年的訪問中，一共接觸了九位台灣客家女性，其中三位包括夏威夷台灣客家協會的會長，另外六位分別是同樣受過高等教育，教育程度包括大專、碩士、博士，為專業人士，從事的職業包含會計師、旅行業者、連鎖飲品店負責人、曾在辦事處工作、協助家族在美國拓展事業、教育工作者、公司負責人、從事設計工作、白領階級。年齡多為 50 到 70 歲之間，只有一位 40 出頭。九位女性的婚配對象中，兩位與台灣的外省人結婚，一位的第一任丈夫為台灣外省人，第二任為歐洲「白人」[19]，一位為台灣閩南人，四位為美國「白人」（有北歐、猶太、白俄等不同的歐裔血統），一位單身。移民美國的

18　該訪談由本章作者進行。

19　此為研究對象用詞。

原因不一，大多是先到美國本土留學，後來到夏威夷，或是以技術移民身分到美國，或因為丈夫工作、依親、小孩教育而移民。居住美國時間多長達 20 年至 40 年不等。她們移民的時間與原因符合台灣向外移民的軌跡，尤其美國是最多台灣人移往的國家，從 1965 年美國移民政策鬆綁後到美國留學，後因通婚留下。其中只有一位是為小孩教育而移民，亦符合台灣移民美國的原因。她們在台灣的家鄉，包括桃園內壢、楊梅、中壢（兩位）、新竹竹東、苗栗公館、苗栗造橋、台中東勢、花蓮鳳林。除了內壢，其他皆為客家文化重點發展區。

　　由於這些移民居住美國時間已久，除了加入夏威夷台灣客家協會，多數移民還參加許多不同的台灣組織，亦參加其他國家組織。這與個人的專業、工作與社交圈有關。例如 1979 年出生，因留學前往夏威夷的 Irene，20 歲時前往美國讀書，丈夫為「白人」，大約有 15 年的時間，社交對象為當地人，居住地附近也都為「白人」，直到後來因為在台灣同鄉會協助的熟識者有孕在身，請求她暫時幫忙，才逐漸與台灣同鄉會、夏威夷台灣客家協會或華人組織有所接觸，例如華人聯誼會。[20] 她因為日語能力流利，與日本商會有來往。再加上她從小學習書法，所以常被邀請到不同的場合當眾揮毫。於 2016 年到 2018 年擔任夏威夷台灣客家協會會長的林女士，同時也參加華人聯誼會、台灣同鄉會等其他組織。再加上她與夫婿活躍於僑界，他們會參加許多組織與活動，例如菲律賓團體所舉辦的旗袍秀。社交圈內有台灣人、其他國家華人與當地美國人。目前的會長鄧女士本身的社交圈也相當廣，如前面所提到，除了台灣人，與夏威夷政界也有來往。

20　本訪談由戴國焜先生執行，在此致謝。

（二）客家認同

　　九位女性中，八位的父母雙方皆為客家人，皆操客語，僅有一位是父親客家，母親為閩南，小時候會客語，長大後生疏。對於自己的客家認同大多來自於原生家庭，基本上是從小就知道，但有的研究對象可能是上中學之後，因環境改變而意識到自己的客家身分，客家認同因此產生。例如 1952 年出生的 Ruth，苗栗造橋人，客家認同的出現是從造橋到頭份求學，雖然都在苗栗，但已經因不同學區而感受到差異，更強烈的差異是到台北求學之後而出現。有兩位則是小時候從桃園搬到台北，其中一位是 Carol，在台北市區居住，周圍的鄰居皆說閩南語，因此而會說閩南語，在小學時的老師則操「國語」，在家則會客語及「國語」夾雜使用。在如此語言混雜的環境長大，Carol 認為反而是接觸多元文化的機會。但是她的客家認同來源除了父母雙方皆為客家人之外，也因為鄰居是閩南人，會以閩南語中帶有貶抑的語氣稱她為「客人」，在與閩南人相對之下，出現「客家人」認同。

　　對身為客家人且具有客家認同的研究對象來說，客家的內涵包括了歷史、族群特質、飲食與音樂等。就歷史來說，研究對象會提到自己閱讀有關客家歷史的書籍，其認知與客家遷徙有關，同時也因知識來自客家遷移史，而認為客家人來自中原。如此認知與身為客家人的榮耀感有關，如吳淑蓮女士所說，她所接觸到的崇正會會員，多為移民的第三或第四代，不諳客語與華語，也不清楚客家的歷史，以為客家人的身分低等並住在山上。但吳女士告知，「你們都錯了。〔……〕我們是魏晉南北朝往南遷，因為戰亂的關係，我們變南移，每一個地方都一定有原住民，我們一定要到山區開墾，幸好我們是中原民族，我們有我們的文化，我們有工程師、水利工程師什麼都有，所以移成平地呀什麼沒問題，而且女生也沒

有裹腳，所以可以照顧全家，男的可外出，所以你們〔指得是崇正會會員〕應該非常值得驕傲，我們祖先這麼棒」。從吳女士所瞭解的客家歷史中，是從五次大遷徙的論述開始，客家人因為戰爭不得不南遷，所幸是來自中原，具有文化且人才輩出，雖居山區，仍能打造出宜居之所。再者，凸顯客家女性持家的能力。歷史、來自中原、具有文化與人才、客家女性這四項要素，是構成吳女士認知的客家人之內涵，同時以此為榮。吳女士強調：「我覺得應該讓人家知道我們為什麼叫客家人，因為不要把我們看低了，變成一個文化。」這是她的父親從小的教導，當醫生且從事公益的父親相當注重教育。現年 54 歲（2022）的 Judy 也提到客家遷移歷史，但她著重的是「客家人一路做客到台灣，吸收各地美食，所以客家菜美味可口」。Judy 認為客家人在移動過程中，最後到了台灣，能夠廣納各地菜餚特色，形成自己的美味。1957 年出生的 Nancy，同樣也從歷史出發，提到從族譜認知到自己是朱元璋在台灣的後代。

　　除了歷史能賦予研究對象榮耀感外，客家人的特質亦是最常提及的。Judy 提到與人交談時，覺得人很好，觀察後，若聽口音覺得像客家人時，就會主動詢問是否為客家人，如果是，她會覺得難怪這麼親切與優秀，之後就會以客語交談，這時就會肯定與認同客家。林女士也有同樣看法，從口音判斷是否為客家人，若是，則增添不少的親切感，建立友誼。

　　對於研究對象來說，客家人的正面特質是他們自我認同的來源——刻苦耐勞、勤儉持家、客家人有著一般人沒有的韌性、務實、硬頸、企圖心強、古代〔中原〕貴族、書香世家、具有優良傳統。此外，亦有負面觀點，常見如重男輕女、小氣（或小器）、保守、低調與維持傳統思維。研究對象也相當常提到具有性別意涵的族群特質，例如前述吳女士已經提到的客家女性特質，現年 60 歲（2022）的 Karen 認為，客家女性特別精明能幹，Judy 認為「客家姑娘會持家，客家男人不浪漫，應該說是務實。」

Nancy 也認為客家女性是客家族群的特色之一。前已述及部分研究對象所提到的祖母所彰顯的客家女性特質，吳女士則談到她的母親是模範母親，由於父親行醫，母親則是忙碌的醫生娘，家中有九個小孩要照顧，還有家中的山要耕種，而且父親在過年過節時會在家中院子設流水席，所有村民，包括警察也都前來享用，雖然大家都會幫忙，但是母親依舊為流水席而忙碌不堪。還有過年除夕做一桶一桶的客家菜（長年菜）、蘿蔔湯一大桶、荀乾、發粄、甜粄和蘿蔔糕。

參考文獻

阿君‧阿帕度萊（Arjun Appadurai）著，鄭義愷譯，2009，《消失的現代性：全球化的文化向度》。台北：群學。

呂萍芳，2015，《美國夏威夷檀香山台灣客家移民社群之建構》。國立中興大學歷史學系博士論文。

童元昭，2002，〈固定的田野與游移的周邊：以大溪地華人為例〉。頁 303-329，收錄於陳文德、黃應貴編，《「社群」研究的省思》。台北：中研院民族學研究所。

陳文德，2002，〈導論「社群」研究的回顧：理論與實踐〉。頁 1-35，收錄於陳文德、黃應貴主編《「社群」研究的省思》。臺北：中央研究院民族學研究所。

Clifford, James, 1988, *The Predicament of Culture. Twentieth-Century Ethnography, Literature, and Art*. Cambridge: Harvard University Press.

Gans, Herbert J., 1979, "Symbolic ethnicity: The future of ethnic groups and cultures in America." *Ethnic and Racial Studies* 2(1): 1-20.

Glick Schiller et al., 1992, "Toward a Definition of Transnationalism. Introductory Remarks and Research Questions." Pp. IX-XIV in *Glick Schiller et al. (eds.), Toward a Transnational Perspective on Migration. Race, Class, Ethnicity, and Nationalism Reconsidered*. New York: The New York Academy of Science, Annals of the New York Academy of Sciences.

Granovetter, M. S., 1985, "Economic action and social structure: The problem of embeddedness." *American Journal of Sociology* 91: 481-510.

Grillo, R.D.,2003, "Cultural essentialism and cultural anxiety", *Anthropological Theory* 3(2): 157-173.

Hahn, Petrus, 2016, *Soziologie der Migration*. Konstanz: UVK Verlagsgesellschaft mbH und München: UVK Lucius.

Hannerz, Ulf, 1996, *Transnational Connections. Culture, People, Places*. London/ New York: Routledge.

Lassiter, Luke Eric, 郭禎麟等譯，2010，《歡迎光臨人類學》。台北：群學出版社。

Lu, Melody Chia-Wen and Wen-Shan Yang, eds., 2010, *Asian Cross-border Marriage Migration: Demographic Patterns and Social Issues*. Amsterdam: Amsterdam University Press.

網路資料

高振華，2019，〈台灣客家協會歡送　副處長廖烈明、組長王裕宏異動 歌聲中互道珍重再見〉，《World Journal (San Francisco)》。7 月 9 日，https://www.pressreader.com. world-journal-san-francisco /20190709/282832192677642，取用日期：2021 年 8 月 13 日。

Business Registration Division, Department of Commerce & Consumer Affairs, 2018, 〈Hawaii Business Express〉, https://hbe.ehawaii.gov/ documents/business.html?fileNumber=269277D2，取用日期：2021 年 8 月 8 日。

行政院客家委員會，2018，〈夏威夷崇正會 返台交流客家文化〉，《客家委員會》。https://global.hakka.gov.tw/News_Content4.aspx?n=E3B279C452B2D 5EF&sms=F789803074976549&s=9E4511F8E6DB98C5，取用日期：2019 年 4 月 26 日。

行政院客家委員會，2020，〈夏威夷台灣客家協會〉，《客家委員會》。9 月 1 日，https://www.hakka.gov.tw/Content/Content?NodeID=2769&Page ID=43835，取用日期：2021 年 8 月 8 日。

Facebook,2016,〈Hawaii Chinese News 檀報〉,《facobook》。 7 月 23 日，https://www.facebook.com/HawaiiChineseNews/ posts/1158426557513857/，取用日期：2021 年 8 月 13 日。

第 9 章

以人為本，以組織為平台的客家心靈故鄉

張翰璧、張維安、張陳基、蔡芬芳

一、北美地區客家社團網絡與特質

　　為了完整瞭解北美地區包含美東、美西、夏威夷與加拿大等客家會館（社團）網絡的發展脈絡及趨勢，本書採用「社會網絡分析」的方法，從橫斷面研究的角度來檢視客家會館網絡的發展情形。首先，本書以網路爬蟲技術蒐集各社團活動相關資訊，藉以瞭解各客家社團之間的社會網絡關係。然後，運用社會網絡分析軟體（UCINET6.0），分析各區／跨區／跨國客家社團網絡的整體關係，並釐清組織間網絡關係的疏近現象，及其社會網絡的連結方式。最後，設計一份質性訪談問卷，進行客家會館負責人線上訪談，以同時瞭解由網路資料所歸納出的社會網絡關係與以及北美客家社團發展現況。茲將研究發現概觀說明如下。

　　根據網路資料與線上訪談，我們發現不同的移民時間，甚至移民者前一個故鄉的文化差異，會影響到所組織的客家社團特質。傳統的老華客社團名稱多屬於以祖籍地命名，或是以「客家／客屬」命名。以「客家／

客屬」為名的會館,新台客[1]組織的團體名稱大多具有「台灣客家」的符號,並且不以「會館」稱謂來命名,而是採用「同鄉會」的名稱。新台客組織的成員,移民動機與職業類別相當多元,第二代大多已經在地化,進入主流社會的流動管道,客語的使用與文化保存不易。

(一)美東地區

　　關於美東客家社團的客家樣貌,大多數的美東客家社團是透過休閒與藝文活動,以客家身分作為社團核心,少數社團組織則以商業往來,並多與華人身分相結合,強調華人身分,較不強調客家身分。在海外空間的客家群體,普遍不在意自己的客家根源來自何方,而是以身為客家的相同屬性,形成緊密的共同體。這些美東客家社團,多以華人所重視的民俗節慶如中國新年、端午節,及中秋節,聚攏身為客家的彼此,且試圖從中找回客家認同、記憶,甚至食物的口味。基本上鮮少以聖誕節等西方節慶回應原有的客家文化,邀請其他外國人參與客家社團的活動,反而皆是華人聚在一塊。

　　整體而言,美東客家社團文藝性質與美食性質的活動偏多。藝文活動方面如大紐約客家會的黃子鑌版畫展、大華府客家同鄉會的茶文化研習會、大費城台灣客家同鄉會邀請前會長所屬的黃桂志客家合唱團合作,及紐約客家會館長期推動的剪紙藝術活動;在美食饗宴的部分,北卡客家同鄉會在農曆新年會贈送會員客家鹹水鴨,及多數社團都會在端午節進行包粽子的交流。這些藝文活動與美食派對,多與社團長期推動的「客語」作為文化傳承媒介,相互結合,強調在華人民俗節慶中發揚客家文化。反

1　新台客組織成員主要為 1960 年代從台灣移出的客家人。

之，世界客屬總會美東分會和費城崇正會，則多為商業界的社交活動，強調華人的身分，而不是客家身分。

　　不過這些社團多未提出移民二代接棒和經營的狀況，但能從社團是否使用網路社群媒體，覺察其活躍程度。如大紐約客家會、亞特蘭大客家同鄉會，以及大華府客家同鄉會，多以 Facebook 發布活動消息與記錄歷程，又或是轉發一些客家新聞。反觀美東台灣客家同鄉會，雖舉辦許多活動，但因不常用這些網路平台，顯得與其他社團的聯繫較為單薄。

　　在美東的客家社團，選擇特定的節日，共度在美國社會中不會特別在意的節日，聯繫彼此的原生客家情感。因此，原生的客家文化在特殊的時間場合反而被強調，並將中國傳統文化的民俗節慶與客家特有的生活方式並置呈現，就算是台灣的客家社團也是如此。客家人在西方世界內，自然因其亞裔身分，使他們在感受上總被視為外國人。某種程度來說，美東客家社團成員並沒有充分融入美國社會，缺乏對美國在地的投入和認同。海外客家社團將原有的台灣客家文化藝術與美食，與美國的華人文化混合，成為美國當地的客家，更加彰顯海外客家社團存在的必要。

（二）美西地區

　　美西客家社團的樣貌相當多元和複雜，大多數的美西客家社團，多是以「台灣客家同鄉會」或「客家會」為命名基礎，標示出「台灣客家」的身分認同。雖然多是以聯誼名義，透過休閒與藝文活動連結會員，以客家身分作為社團核心，但與東南亞客家聯誼會不同之處，在於美西的客家聯誼會成員職業相當多元，並不是建立在台商會的商業往來基礎上。此外，大多強調「客家身分」，比較不強調「華人身分」，相對的，老華客的社團則以「崇正」或祖籍地命名，幾乎沒有「客家」的名稱。這些美西

的社團，和美東、加拿大或東南亞的客家社團一樣，社團的關係網絡，主要建立在民俗節慶，如：中國新年、端午節，及中秋節等活動上，在活動中說客家話，吃客家美食，懷念台灣客家的文化。相當程度而言，美西的客家社團會員，在第一代身上可以看到明顯的「台灣客家鄉愁」式的集體記憶，至於台灣的客家文化就很難傳遞給下一代。

除了年節聚會的文化活動，美西客家社團間的政治態度彼此間也不盡相同，彼此的分野似乎非常明顯，類似台灣國內的政治生態。這種現象似乎不足為奇，畢竟都是戰後移出的台灣客家，國內的政治態度延伸到海外，並進一步影響社團成立的宗旨，是移民文化的特徵。社團的政治光譜雖然不同，但共同的是和老華客的社團互動不多。

（三）加拿大

在加拿大客家社團方面，由於加拿大已經是成熟的多元族群社會，並依靠移民來幫助緩解勞動力短缺和人口老化問題。加拿大的華人社團組織自 1880 年代開始發展，客家社團的類型可分為早期成立的同鄉會、姓氏宗親會，到近代以商業活動為主的客家商會，以及聯誼性質為主的客家聯誼會，參與其中的客家移民身分也經常有重疊的現象。社團成立時期可以分為三個階段，第一階段是 1876 年到 1905 年，成立致公堂、維多利亞客屬人和會館。第二階段是 1971 年到 2000 年，成立加拿大各地區的客屬崇正會，來自台灣的多倫多台灣客家同鄉會、溫哥華台灣客家會，原鄉性質的安大略惠東安會館、加拿大梅州同鄉會，以及聯誼性質的全加客屬聯誼會、多倫多客屬聯誼會。第三階段是 2009 年到 2017 年，新成立的溫哥華客屬商會、加拿大客家聯誼會。

加拿大的客家社團只有在傳統華人新年、中秋節舉辦重要的慶祝活

動，比較多是針對會員家庭舉辦各式餐會及旅遊活動，傳承客家語言、欣賞客家音樂、舞蹈、客家菜餚、烹飪技術教學等，以促進客家文化保存及培養會員後代對客家文化的興趣。社團成員和舉辦活動，與大陸原鄉關係較不密切，主要是以加拿大各地客家人聯絡感情為主，加拿大的客家人希望盡快學習西方生活方式，融入加拿大主流社會。

　　加拿大客家社團發展的困境，是社團的第二代與第三代逐漸不加入社團活動，而當初成立社團的第一代又有部分經常回台灣。當地的客家信仰漸漸不受到年輕人重視與參與。許多加拿大華人信仰的廟宇後來都轉為博物館經營，儘管許多人大聲疾呼這些客家信仰、客家文化及客家族群，有相當緊密的關係，例如：譚公廟必須倚賴人和會館的支持才得以維持。

　　在客委會網站上所列的五個加拿大客家社團，分別為：多倫多台灣客家同鄉會、多倫多客屬聯誼會、魁北克客屬崇正會、溫哥華客屬崇正會以及溫哥華台灣客家會。以客委會為中心點，觀察與加拿大14個客家社團間的關係可以發現，關係最緊密的是溫哥華台灣客家會，其餘包括多倫多台灣客家會、溫哥華崇正會、魁省客屬崇正會、多倫多客屬聯誼會、全加客屬聯誼會、安省崇正會也都有連結關係。全加客屬聯誼會、安省崇正會未列在客委會網站上，但觀察網路資料可以發現其中仍有交集。但是與其他國家或地區不同，客委會跟加拿大的客家社團，竟然有一半社團沒有關聯，包括安省惠東安會館、溫哥華客屬商會、加拿大客家聯誼會、卡城客屬崇正會、加拿大梅州同鄉會、愛城客屬崇正會、加拿大贛州客家聯誼會等，未來客委會在推展全球客家文化時，可以透過加拿大當地的台灣客家社團，聯繫這些社團，並擴展台灣客家的影響力。

（四）夏威夷的客家移民社群與家庭生活

相對於美國與加拿大，夏威夷華人有因歷史與社會環境所造就出的特殊性，特別是夏威夷較無歧視情事，再加上教育程度較高，華人多從事白領工作且融入主流社會。從歷史過程觀之，夏威夷華人中以廣東中山縣人最多，客家人在當地並非多數，然因 19 世紀下半葉受到巴色差會的影響，且夏威夷亦需要勞力，因此在差會牧師協助下，客家基督徒舉家遷移夏威夷。移民型態有別於其他非客家華人，除了農務外，教會對移民，特別是第二代與女性教育產生正面影響，亦有助於其在地化。

移民一方面在適應當地社會的過程中逐漸在地化，另一方面仍與鄉親或是同胞所組成的會社組織來往互動，不論是實質協助，如早期會社提供的保護功能或處理喪葬事宜，抑或是當代組織活動所給予，具有象徵意義的撫慰思鄉作用，都能讓移民在異鄉感到身心安頓。

移民初期的社團屬於會社組織，尤其是在鄉村，其原型為祕密會社，稱為「公司」，如大島上的同和公司，又稱同和會館。移民生活與之息息相關，婚喪喜慶皆可在會館內舉行，人們的記憶亦與會館有關，如：林嬌家族子代回憶小時同和會館的情形，以及在會館舉行母親的喪禮，孫輩則是透過家庭聚會，到當地尋根與懷念父祖。雖然在今日，會社組織已轉變為受到文化資產保護的歷史景點，然而對於現在已經不會說客家話的孫輩來說，極具建構自我與客家認同之意義。夏威夷客家移民社群來自各方，鑲嵌在相異的歷史過程、政治條件、經濟發展與社會脈絡，不僅充分彰顯了客家社群內部的異質性，在自我認同的構築與對客家文化的理解上更是受到前述因素的影響。

早期移民透過鄉團會館的相互協助，讓人生的不同階段──生老病死、婚喪喜慶──得以圓滿，移民身心因此獲得安頓，這些過程與生活經

歷，在第一代移民林嬌的女兒林貴瓊所書寫的家族歷史可一窺究竟。時至今日，隨著移民早已歷經在地化而子孫延綿，進入第三、第四，甚至第五代，社團組織除了繼續發揮聯繫情誼的功能外，亦是不諳客語，僅說英語的後代瞭解父祖輩的管道之一，例如：林嬌家族子孫拜訪位於大島上的同和會館，追思先人之際，自身認同也同時在建構當中。在當地出生成長的客家人，在語言上已無法使用客語，但透過參加崇正會、夏威夷台灣客家協會或其他華人組織，尋求同爲客家人或華人之情誼。

　　值得注意的是，夏威夷早期移民的後代在語言、生活習慣、信仰上多有別於父祖輩，因爲從第二代開始已經接受美國教育，過著美式生活以及信仰基督教，第三代則接受高等教育，從事各行各業，有些更是成就斐然。然而，他們對於「客家」的認知，卻構築在從小的生活記憶之中，例如祖母的言行、烹調、習俗信仰等。無獨有偶，移民至夏威夷的台灣客家人與當地第三代、第四代有著相同的看法。這意味著不論來自何方，根植於生活經驗中的客家，有其相似之處。

　　夏威夷的社團組織分爲華人社團、客家社團與台灣社團，當地華人社團多登記在夏威夷中華總會館名冊下，但夏威夷華人社團的社會網絡，基本上屬於階層式架構，彼此間並無絕對的權利義務。社團之間有所往來，互相參加活動，社團會員亦有重疊，如前所述之崇正會會員，同時也是夏威夷台灣客家協會會員，反之亦然。夏威夷華人社團、客家社團與台灣社團，因爲不同的移民背景與過程而有不同的樣貌，尤其台灣社團是20 世紀晚期才成立，沒有一如在華埠且成立已久的華人社團，多有固定會所與資產，而且台灣社團多爲聯誼性質。另外，華人社團、客家社團與台灣社團之間互有關聯，有些華人社團亦與台灣政府有所往來。與夏威夷當地的客家人相較之下，台灣客家人因爲台灣多元文化主義與客家政策的影響，在客家文化與客家認同的認識與理解上，多了制度性的影響，進而

呈現在夏威夷台灣客家協會的活動，以及社群生活的文化實踐中。

　　無論是早期移民的後代，或是來自台灣的客家移民，在時空背景上彼此相異，但在某些層面的文化實踐，依舊維繫客家文化或傳統；而文化早已在移動的過程中跨越地理界線，成為一種依賴的情感與想像，其中重要的聚合媒介，包括：語言、歷史、特質、鮮明的客家女性形象、食物、音樂等，客家社群於焉成形。夏威夷台灣客家移民研究參與者，十位中有九位女性，而且夏威夷台灣客家協會的主要成員（會長與九位理事）亦為女性，不僅顯示出性別化的移民圖像（透過與美國人通婚而留下），該組織的活動內容也多走向美食、音樂。

　　再加上台灣自 2001 年客委會成立，組織領導者可以獲得部分教學資源，例如客語教材，或是如吳女士與崇正會會員一同拜會台灣客委會與客家景點。台灣的客家族群因為政府政策與社會氛圍而進入制度化，客家文化的意涵從原來的日常生活，轉變為具有族群代表性的象徵，例如原來家中常吃的食物轉變為呈現給崇正會會員、非客家人會員的「客家菜」，當然也是滿足台灣客家移民的思鄉之情。展示出具有客家意涵的象徵，包括組織名稱中的「桐花」之友，協會成員所穿著的客家藍衫、所使用的花布等。因此，夏威夷台灣客家移民所理解的客家文化意涵，一部分是原來的生活經驗，但較多是受到台灣客家族群經過政策與制度化影響所呈現出的內容，並且結合夏威夷在地元素，以讓當地人能夠在熟悉的事物中認識客家文化。

　　協會成立時，台灣客家政策的推動已經進入制度化階段，當需要展示或讓他人瞭解客家文化時，會借助客委會的客語教材，或透過搜尋資料，強化自己對於客家歷史與文化的瞭解。移民隨著移居夏威夷，其原有的客家文化或傳統跨越地理界線，他們的文化實踐在某些層面上，會維繫客家文化或傳統，但其原來所依附的物理空間會愈趨微弱，反而因為旅居

海外變成情感或想像。值得注意的是，客家社群並非一個均質整體，雖然夏威夷的田野調查以台灣客家移民為主要研究對象，但不同背景的客家人因原生社會、政治與文化環境，以及抵達夏威夷後不同的經歷、職業、社交圈等，而對客家文化的理解產生觀點與實踐上的差異。

二、以網路數據做為客家社團研究的另闢蹊徑

隨著資訊社會的來臨，許多人類活動的足跡以及行為模式都以數位化的形式記錄。數位人類學（digital anthropology）也逐漸受到人類學者的重視，探討人類與數位科技之間的關係，科技記錄人類的足跡，也改變人類的行為模式。數位足跡是個人、社團組織在網路上的行為所留下的紀錄與軌跡，數位足跡可以累積成為在數位世界中的行為模式。越來越多的客家族群以及社團透過社群網絡進行資訊交流，跨越了時間與空間的限制，將彼此連結在一起，在社群網絡中討論的議題及發布的訊息，都以數位化的方式記錄，有了這些數位足跡可以讓研究者透過程式來挖掘這些資料進行數據分析。

過去在進行社會網絡研究時，遇到的第一個限制是母體資料的取得，取得描述整體網絡的完整資料很重要，在現實社會中經常需要透過對個案全體人員進行問卷訪談，瞭解彼此間的關係。自填式問卷訪談經常考驗受訪者的記憶以及填答的客觀性、完整性。以網路數據做為客家社團網絡分析研究便可以利用數位足跡的優勢，蒐集客家社團的數位足跡，不需要透過自填式問卷訪談，以客觀全面的方式蒐集網絡關係資料。因此，突破了傳統社會網絡研究的限制，以網路數據做為網絡分析研究，結果將更加客觀及完整。但同時也必須注意「資料導向」（data-driven）的問題，避免

網路數據造成的偏頗。因為數據資料中的語意分析技術還不夠成熟，也就是網絡關係是屬於正向關係或是負向關係無法精確判斷。

因此，以網路數據做為客家社團網絡研究時，輔以內容分析及質性訪談是必需的。內容分析及質性訪談可以進一步瞭解各社團之間的關係內容，以及避免關係連結的遺漏。例如：在進行加拿大客家社團結構洞分析時，發現加拿大贛州客家聯誼會與加拿大客家聯誼會兩個社團，跟其他社團的連結限制性較高，在深入分析後發現兩者的性質截然不同。加拿大客家聯誼會在 2017 年成立，積極參與各項客家事務，最近與萬錦市共同獲得第 31 屆客屬懇親大會舉辦權，不斷在網路上更新各項訊息，網路聲量非常高。雖然網路聲量高，但與其他社團的連結度還是需要長期耕耘，才能顯現出來。因此，連結限制性仍然偏高。另一個則是加拿大贛州客家聯誼會，可能是因為他們較少舉辦活動，或是舉辦活動的時候沒有將相關的訊息發布在網頁上，或沒有相關的新聞報導。社會網絡分析上也無法看出與其他社團之間有連結，但由網頁內容分析卻可以發現，加拿大贛州客家聯誼會是多倫多客家聯誼會的聯盟成員之一，跟該聯盟其他成員應該會有聯繫，例如本研究中的指標社團安大略惠東安會館與安大略省崇正總會，只是在網頁連結中無法辨識出來。因此，以網路數據進行客家社團網絡研究，雖然可以突破過去資料收集的限制，但還是需要專家進行內容分析及質性訪談，以確保社會網絡分析的完整性。

由於疫情關係，本書所進行的北美社團網絡分析，採取的是大數據資料蒐集方法，以網頁資料為主，將出現在同一份網頁資料的客家社團或是組織單位視為具有相關性，但相關性是屬於正向關係或負向關係則並不明確。因為，當兩個社團出現在同一個網頁裡，可能是因為參加同一個活動，或因為某一個合作事件同時出現，也有可能是這兩個客家社團因某個新聞事件彼此攻擊，才會出現在同一個網頁內。由於目前中文語意分析技

術尚未成熟，因此很難僅從網頁資料的相關性，判斷其存在的是正向或負向的關係，只能說這些客家社團出現在同一網頁的機率（可能性）是比較高的，也就代表他們的關係是比較緊密的，目前只能在視覺上呈現他們彼此的距離關係，此為本書在研究上的限制。

整體而言，傳統海外客家社團的功能已經不復存在，主要是因為在為客家移民提供社會和經濟服務方面失去了重要性。基於以下幾個原因，客家社團不再保護他們免受西方歧視：對於客家認同的人口減少，西方社會對客家人（華人）的歧視減少，當地出生的客家人（華人）更能融入西方社會。另一個因素是華人社會存在兩個對立政府（台灣與中國），導致華人社區分裂與不團結。因此，海外客家社團已慢慢失去原有的功能。

新一代移民不再倚靠會館來獲取資訊，尤其是現在網路資訊相當方便，可以即時在網路上獲得所需資料，因此社團角色應該要加以改變。社團角色從過去協助單位或指導單位、資訊交換單位，慢慢轉換成為休閒或是社交場所。社團必須思考如何協助新移民快速融入當地社會，但這經常與成立宗旨有所背離。網路社群的發展，使移民社團交流逐漸變成線上與線下同步（on-line to off-line），如何透過這兩個管道的結合讓客家社團跟新移民有更多交流是一項契機。透過網際網路交流，國族認同可以同時存在雙重認同，因為與原鄉距離很近，無論是在交通上或情感上，透過線上線下的溝通，可以跟原鄉保持很緊密的情感關係，也可以透過資訊交流快速融入在地生活。

在社團的經營上，首先應將客家移民社團加以區分，主要分為早期移民社團、中期移民社團與後期移民社團。早期移民社團以協助客家移民生活為主，客家移民需要倚靠會館協助，對抗異地不公平的生活環境與條件。中期移民社團以凝聚客家族群向心力與認同為主，宣揚客家文化，本期移民大多屬於有經濟基礎或有生存技能的新移民，這個時期的移民跟原

鄉的交流比較緊密，他們屬於自主移民，再加上資訊交流慢慢頻繁，可以經常跟原鄉取得聯繫。而且，他們也不像第一代移民，需要把金錢帶回原鄉購買土地來提升原鄉的生活，他們主要的目的是為了第二代、第三代生活著想，為了更好的發展來到加拿大。後期移民社團跟中國原鄉有比較多連結，透過社團建立取得更多的政治經濟與社會影響力，他們積極爭取辦理各種活動，迅速進入移民國當地的社交圈，在各方面取得影響力，參與人數不多，影響力卻可以很快擴張。

　　最後，本書雖然因為 COVID-19 疫情沒有實地進行訪談與調查，但根據我們在網路上蒐集到的資訊，以及參考東南亞社團研究的經驗（蕭新煌、張翰璧、張維安 2019），提供以下相關建議：

1. 培養年輕世代的「客家新族群性」，尤其是在多元族裔的政治環境下，可以及早在文化公民權的基礎上，培養他們文化上的「客家認同」。例如，台灣所舉辦的客家文化夏令營、客家文化冬令營等活動，應該朝向更「制度化」、「主動化」的方向發展，持續舉辦各項活動。

2. 積極善用社會媒體進行網絡連結，例如：網路電台、網路電視、臉書直播或其他社群媒體網站的經營。透過數位社群的建構，以進一步發展實體社群的互動，增進各種文化的交流或文化觀光。例如，整合現有的電視、電台成為一個以台灣為平台的「客家電台、電視 APP」，以利海外客家社團或個人收聽與觀看台灣客家節目，增加聽眾對台灣的認識與對台灣客家文化的理解。

3. 建立全球客家訊息網站，讓全球各地客家社群想要發布活動的消息，就可以到這裡來發布，想要知道客家社群訊息的讀者，也可以到這裡來訂閱，對人們來說是一項服務，其實是免費向全球各地徵集客家活動的資料，使這個平台成為最理解全球客家活動資訊的平台。建議客

家委員會選定一個有能力的大學客家社團，持續蒐集網路上的客家社團訊息，並瞭解全球各地的客家活動資訊，將台灣的客家經營成為訊息與網絡中心。

參考文獻

蕭新煌、張翰璧、張維安，2019，〈東南亞客家社團區域化的新方向〉，收錄於蕭新煌、張翰璧、張維安主編，《東南亞客家組織的網絡》。頁 195-216，中壢：中大出版中心／台北：遠流出版公司。